Manfred Brauneck
Die Deutschen und ihr Theater

Theater | Band 95

Manfred Brauneck (Prof. em. Dr.), geb. 1934, lehrte Neuere Literatur- und Theaterwissenschaft an der Universität Hamburg. Er war Direktor des Instituts für Theaterforschung und gründete 1989 den Studiengang Schauspieltheater-Regie. Seine Forschungsschwerpunkte sind Theorie und Geschichte des europäischen Theaters, Grenzbereiche zwischen Theater und bildender Kunst sowie Freies Theater. Seine Veröffentlichungen zu diesen Gebieten sind heute Standardwerke, insbesondere »Theater im 20. Jahrhundert« (5., erw. Aufl. Rowohlt 2007, übers. in mehrere Sprachen), »Die Welt als Bühne. Geschichte des europäischen Theaters« (6 Bde., J.B. Metzler 1997-2007) und »Kleine Weltgeschichte des Theaters« (C.H. Beck 2014). Er kuratierte mehrere Ausstellungen in Hamburg, Paris, Sofia und in den USA und war Gastprofessor in den USA, Polen und Bulgarien. 2010 wurde er mit dem Balzan-Preis für Theaterforschung ausgezeichnet.

MANFRED BRAUNECK

Die Deutschen und ihr Theater

Kleine Geschichte der »moralischen Anstalt« – oder: Ist das Theater überfordert?

[transcript]

Bibliografische Information der Deutschen Nationalbibliothek
Die Deutsche Nationalbibliothek verzeichnet diese Publikation in der Deutschen Nationalbibliografie; detaillierte bibliografische Daten sind im Internet über http://dnb.d-nb.de abrufbar.

Umschlaggestaltung: Kordula Röckenhaus, Bielefeld
Korrektorat: Björn Redecker, Bielefeld
Satz: Mark-Sebastian Schneider, Bielefeld
Druck: Majuskel Medienproduktion GmbH, Wetzlar
Print-ISBN 978-3-8376-3854-7
PDF-ISBN 978-3-8394-3854-1
EPUB-ISBN 978-3-7328-3854-7

Gedruckt auf alterungsbeständigem Papier mit chlorfrei gebleichtem Zellstoff.
Besuchen Sie uns im Internet: *http://www.transcript-verlag.de*
Bitte fordern Sie unser Gesamtverzeichnis und andere Broschüren an unter: *info@transcript-verlag.de*

Inhalt

Die Deutschen und ihr Theater

Eine ambitionierte Beziehung

Lassen wir uns auf dieses Thema ein, so stellt sich letztlich auch die Frage nach dem Deutschen am deutschen Theater. Dies mag zunächst als ein Randproblem erscheinen, führt aber dennoch zu einigen interessanten Fragen: Was ist typisch deutsch am deutschen Theater? Es geht dabei sicher nicht um die deutsche Sprache, schon gar nicht um das Repertoire oder theaterästhetische Positionen. In dieser Hinsicht war – und ist – das deutsche Theater eingebettet in die Geschichte des europäischen Theaters, in einen Prozess des permanenten Austauschs. »Eigenes« und »Fremdes« sind im Prozess dieses Austauschs weitgehend irrelevante Kategorien, spätestens seit dem 17. Jahrhundert. Auch um Personen geht es nicht. Theater war immer schon ein unstetes, die nationalen Grenzen überschreitendes Gewerbe, in früheren Jahrhunderten weit mehr noch als heute. Gewiss gab es auch Zeiten, in denen durch Zensur oder politische Repressionen versucht wurde, das Theaterleben in Deutschland zu reglementieren. Die Aufführung von Stücken aus sogenannten »Feindstaaten« waren zu manchen Zeiten verboten, missliebige Künstler wurden vertrieben oder gar ermordet. Im 20. Jahrhundert gehört die Geschichte der Emigration vieler Bühnenkünstler zur Geschichte des deutschen Theaters.

Worum also geht es dann? Um die »deutsche Theaterlandschaft«? Um die weltweit so einzigartige Dichte an mehr oder weniger großen Theatern – heute sind es die Staats- und die Stadttheater und die Landesbühnen, ein Relikt aus der Zeit der deutschen Kleinstaaterei im 18. Jahrhundert? Diese »deutsche Theaterlandschaft« – samt den vielen Orchestern – sollte gar zum immateriellen Weltkulturerbe der UNESCO erklärt werden. 2010 meinte der Präsident des Deutschen Bundestags, Norbert Lammert, dass das Theater in Deutschland »systemrelevant« sei – ein Begriff, der bis dahin nur im Zusammenhang mit der Rettung einiger Großbanken in der Finanzkrise der Jahre 2007/08 gebraucht wurde.

Oder ist es doch eher ein Problem des Anspruchs, der dem Theater eine derartige Sonderstellung im kulturellen Gefüge der Deutschen verschafft hat?

Eines Anspruchs, der über das Vergnügen am Zuschauen hinausgeht: wie Schauspieler auf der Bühne Menschen darstellen, alte und neue Geschichten, die die Dichter sich ausgedacht haben? Erwarten die Deutschen wirklich mehr von ihrem Theater als dieses Vergnügen? Dies zumindest meinte Bertolt Brecht, als er 1926 in der Glosse *Weniger Gips!* schrieb: »Ein Theater ist ein Unternehmen, das Abendunterhaltung verkauft.« Und sogleich fügte er hinzu: »Aber damit ist im Grund niemand zufrieden bei uns.« Und er meinte damit die Deutschen. Was also hat es mit diesem »Mehr« auf sich, das die Deutschen anscheinend vom Theater erwarten, wenn Brechts Vermutung stimmt? Gewiss ist es nicht das »Ertragen von Langeweile«, in dem die Deutschen – wie der aufmüpfige Augsburger Stückeschreiber im selben Zusammenhang behauptet – angeblich so »ungemein stark« seien.

Hinter diesen provokanten Statements, selbst wenn der junge Brecht sie ironisch gemeint und auf das Bildungsbürgertum seiner Zeit gemünzt haben mag, ist dabei vielleicht doch ein Nachklang von Schillers Diktum von der »moralischen Anstalt« zu hören, die das Theater eigentlich sein sollte; eines Anspruchs, der das Theater in Deutschland zu einem gesellschaftlichen Korrektiv überhöht, ihm eine Sonderstellung zuweist, einen exzeptionellen – vermeintlich »systemrelevanten« – Status gegenüber anderen kulturellen Einrichtungen. Dem Schreiber von Lehrstücken war dieses Wort von Schiller vermutlich nicht ganz fremd. Letztlich wird diese Sonderstellung des Theaters noch heute – in die Sprache der Kulturpolitiker und der Theaterfunktionäre übersetzt – in den meisten einschlägigen Erklärungen unterstellt, bei denen es um die Rolle des Theaters in der Gesellschaft geht, – nicht zuletzt aber auch um die Rechtfertigung von dessen weitgehender Subventionierung aus Geldern der öffentlichen Hand. Ist doch das Theater – zusammen mit der Oper – die teuerste Kunstform und ohne diese Subventionen offenbar nicht überlebensfähig. Zumindest für das derzeitige System der deutschen Staats- und Stadttheater scheint das zu gelten. Die Schließung eines Theaters wird gemeinhin als »kultureller Ausverkauf« beklagt. Selbst der Wechsel von Intendanten, die jahrzehntelang ein Theater – quasi wie ihr »eigenes« – geleitet haben, vermag in Deutschland einen höchst emotionalisierten Kulturkampf, selbst Hetzkampagnen sondergleichen auszulösen, auch wenn ein solcher Wechsel überfällig gewesen sein mag. Von »Verrat« ist dann die Rede, Hausverbote werden ausgesprochen, der Nachfolger aufs übelste diffamiert. Klaus Briegleb schrieb in der Süddeutschen Zeitung (SZ) zu Recht, dass es höchste Zeit zu sein scheint, »für eine kritische Selbstbefragung des deutschen Theatersystems, ob hinter dem schönen Anschein der Kunstfreiheit und des Engagements für Flüchtlinge, Demokratie und Menschlichkeit nicht doch noch sehr hässliche Gepflogenheiten überdauern, die selbstgerecht, grenzverletzend und zutiefst undemokratisch sind«. (SZ Feuilleton, 9./10. September 2017)

Vermeintlich aber ist das Theater ein »Ort der Selbstuntersuchung der Gesellschaft«, wie der Intendant des Deutschen Theaters in Berlin einmal sagte. Mit »Gesellschaft«, um deren »Selbstuntersuchung« es gehen sollte, ist in erster Linie wohl das Publikum der Stadt- und Staatstheater gemeint, das – statt sich nur zu vergnügen, nur einer »Abendunterhaltung« nachzugehen – Anstöße vom Theater erwarten, diese gar einfordern sollte, über sich und jene Werte nachzudenken, die die Gesellschaft zusammenhalten, gar über »den Sinn ihres Lebens« aufgeklärt zu werden. Eine Art gesellschaftliches Über-Ich etwa? Auch von einem »Seismographen« ist immer wieder die Rede, wenn in diesem Zusammenhang vom Theater gesprochen wird, als von einer Institution, die anzeigt, wenn in der Gesellschaft etwas aus dem Lot geraten ist. Nicht viel mehr hatte vermutlich auch Schiller gemeint mit der Metapher von der »moralischen Anstalt«: Ein Korrektiv sollte die »Schaubühne« sein in einem absolutistischen Staat, die am Beispiel fiktiver Geschichten, die auf der Bühne erzählt werden, an jene Ideale erinnert, die den Handelnden, auch den Herrschenden, im »wirklichen Leben« abhanden gekommen sind, – was »tiefer und dauernder [wirke] als Moral und Gesetze«, meinte Friedrich Schiller – allerdings in einer Zeit, als dem Bürgertum elementare Freiheitsrechte verweigert wurden.

Offenbar haben sich Vorstellungen wie diese in die Geschichte des deutschen Theaters seit dem späten 18. Jahrhundert eingeschrieben. Aber treffen diese Erwartungen auch zu? Vermag das Theater dies zu leisten oder ist es mit diesem – wohl mehr von außen an das Theater herangetragenen als von den Bühnenkünstlern selbst erhobenen – Anspruch überfordert? Ist diese Rede von einem »Mehr« als Unterhaltung nur die Forderung einer Bildungselite? Ist die Kunst gar in Gefahr, wenn Theater vornehmlich unterhaltsam ist, und was heißt »nur Unterhaltung«? Was eigentlich sah (und sieht) das Theaterpublikum auf der Bühne wirklich? Und warum gehen die Menschen ins Theater? Hatte das neuzeitliche Theater, das höfische, das bürgerlich-kommerzielle oder das von der öffentlichen Hand subventionierte, je ein Interesse daran, kritische Instanz und »Spiegelbild« der Gesellschaft zu sein? Kürzlich sagte der Intendant eines prominenten Stadttheaters zu Recht: »Was wir wirklich tun können, ist letztlich nur – spielen, spielen, spielen.«

Unstrittig gab es etwa im 19. Jahrhundert unter denen, die für ihren Theaterbetrieb verantwortlich waren, aufrechte Patrioten. Einer davon war sicherlich August Wilhelm Iffland, der 1796 in Berlin die Leitung des Preußischen Nationaltheaters übernahm. Aber trugen deswegen Aufführungen dieses Nationaltheaters zur nationalen Identität der Deutschen bei? Wäre das Identitätsproblem, wenn es denn schon mit dem Theater, mit Kunst und Kultur in Verbindung gebracht wird, nicht richtiger in einem größeren Zusammenhang, etwa dem »westlichen« Kulturraum zu diskutieren als dem nationalen? Der Leipziger Theaterwissenschaftler Günther Heeg spricht zu Recht vom »Phantasma der Nationalkultur«, das die Vorstellung einer vermeintlich »eigenen Kultur« imaginiere.

Im 20. Jahrhundert wurde das Theater immer wieder zu Zwecken der Agitation, der Propaganda und der ideologischen Indoktrination eingesetzt; und auch heute gibt es Theateraufführungen, die zu aktuellen Problemen engagiert Stellung nehmen: Theater, das sich im weitesten Sinn als »politisches Theater« versteht, das Aufklärung betreiben will und Partei ergreift. Den Künstlern solcher Bühnen ist das persönliche Engagement sicherlich nicht abzusprechen. Offen bleiben wird dabei freilich die Frage, ob derartige Veranstaltungen je zur Änderung der Einstellung der Zuschauer geführt haben; zu deren spontaner Emotionalisierung wohl schon. Auch gab es immer wieder den »heimlichen Dialog« zwischen Bühne und Publikum, in dem versteckte Botschaften wahrzunehmen waren, insbesondere in Zeiten von Diktatur und politischer Unterdrückung.

Am Ende einer Aufführung aber wird in der Regel die Leistung der Schauspieler bejubelt – oder auch ausgebuht: war doch letztlich alles nur Theater, nur Spiel; die Sphäre der Kunst wurde nicht verlassen. Dies verhinderte allein schon der äußere Rahmen: die Institution Theater, – wo die Dinge nie das sind, was sie zu sein scheinen. Die Veranstalter der antiken griechischen Staatsfestspiele entließen ihr Publikum nie ohne ein heiteres Satyrspiel am Ende des Agons: Nach den Erschütterungen, die die Tragödientrilogie zuvor ausgelöst hatte, stellten quirlige Naturwesen die Welt des Mythos auf den Kopf, parodierten, persiflierten aufs schamloseste. In den religiösen Spielen des Mittelalters war der »Wettlauf der Apostel« zum Grabe Christi eine urkomische Szene. In den englischen Mysterien trieben die Teufel derbe Späße mit dem Publikum und im elisabethanischen Theater gehörte der Clown zum Personal der Tragödie.

Den Zensoren aller Jahrhunderte war das Theater allerdings stets ein Dorn im Auge. Nicht zuletzt wohl auch deswegen, weil im Theater Menschen zusammen kommen, die eine Community auf Zeit bilden, und deren gemeinsames Erleben aus der Sicht der Ordnungshüter eine nur schwer einzuschätzende Dynamik zu entwickeln vermag. So etwa verdankt der belgische Staat seine Entstehung, die Abspaltung von den Niederlanden, wohl auch dem spontanen Protestmarsch eines emotional aufgewühlten Publikums im August 1830 nach einer Aufführung von Aubers romantisch-nationalistischer Oper *Die Stumme von Portici*. Der Aufruf zum Sturm aus dem letzten Akt der Oper wurde zur Parole der Revolutionäre auch auf den Brüsseler Straßen. Ist doch für den, der ins Theater geht, der Theaterbesuch stets auch ein Statement: dazu zu gehören, als »aufgeschlossen«, gar als »gebildet« zu gelten, am Theater »interessiert« zu sein, – oder auch nur zur »Szene« junger oder, wie man so sagt, jung gebliebener Menschen zu gehören, die sich ansehen, was Freie Gruppen

– etwa in einer aufgelassenen Fabrik – mit wenig Geld und großem Enthusiasmus zustande bringen.

Das Theater will unterhalten, und das wohl in erster Linie. Vor allem deswegen gehen die Menschen ins Theater. Sie wollen Interessantes, Kunstfertiges sehen und hören, gewiss auch Anspruchsvolles, Nachdenkliches, Bewegendes, vor allem aber Schauspieler, die ihr Metier beherrschen, Menschendarsteller, Komödianten. Sie wollen Stücke sehen, die sie kennen, oder neue Stücke, die vom Leben in ihrer Zeit oder von alten Mythen erzählen. Vor allem aber wollen sie sich nicht langweilen. Die Schauspieler geben ihr bestes auf der Bühne, bestreiten damit aber auch ihren Lebensunterhalt, nicht anders die Regisseure, die Bühnenbildner und die Autoren, die für das Theater schreiben, alle anderen Mitarbeiter auch, die Intendanten ohnehin. Sie alle arbeiten für das Theater, damit Abend für Abend der »Lappen« hoch geht. Das Theater ist also auch ein ökonomisches Unternehmen, wird verwaltet und steht in Konkurrenz zu anderen Angeboten mehr oder weniger »gehobener« Abendunterhaltung.

So zählt der Theaterbesuch auch zum kulturellen Lifestyle – ähnlich einem Konzertbesuch – mancher Kreise des städtischen Bürgertums. Unterhaltung und Repräsentation waren und sind stets Motivationen, um ins Theater zu gehen. Beides zu unterschätzen, darin gar in einem Gegensatz zur Kunst zu sehen, scheint aber offenbar ein Problem der Deutschen zu sein, – seit sich das Bildungsbürgertum des Theaters bemächtigt hat. Für die Aristokratie existierte dieses Problem Jahrhunderte lang nicht. Mit der Existenz jenes Bildungsbürgertums freilich steht und fällt das Theater, wie es in Deutschland als »System« heute noch einigermaßen funktioniert, dessen Ende, vor allem dessen Finanzierbarkeit, immer wieder thematisiert wird. Der Dialektiker Brecht zog sich bekanntlich auf seine Art aus der Klemme und ging von der Fiktion eines »Publikums im wissenschaftlichen Zeitalter« aus, das mit den politischen Botschaften seiner Stücke schon »vergnüglich« umzugehen wisse. Freilich hätte dies eine fundamentale Veränderung der sozialen Verhältnisse vorausgesetzt. Der Augsburger Stückeschreiber hatte es sich wieder einmal leicht gemacht.

Es war Gottfried Ephraim Lessing (1729-1781), der in Deutschland den Anspruch, dass das Theater eine nationale Institution sein solle, mitbegründet hat. Auch schloss seine Forderung nach einem Nationaltheater der Deutschen den Auftrag zu kritischer – allerdings nicht zu politischer – Reflexion der Zeitverhältnisse ein. Lessing verband diese Forderung mit einem leidenschaftlich geführten Kulturkampf gegen die Übermacht von allem Französischen im Theater, von der er das Zustandekommen einer kulturellen Identität der Deutschen offenbar bedroht sah. Wo immer es sich anbot, polemisierte er gegen die vermeintliche Anmaßung der Franzosen, die in der Antike geltenden Regeln des Theaters, wie sie Aristoteles in seinem *Poetik*-Fragment niedergeschrieben hatte, im Sinne ihres Urhebers allein angemessen zu vertreten. Allerdings: Für ein Nationaltheater – so Lessing – sei es auch nötig, eine »Nation« zu sein.

Diese Voraussetzung aber erfüllten »wir Deutschen noch nicht!« Dass deutsches Theater dazu beitragen könne, dass die Deutschen einmal eine »Nation« werden würden, davon war Lessing überzeugt.

Dass Deutschland noch keine Nation sei, sah er sicherlich zu Recht in einer Zeit der staatlichen Zersplitterung in mehr als 300 mehr oder weniger zufällig zustande gekommene souveräne, absolutistisch regierte staatliche Gebilde von unterschiedlicher territorialer Größe und politischer Bedeutung, – weit davon entfernt also, eine verfassungsrechtliche Einheit zu sein. Für Lessing und seine Mitstreiter bedeutete Nationalität vor allem kultureller Besitz. Es bedeutete dies auch, einen »eigenen« und – wie er sagte – einen »sittlichen Charakter« zu haben. Aus heutiger Sicht mag diese Wendung, den Begriff der Nation mit dem Sittlichen in Verbindung zu bringen, irritieren. Was Lessing aber damit meinte, war eine Haltung, die sich einem aufgeklärten Humanismus verpflichtet weiß und das Ästhetische nie als Selbstzweck begreift. Lessing distanzierte sich allerdings von jedweder politischen Interpretation des Begriffs Nation. Die Hoffnung, dass Deutschland einmal eine Nation sein werde, schien ihm durchaus vereinbar zu sein mit den Lebensbedingungen in einem absolutistisch regierten Land. Vom Absolutismus aber hoffte Lessing, dass er fähig wäre, sich selbst zu reformieren: Toleranz und die Freiheit des Einzelnen als oberste Werte im gesellschaftlichen Zusammenleben anzuerkennen und zu verwirklichen – innerhalb einer obrigkeitsstaatlichen Ordnung. Diese Vorstellung teilte er mit einer Mehrheit der deutschen Aufklärer. Eben darin aber lag das Dilemma im politischen Denken weiter Kreise des aufgeklärten deutschen Bürgertums am Ende des 18. Jahrhunderts, für die Lessings Argumentation typisch war; – mit der Folge einer noch bis zum Ende des 19. Jahrhunderts reichenden politischen Abstinenz weiter Kreise des deutschen Bürgertums.

Dass noch heute die Vorstellung nationaler Identität der Deutschen vornehmlich mit dem Hinweis auf die deutsche Kultur verbunden wird, dokumentierte die Ausstellung *Was ist deutsch? Fragen zum Selbstverständnis einer grübelnden Nation,* die das Germanische Nationalmuseum in Nürnberg im Jahre 2006 mit einer Vielzahl von Belegen ausgerichtet hatte. In einem Katalogbeitrag von Eric T. Hansen wird die verblüffende Antwort eines jugendlichen, rechtsradikalen Skinhead in einer Talkshow zitiert, der auf die Frage, warum er denn Deutschland »so großartig« finde, antwortete: »Na, wegen Goethe und Schiller und so«. Selbst auf der Ebene solch eher unbedarfter Aussagen wird deutlich, dass Kultur – wie oberflächlich auch immer – als identitätsstiftende Instanz in Anspruch genommen wird. Hansen (2006, 48) hat sicherlich Recht, wenn er schreibt: »Von einem englischen Skinhead hätte man so etwas nicht gehört. Sicher, Shakespeare ist dem Engländer sehr wichtig, aber wenn der Engländer von Shakespeare spricht, spricht er von einem Dichter. Mit der Nation als politischem Gebilde hat Shakespeare nichts zu tun. Goethe und Schiller aber offenbar schon [...] Für England wurzelt Nationalstolz immer noch im Empire. Der Engländer feiert alles, was ihn an die Größe des vergangenen Weltreichs erinnert.«

In Deutschland dagegen wird an der Vorstellung festgehalten, dass das Theater eine Institution sei, die wesentlich zur nationalen Identität gehöre und Deutschland letztlich als Kulturnation ausweist. Der Sozialwissenschaftler Hajo Holborn (1970, 85 f) vermutet, dass es der deutsche Idealismus gewesen sei, die geistige Bewegung von ungefähr 1770 bis 1840, die das deutsche Bürgertum in dieser Hinsicht von der »europäischen Tradition des politischen Denkens« getrennt hätte. Lessing stellte sich eine Nation vor, die durch gemeinsame Sprache und Kultur definiert ist – ohne ein Staat zu sein. In der deutschen Geschichte sollte es bis ins späte 19. Jahrhundert dauern, bis sich an die Stelle eines kulturell und zivilisatorisch definierten Nationenbegriffs ein modernes »staatsbürgerliches Konzept von Nationalität« (J. Rupnik 2016, 13) durchsetzte. Es war dies das Resultat einer »von oben« herbeigeführten Entwicklung. Anders als in den Niederlanden im 16., in England im 17. und in Amerika und in Frankreich im 18. Jahrhundert, wo es siegreiche Aufstände gegen die »legale Gewalt« gab, die zur Gründung moderner Nationalstaaten führten, gab es in Deutschland »von den Bauernkriegen an zwar viele Aufstände und revolutionäre Bewegungen [...] aber keine siegreichen Revolutionen von unten; der Nationalstaat ist hier durch die traditionellen Führungseliten von oben her begründet worden, wobei zwar eine bürgerliche Nationalbewegung mitwirkte, ohne aber die politische Führung« zu übernehmen.(W. Sauer 1970, 409) Das Zustandekommen der deutschen Einheit 1989 durch den Widerstand des Volkes gegen das DDR-Regime war eine friedliche Revolution, unstrittig aber auch ein singuläres Ereignis in der neueren politischen Geschichte Deutschlands. In der Geistesgeschichte des späten 18. Jahrhunderts existierte – vor allem von der Philosophie Jean-Jaques Rousseaus (1712-1778) inspiriert – die Vorstellung, Freiheit und Gleichheit seien zur »Natur« des Menschen gehörig, nicht aber politisch durchzusetzende Ansprüche. Vorstellungen wie diese haben in bürgerlichen Kreisen lange hin auch zur Entpolitisierung des Begriffs Nation beigetragen. Von der Französischen Revolution waren diese Begriffe eindeutig in der Sphäre des Politischen angesiedelt.

Nationaltheater ohne Nation – Nation ohne Staat

Über das zwangsläufige Scheitern eines Projekts des aufgeklärten deutschen Bürgertums im 18. Jahrhundert

Das Bürgertum war in Deutschland seit der Mitte des 18. Jahrhunderts die führende Schicht in Kultur und Bildung, mit dem Durchbruch der industriellen Revolution gegen Ende der ersten Hälfte des 19. Jahrhunderts war es dies auch im Bereich der Ökonomie. Diese Sphären betrachtete das deutsche Bürgertum als die ihm zustehenden Bereiche gesellschaftlichen Handelns, nicht aber die Sphäre des Politischen. Lange noch blieb der Nationalstaat nur das Sehnsuchtsprojekt deutscher Patrioten. Es bildete sich auch »schon früh eine Neigung heraus, die eigenen Ziele statt durch Eroberung der politischen Macht durch ideologische Bekehrung der herrschenden Machthaber durchzusetzen«. Der aufgeklärte Monarch schien der ideale Lenker des Gemeinwesens zu sein. Für das deutsche Bürgertum war die Forderung nach Reformen stets das angemessenere Mittel, sich in der Sphäre des Politischen zu engagieren, statt der offen erhobenen Forderung nach Freiheit. Diese nämlich hätte Umsturz und Revolution bedeutet. (Vgl. W. Sauer 1970, 418) So ist auch für Lessing das Theater zwar eine unpolitische, im Idealfall jedoch eine nationale Institution, die zur kulturellen Identität der Deutschen beiträgt.

Erreichbar zu sein, schien Lessing dies durch die Besinnung auf »Eigenes«. Im Zusammenhang mit der Forderung nach einem deutschen Nationaltheater meinte »Eigenes« vor allem ein Theater »ohne die Franzosen«, allein mit »Eigenem«: mit einem Repertoire deutscher »Originalstücke«, dargeboten von deutschen Schauspieltruppen, selbstverständlich in deutscher Sprache; – letztlich also ein Theater, das sich weitgehend abschottet von Einflüssen, die dem Deutschen »wesensfremd« sind. Unter den Gegebenheiten der Zeit hieß das: sich abzuschotten gegenüber der Dominanz des französischen Klassizismus. Nur ein auf dem – so verstandenen – »Eigenen« beruhendes Theater wäre dann eben auch eine Institution, die nationale Identität verbürgt. Deswegen wurde Lessing nicht müde, die vermeintliche Dominanz der Franzosen auf dem Gebiet des Ästhetischen anzuprangern.

Ein Blick zurück in die Geschichte! Bis gegen Ende des 18. Jahrhunderts unterschied sich Theater in Deutschland kaum vom Theater in anderen europäischen Ländern, vor allem auch nicht hinsichtlich der Bedeutung, die dem Theater in der Gesellschaft eingeräumt wurde. Im Mittelalter stand Theater, wo immer es stattfand, unter der Aufsicht der römischen Kirche, der Magistrate der Städte oder der Handwerkergilden. Es war Laientheater und gliederte das Jahr nach religiösen oder profanen Festen. Diese gaben die Inhalte, die institutionellen Gegebenheiten und meist auch die szenische Form vor; Konventionen zwar, die aber offen waren für Neuerungen. Auf den Jahrmärkten machten die Spielleute allerorts dieselben Spässe und zeigten ihre Kunststücke zum Vergnügen des einfachen Volks, streng bewacht von der örtlichen Obrigkeit. Mancherorts war dies allerdings eine durchaus subversive Sphäre. Im Spielbetrieb des 16. Jahrhunderts – ob es reformierte bürgerliche Theatervereine waren oder die Jesuiten, die Speerspitze der katholischen Gegenreformation – überall in Europa bekämpfte jede Partei – nicht nur in einem beispiellosen »Krieg der Bilder« – ihre Gegner in den Religionsstreitigkeiten mit der gleichen Schärfe. Stets ging es um dieselben Themen, mal mehr oder weniger grell in Szene gesetzt, in der Sprache der Region oder in Latein; aber immer auch zum Vergnügen des eigenen Lagers. Auch das Theater an den deutschen Residenzen unterschied sich kaum von dem anderer Länder, allenfalls im finanziellen Aufwand, den sich der jeweilige Souverän leisten konnte. Das höfische Theater, das nie auf Literarisches festgelegt war, diente in allen seinen Spielarten in ganz Europa der Repräsentation und dem Divertissement der Hofgesellschaft. Von wenigen regionalen oder lokalen Besonderheiten abgesehen, wurden nahezu dieselben Stücke, Singspiele, Ballette oder die kunstvoll choreographierten Feuerwerke aufgeführt. Schauspieler, Sänger und Musikanten, Tänzer, Theaterarchitekten, Bühnenbildner, Bühnentechniker und Feuerwerker zogen von Engagement zu Engagement, von Land zu Land im Dienste der Fürsten, gelegentlich auch der Städte. Im 17. und lange noch im 18. Jahrhundert hinterliessen englische und französische Wandertruppen, nicht zu reden von der italienischen Commedia dell'arte, Spuren im Theaterbetrieb nahezu aller europäischen Länder und trugen nicht selten zur Professionalisierung von deren »einheimischen« Schauspielern bei. In mehr oder weniger verballhornten Fassungen führten sie Stücke von Shakespeare oder Molière in ganz Europa auf. Das Theater an den Schulen hatte allerorts den selben Zweck: die Erziehung der Schüler – zumeist gehörten diese dem Bürgertum an – zu redegewandten (auch in Latein), im Umgang mit den Oberen auftrittssicheren und staatstreuen Untertanen.

In diesem Zeitraum wurden nahezu alle Länder Europas autoritär regiert. Die Gesellschaften waren in Ständen hierarchisch gegliedert, von denen manche mit weitreichenden Privilegien ausgestattet waren, mit einer souverän herrschenden Institution an der Spitze, einem König oder einem Fürsten. Der Feudalismus, später der Absolutismus waren – kaum umstritten – die politischen und wirtschaftlich-sozialen Organisationsprinzipien der Gesellschaften. Diese Strukturen prägten auch den Theaterbetrieb. Dies betraf die Lizenzvergabe für das Theatergewerbe und die lokalen Auftritte der Theatertruppen. Die Schauspielerei war ein Wandergewerbe und kannte Jahrhunderte lang keine längerfristigen festen Standorte. In Italien gab es neben der Oper bis ins mittlere 20. Jahrhundert für das Schauspiel kein »teatro stabile«. Giorgio Strehlers Mailänder »Piccolo« war das erste wirklich ständige Stadttheater in Italien. Ein Prinzipal, der oft auch der Erste Schauspieler war, stand als unternehmerisch verantwortlicher Anführer an der Spitze seiner Truppe. Was auf der Bühne gezeigt wurde, war der Zensur unterworfen, hatte aber auch den Vorlieben derer zu entsprechen, die die Schauspieltruppen bezahlten. In der Regel finanzierte der Souverän die Schauspieler, Musikanten und Tänzer an seiner Residenz, damit dort ein angemessener Unterhaltungsbetrieb sicher gestellt war. Gelegentlich – nicht nur bei den »masques« am Londoner Hofe – beteiligte sich auch die Hofgesellschaft aktiv an den theatralischen Darbietungen. Ludwig XIV. soll ein vorzüglicher Tänzer gewesen sein. Berühmt war sein Auftritt im Kostüm des Apollon als »Sonnenkönig«. In England übernahmen hohe Aristokraten das Patronat von jeweils einer Theatertruppe, die sich dann nach ihrem Patron nennen durfte: »Lord Chamberlain's Men« oder »Lord Admiral's Men«. »Men« hieß es wohl auch deswegen, weil im elisabethanischen England nur Männer auf öffentlichen Bühnen auftreten durften. Auch Shakespeares berühmten Frauenrollen – Ophelia etwa, Desdemona oder Julia – wurden von jungen Männern gespielt. Auch als Bauherrn engagierten sich die Fürsten, zumal wenn es um Theatersäle in ihren Residenzen ging, und auch später noch, als die Theater zunehmend als selbständige Gebäude im engeren Bereich der Höfe errichtet wurden. Außenpolitische, seltener aber kulturpolitische Ambitionen der absolutistischen Theaterherren hatten immer wieder gravierende Folgen für den Theaterbetrieb am Hofe. Schauspieltruppen, die aus Ländern kamen, die plötzlich als Feindstaaten galten, wurden entlassen. Truppen aus befreundeten Ländern dafür engagiert. Der Wechsel in der Regentschaft hatte nicht selten auch einen Wechsel der Vorlieben des neuen Souveräns zur Folge. Das Engagement »einheimischer« Bühnenkünstler war gelegentlich aber auch eine kulturpolitische Kurskorrektur.

Professionelle Schauspieler waren allerdings weitgehend rechtlos. Ihrem sozialen Status nach galten sie noch bis ins 18. Jahrhundert gewissermaßen als Vagabunden. In Spanien hielt man sie für »unpassende Werkzeuge«, um die heiligen Mysterien darzustellen. Mit dieser Begründung wurden im 18. Jahrhundert die Autos sacramentales verboten, jene für Spanien so typischen, religiösen Umzugsspiele zur Verherrlichung der Eucharistie. Im religiösen

Spielbetrieb des Mittelalters waren ausschließlich männliche Laiendarsteller geduldet. Spielleute, Tänzer und Gaukler, wurden – so in den Kapitellen mancher Kathedralen – tanzenden, sich widernatürlich verrenkenden Teufeln gleich dargestellt. Geld- und Prügelstrafen waren im Umgang mit Schauspielern noch im 19. Jahrhundert gang und gäbe. In ihrer Höhe waren derartige Sanktionen vielfach durch Theatergesetze geregelt, um die Schauspieler zu Disziplin und Ordnung anzuhalten. In keinem anderen Kunstbereich waren die Menschen, die diese Kunst professionell ausübten, in vergleichbarer Weise diskriminiert. Noch um 1900 schien die vielfach erzwungene Prostitution von Schauspielerinnen ein nicht sonderlich bemerkenswerter Befund zu sein; gehörte dies doch zur Charakterisierung dieser ohnehin als unbürgerlich geltenden Lebenssphäre. Offenbar prägte das Verdikt der römischen Kirche, die das Schauspielergewerbe am Ende der Antike insgesamt geächtet hatte, noch Jahrhunderte lang den Umgang mit dem Theater in Europa, – gänzlich anders als in den ostasiatischen Theaterkulturen. Offenbar war die Einschätzung dieser sinnlichsten, deswegen wohl auch am meisten angefochtensten aller Künste – die der Kirchenlehrer Augustinus in seinen *Confessiones* einen »wundersamen Wahnsinn« nannte – lange hin ein Problem aus der Sicht der christlichen Morallehre. Erst gegen Ende des 18. Jahrhunderts wurden Schauspieler »hoffähig«, soweit sie der Truppe eines prominenten Prinzipals angehörten. Dass einzelne Berufsschauspieler, zumal wenn sie als Autoren eine gewisse Berühmtheit erlangt hatten, Shakespeare und Molière sind in diesem Zusammenhang viel zitierte Beispiele, auch ein gewisses Ansehen in der Öffentlichkeit genossen, waren Ausnahmen. Beim Tode Calderòns 1681 in Madrid oder beim Tode Ifflands 1814 in Berlin gingen Tausende zu deren Begräbnisfeierlichkeiten auf die Straße. Dennoch haftete der Verehrung einzelner Schauspieler, vor allem auch der Schauspielerinnen, aus bürgerlicher Sicht stets ein ambivalenter, von einem gewissen Exotismus nicht ganz freier Zug an, – zumal im exorbitanten Starkult des 19. Jahrhunderts.

Theater war stets ein Gewerbe besonderer Art und ist dies noch heute, – nicht nur durch quasi-feudalistische Relikte in der Hierarchie dieses Arbeitsplatzes, sondern auch dadurch, dass etwa für Berufsanfänger im künstlerischen Bereich der Mindestlohn deutlich unter dem gesetzlich vorgeschriebenem Mindestlohn in anderen Berufssparten liegt. »Mitbestimmung« war in den 1970er Jahren eine revolutionäre Forderung am Theater, von der nach diesem turbulenten Jahrzehnt keine Rede mehr ist. Dennoch ist es ein Gewerbe, das letztlich den Zweck hat – wie jede Tätigkeit in anderen Bereichen der Kunst auch – damit Geld zu verdienen. Im Theater scheint dieser Sachverhalt belastet zu sein von der Erwartung, dass mit dem Theater, dem »ernsthaften«, auch »höhere Ziele« verfolgt werden. Eine derartige Erwartung scheint offenbar weder gegenüber der Opernszene und schon gar nicht gegenüber dem Film oder dem Fernsehen zu existieren. Die mitunter exorbitanten Gagen, die

Schauspieler oder ihre Agenten in diesen Bereichen aushandeln, scheinen mit deren Image durchaus vereinbar zu sein. Tendenziell aber ist dies nur schwer vereinbar mit der Ensemblestruktur im deutschen Theater.

Gegenüber dem feudalen oder dem absolutistischen Organisationsprinzip des Staats war die Idee der Nation, später gleichbedeutend mit der Verfassung des Staats als Republik, der fortschrittliche Gegenbegriff schlechthin, – eine politische Idee der europäischen Aufklärung des 18. Jahrhunderts. Dies hatte letztlich zur Folge, dass gegen Ende dieses Jahrhunderts die grossen Revolutionsbewegungen einsetzten, um diese Idee zu verwirklichen. Ihre »Ursprünge lagen in den angelsächsischen Staaten und in Frankreich. Deutschland, ähnlich wie Italien, [wurden davon] erst sekundär ergriffen«. (W. Sauer 1970, 415) Die Forderung nach »Freiheit, Gleichheit und Brüderlichkeit« hatte sich die Französische Revolution in ihrer Anfangszeit auf die Fahnen geschrieben. Es waren Kernbegriffe einer republikanischen Staatsverfassung, konträr gegenüber einer ständisch und hierarchisch verfassten, autoritär regierten Gesellschaft. Der Begriff der Nation war um 1800 ein Begriff des politischen Denkens weiter Kreise der Bürger in einigen großen westeuropäischen Gesellschaften, zumeist war dieser Begriff verbunden mit der Forderung nach einem republikanisch verfassten Einheitsstaat.

In Deutschland aber gingen die bürgerlichen Theaterreformer Ende des 18. Jahrhunderts einen anderen Weg, einen unpolitischen, den Weg in eine Kultur der Innerlichkeit. Auch Lessing schlug diesen Weg ein, ebenso die durchaus patriotisch gestimmte Bewegung der Empfindsamkeit der Kreise um Christian Fürchtegott Gellert (1715-1769) und Friedrich Gottlieb Klopstock (1724-1803). Letztlich ging auch Friedrich Schiller in seinen *Briefen über die ästhetische Erziehung des Menschen* (1797) diesen Weg. Damit war eine klare Trennung zwischen Politik und Kunst hergestellt. Bürgerliche Kreise, die einer republikanischen Idee anhingen und diese auch in der Öffentlichkeit – trotz Zensur – offensiv vertraten, gab es in der Publizistik sehr wohl, nur hatten diese Stimmen zu dieser Zeit keine Chance, auf das politische Geschehen Einfluss zu nehmen oder deren Autoren wurden in Haft gesetzt. Die Festung Hohenasperg in Württemberg kam dadurch zu einer fragwürdigen Berühmtheit.

Lessing hatte trotz aller Kritik am Feudalstaat die Forderung nach Freiheit ins Moralische gewendet. Schiller, der in seinen frühen Stücken dem Hass auf die Feudalherren noch freien Lauf ließ, stellte später zwischen dem Ästhetischen – den »Erzeugnissen der Einbildungskraft« – und der politischen Auseinandersetzung mit dem Zeitgeschehen eine unüberbrückbare Distanz her. Gleiches gilt für Goethe in seiner Weimarer Zeit. Damit aber waren für das deutsche Bildungsbürgertum des 19. Jahrhunderts verbindliche Positionen bezogen und sie waren durch das Wort der Weimarer Klassiker legitimiert. Es war dies eine Sichtweise, die noch bis ins erste Drittel des 20. Jahrhunderts, in der sogenannten »Tendenzdebatte« (vgl. M. Brauneck 1974, 176 f), nachwirkte.

In Deutschland war die Forderung nach einem Nationaltheater die Erfindung einer aufgeklärten bürgerlichen Bildungselite, die im Theater Anderes sehen wollte als die feudalen Theaterherren, »Eigenes« vor allem; Anderes aber auch als das »gemeine Volk«, das sich in erster Linie amüsieren wollte, wenn es ins Theater ging. Auch Friedrich Schiller (1759-1805) ging in seiner berühmten Rede *Vom Wirken der Schaubühne auf das Volk* am 26. Juni 1784 vor der »Kurfürstlichen deutschen Gesellschaft« in Mannheim von der politischen Abstinenz des deutschen Bürgertums als einer selbstverständlichen Gegebenheit aus, spricht aber auch mit dem rhetorischen Pathos einer bildungs-aristokratischen bürgerlichen Elite. »Die Schaubühne« sei, so Schiller in dieser Rede, »der gemeinschaftliche Kanal, in welchem von dem denkenden bessern Theile des Volks das Licht der Weisheit herunterströmt, und von da aus in milderen Strahlen durch den ganzen Staat sich verbreitet. Richtigere Begriffe, geläuterte Grundsätze, reinere Gefühle fließen von hier durch alle Adern des Volks; der Nebel der Barbarei, des finstern Aberglaubens verschwindet, die Nacht weicht dem siegenden Licht.« Und, so heißt es weiter, die »Schaubühne« sollte nicht nur »Vergnügen mit Unterricht, Ruhe mit Anstrengung, Kurzweil mit Bildung« verbinden, sondern auch helfen, der »weltlichen Gerichtsbarkeit« Geltung zu verschaffen. Wenn die Obrigkeit versagt: »[...] übernimmt die Schaubühne Schwert und Waage und reißt die Laster vor einen schrecklichen Richterstuhl«. Trotz des revolutionär anmutenden Tons dieser Rede wird darin der absolutistische Obrigkeitsstaat an keiner Stelle in Frage gestellt. Schiller hätte dies in seiner damaligen Situation wohl auch nicht wagen können. Dennoch wurde in dieser Rede der Anspruch in der griffigen Formel von der »moralischen Anstalt« festgeschrieben: dass die »Schaubühne« nicht nur den Oberen sondern der Gesellschaft insgesamt den Spiegel vorhält und jeden Einzelnen an seine moralischen Pflichten erinnert. So hat »die gesamte geistige Bewegung des deutschen 18. Jahrhunderts [...] beinahe ausschließlich die Erziehung des individuellen Menschen zum Ziele gehabt und ihr alle politischen Forderungen untergeordnet [...] Gedankenfreiheit wurde [...] als absolut notwendig empfunden, während gesellschaftliche und politische Rechte als vielleicht wünschenswert, aber doch erst in zweiter Linie als nötig betrachtet wurden [...] Dem Absolutismus tief verhaftet, träumte das deutsche Bürgertum keine Revolutionsträume, sondern begnügte sich, die Reform, nicht aber die Abschaffung des Obrigkeitsstaats zu betreiben.« Dieses Fazit zieht der Sozialwissenschaftler Hajo Holborn (1970, 91 f) in seiner Analyse des politischen Denkens des deutschen Bürgertums um 1800.

Schon 1768 hatte Lessing seinen »süßen Traum, ein Nationaltheater [...] in Hamburg zu gründen«, mit dem resignativen Kommentar versehen, dass dieses Projekt scheitern müsse, da die Deutschen keine Nation seien, und er meinte damit offenbar, dass die Deutschen keine eigene kulturelle Identität hätten. In der *Hamburgischen Dramaturgie* (1768) heißt es: »Wir sind noch immer die geschworenen Nachahmer alles Ausländischen, besonders noch immer die untertänigen Bewunderer der nie genug bewunderten Franzosen«. Es folgt dann eine Aufzählung aller für die vermeintliche »Superiorität« der Franzosen gängigen Klischees, – statt Grazie: »Frechheit«, statt Ausdruck: »Grimasse«, statt Poesie: »Geklingel«, statt Musik: »Geheule« – und sofort. Aber auch die Franzosen hätten – so Lessing in der *Hamburgischen Dramaturgie* – kein Theater, obwohl sie »prahlen [...] das beste Theater von ganz Europa zu haben«. Denn das Theater der Franzosen sei, vor allem die Tragödie: »[S]o flach, so kalt!«

Offenbar also ging es um mehr als um die Regeln in der Kunst. Es ging um die vermeintlich wesenhafte Fremdheit des Französischen gegenüber dem Deutschen. Deutlicher als in Lessings Polemik wird dies in einem Brief des Schauspielers Heinrich Christian Beck (1760-1803), der zu den Theaterreformern dieser Jahre zählte und 1796 Schauspieldirektor am Mannheimer Nationaltheater wurde. Beck schrieb, dass der »Nationalcharakter der Deutschen [...] sich weit mehr dem Engländer nähert als dem Franzosen. Wo der Franzose räsoniert, handelt der Engländer [...] Ihre Stücke, voll Nerv und Kraft, geben unserem Geiste weit mehr Nahrung als die mit schönen Bildern und Sentenzen verzierten Trauerspiele der Franzosen«. (n. G. Piens 1955, 76) Es war also der vermeintliche Mangel an »Nerv und Kraft« und ein als oberflächlich diskreditiertes Virtuosentum, die aus Sicht der deutschen Reformer das klassizistische Theater der Franzosen so verächtlich – letztlich als undeutsch – erscheinen ließen. Es war dem »Nationalcharakter der Deutschen« – einem ideologischen Konstrukt, das in diesem Zusammenhang vor allem über ein kulturelles Feindbild definiert wurde – vermeintlich fremd.

So war die Forderung nach einem Nationaltheater – einem Theater also, das auch dem »Nationalcharakter der Deutschen« entsprechen würde – in der zweiten Hälfte des 18. Jahrhunderts aufgekommen, im Zusammenhang eines umfassenden kulturellen Reformprojekts, das in Deutschland zwar von einem antifeudalen Impuls bürgerlicher Kreise getragen war, dessen Verwirklichung jedoch im Rahmen einer obrigkeitsstaatlichen Herrschaftsordnung möglich zu sein schien.

Von England inspiriert, war in diesen Jahrzehnten auch in Deutschland eine aufgeklärte bürgerliche Öffentlichkeit entstanden, aus der heraus auch die Forderung nach einem Kulturwandel erhoben wurde. Die dominante Rolle der Aristokratie als Trägerschaft des kulturellen Lebens war zwar längst brüchig geworden, letztlich auch das feudal-absolutistische Gesellschaftsmodell. Von dessen Abschaffung jedoch distanzierten sich die deutschen Theaterreformer entschieden, so sehr ihnen die eigene politische Misere und der Druck, den die Feudalherren auf das Bürgertum ausübten, bewusst waren.

Kulturelles Zentrum des Absolutismus war der Hof von Versailles, der mehr als ein Jahrhundert lang für guten Geschmack, Mode und Lebensart in ganz Europa stilbildend gewesen war, mit dessen finanziellem Aufwand für seine überaus aufwendige Hofhaltung aber kein anderer europäischer Hof mithalten konnte. In der ersten Hälfte des 18. Jahrhunderts geriet der französische Staat jedoch zunehmend in eine desolate Verfassung. Bereits in den letzten Jahren vor dem Tode Ludwigs XIV. (1715) hatte die Staatsverschuldung ein enormes Ausmaß angenommen. Auch war die Kritik am Königtum unüberhörbar geworden, und der Machtverlust der Monarchie deutete sich in diesen Jahrzehnten bereits an. Nach dem Tode Ludwigs verlegte sein Nachfolger den Sitz der neuen Regierung von Versailles nach Paris, wodurch die Bedeutung der einstigen Residenz zumindest politisch nahezu bedeutungslos wurde. In dem inzwischen auch veränderten geistigen Klima hatte der Hof ohnehin seine Sonderstellung eingebüßt. Die Salons der Stadt waren der eigentliche Nährboden für die Ideen der Aufklärung. Die aristokratischen Kreise jedoch zelebrierten noch einmal eine Lebensform von äußerster Verfeinerung, von Hedonismus und Libertinage. Zugleich aber verstärkte sich deren Gegensatz zu den Kreisen des gebildeten Bürgertums. Auch die Wut des einfachen Volks wuchs. Dessen Lebensverhältnisse hatten sich außerordentlich verschlechtert. Zugleich aber waren diese Menschen konfrontiert mit einer exorbitanten Prunksucht der Aristokratie, die noch unangefochten die Macht im Staate inne hatte. Der in diesen Jahren angestaute Hass gerade der plebejischen Schichten des Volkes auf die Aristokratie machte sich wenige Jahre darauf Luft in den Exzessen der Revolution (1789), die wohl auch deswegen mit geradezu »historischer Notwendigkeit« (D. Rieger) ausbrach.

So hatte sich bereits um die Mitte des 18. Jahrhunderts eine »umwälzende Veränderung« (A. Hauser) angedeutet. Das Bürgertum war zur geistig führenden Schicht in der Gesellschaft geworden. Im publizistischen Umfeld der Aufklärung wurden nicht nur religionskritische Fragen thematisiert, vielmehr wurde auch offen für republikanische Ideen geworben. Mit der Kritik am Rationalismus, der die philosophische Grundlage der »doctrine classique« war, kam es in diesen Jahren auch in Frankreich zu einem Bedeutungsverlust der traditionellen poetologischen Normen. Neue Stoffe und neue dramatische Genres wurden auf der Bühne erprobt.

Diese Entwicklungen in Frankreich wurden zu dieser Zeit in Deutschland kaum zur Kenntnis genommen. Lessing forderte beharrlich, dem »französischen Vorbild« – und er meinte damit den Klassizismus – abzuschwören, stattdessen aber den »Geschmack der Engländer« zu übernehmen. Dabei fand an den maßgeblichen Pariser Bühnen längst eine Absatzbewegung von der eigenen klassizistischen Tradition statt. Dies betraf vor allem die Schauspielkunst, die das bis dahin gepflegte rhetorische Pathos zugunsten einer »natürlichen« Rollengestaltung aufgegeben hatte. (Vgl. M. Brauneck 1999, 532 ff) Längst auch war an den französischen Bühnen das bürgerliche Milieu als Schauplatz ernsthafter Konflikte entdeckt worden. Auch die Rolle des Theaters in der Gesellschaft wurde im Sinne des aufgeklärten Bürgertums neu definiert.

Lessings Verweis auf die »Engländer«, der in der *Dramaturgie* mehrfach vorkommt, mag in diesem Zusammenhang zunächst befremden, ist aber dann zu verstehen, wenn man sich die kaum zu überschätzende Rolle vergegenwärtigt, die Shakespeare in diesen Jahren für die junge Generation deutscher Literaten spielte, die durchweg von einem mehr oder weniger rebellischen, auf Aufbruch gestimmten Geist beseelt war. Dabei war das schwärmerische Bekenntnis zu Shakespeare – dessen »Eindeutschung« zu dieser Zeit ihren Anfang nahm – keineswegs allein der Bewunderung des gewaltigen Werks dieses englischen »Originalgenies« geschuldet. Vielmehr war dies stets auch ein Bekenntnis zu einer radikalen Alternative zum weltanschaulichen Rationalismus französischer Provenienz. Vor allem als »schöpferisches Prinzip« war Shakespeare, war das »Englische«, das schlechthin Andere gegenüber dem Klassizismus der Franzosen. Es war eine Kampfansage an die »Herren der Regel«. Es war inhaltlich auch eine Hinwendung zu den sozialen Problemen der Zeit; künstlerisch kam die Tendenz zu einem – im Rahmen der Zeitverhältnisse möglichen – Realismus auf. So hatte auch der junge Goethe für den Anspruch der Franzosen, die Regeln der Griechen in reiner Form zu vertreten, nur Ironie und Spott übrig: »Französchen«, schrieb er, »was willst du mit der griechischen Rüstung, sie ist dir zu groß und zu schwer«. So ist es zu lesen in Goethes 1771 mit jugendbewegtem Elan verfassten Rede *Zum Shakespeares-Tag*. Goethes Hymnus auf Shakespeare gipfelt in dem berühmten Wort vom »schönen Raritätenkasten«, der das Werk Shakespeares sei, und der Rede von jenem »geheimen Punkt (den noch kein Philosoph gesehen und bestimmt hat), in dem das Eigentümliche unsres Ichs, die prätendierte Freiheit unsres Wollens, mit dem notwendigen Gang des Ganzen zusammenstößt«. Goethe umschreibt hier den – rationalem Verstehen und jeder Regel, jedem »Plane«, wie er sich ausdrückt, sich entziehenden, ja diesem zuwider laufenden – existentiellen Grund der »kolossalen Größe« der Shakespeare'schen Menschen. Dieses Nicht-Fassbare nennt er – ganz im Geiste dieser Jahre – »Natur«. »Nichts so Natur als Shakespeares Menschen«, heißt es in dieser Rede. Damit war auch das von der Philosophie des Rationalismus hergeleitete Menschenbild in der Vorstellungswelt der Jungen obsolet geworden, nicht nur die Kunsttheorie des Klassizismus. Beides wurde als epochaler Akt der Befreiung gefeiert. In seinem *Egmont*, dessen frühe Fassung (uraufgeführt 1789 in Mainz) in die Jahre der Shakespeare-Euphorie der Stürmer und Dränger zurück reicht, griff Goethe nicht nur das Thema des niederländischen Freiheitskampfs gegen die Spanier auf, samt dem Versagen des niederländischen Bürgertums, sondern konzentrierte das dramatische Geschehen – im Stil von Shakespeares lockerer Dramaturgie – um seinen Titelhelden herum, der als »freier Mensch«, »Vorkämpfer staatlicher Freiheit« (W. Kayser 1958, 584) auch ein charismatischer »Menschenfänger«

ist. Schiller nennt diesen Egmont etwas abwertend »ein fröhliches Weltkind«. Der klassische Goethe dagegen spricht vom »Dämonischen«, das diese Gestalt so attraktiv machen würde, aber eben auch »so blind« allen Gefahren gegenüber, die sich ein strategischer Verstand ausdenkt. Dem Weimarer Herzog Carl August »behagte« das ganze Stück um den niederländischen Freiheitskämpfer nicht. Auch in dem Schauspiel *Geschichte Gottfriedens von Berlichingen mit der eisernen Hand dramatisiert* (1773) entfaltete der junge Goethe die szenische Welt um seinen Titelhelden in der Art eines Shakespeare'schen »Raritätenkastens«. Weit einschichtiger freilich als Egmont ist dieser Götz: »[E]in tüchtiger Mann«, ein Kraftkerl, dessen Redlichkeit seine Größe ist. Für die Berliner Uraufführung 1774 pries der Prinzipal der Theatertruppe das Stück allerdings mit dem Hinweis auf die »zeitgerechten Dekorationen und Kostüme« an (vgl. W. Kayser 1958, 494), die für das Publikum offensichtlich die eigentliche Attraktion des Stücks waren. Ritterdramen, samt einer als »authentisch« geltenden Ausstattung, lagen im Trend der Zeit. Das Stück wurde von Goethe mehrfach umgearbeitet. Erst 1804 gab er den *Götz* für eine Aufführung am Weimarer Hoftheater frei. Die Umarbeitung des (in seiner ersten Fassung eine Aufführungsdauer von sechs Stunden beanspruchenden) Stücks sei »durch den theatralischen Zweck entschuldigt«, meinte Goethe in einem Brief 1811 an Rochlitz. (Vgl. W. Kayser 1958, 495)

Die kulturpolitische Stoßrichtung gegen die Dominanz des Französischen in der Sphäre von Kunst und Kultur war Ende des 18. Jahrhunderts keineswegs nur die Intention eines kleinen Kreises aufgeklärter deutscher Theaterreformer. In vielen nicht-romanischen Ländern erhielten vergleichbare Projekte höchste Priorität auch in der offiziellen Kulturpolitik. (Vgl. M. Brauneck 1996, 497 ff) Festgeschrieben wurde mit den theaterkulturellen Vorstellungen der Jahre um 1770 allerdings auch die Dominanz des Literarischen im Theater, von der sich dieses erst mehr als ein Jahrhundert später wieder frei zu machen begann. Bis dahin war allerdings die Darbietung eines literarischen Werks auf der Bühne in erster Linie auf seine möglichen Schaueffekte hin angelegt. Je spektakulärer diese waren, um so publikumswirksamer war die Aufführung.

Wie aber war es zu der in den 1770er Jahren so leidenschaftlich bekämpften Dominanz des französischen Vorbilds gekommen? Es war vor allem die Leipziger Schule gewesen, die in der ersten Hälfte des 18. Jahrhunderts versucht hatte, dem als verwildert geltenden deutschen Theater wieder Gesittung und dramaturgische Disziplin beizubringen. Prominenteste Akteure in diesem Projekt, das durchaus berechtigt war, waren die Prinzipalin Friederike Caroline Neuber (1697-1760) und der Leipziger Philosophieprofessor Johann Christoph Gottsched (1700-1766). Französische Dramen sollten den deutschen Bühnenautoren die Regeln der klassizistischen Dramaturgie nahe bringen und das deutsche Publikum an ein »regelmäßiges« Theater heranführen. Zu diesem Zweck brachte die Neuberin die Trauerspiele von Corneille, Racine und Voltaire und die Komödien von Marivaux auf die deutschen Bühnen. Zusammen mit einigen deutschen, nach »französischer Manier« geschriebenen Stücken, galten diese als »Musterdramen«, die die Handlung in fünf »Stücke« gliederten und die »drei Einheiten« einhielten: die Einheit der Zeit, des Ortes und der Handlung. Die Hofmode von Versailles war der Maßstab für eine korrekte Ausstattung. Mechanischer Bühnenzauber und alles Possenhafte wurden von der Bühne verbannt, ging es im Theater doch um Ernsthaftes: Ein »moralischer Lehrsatz« sollte dem Zuschauer »auf sinnliche Art« eingeprägt werden. So hatte es Gottsched in seiner *Critischen Dichtkunst* (1730) formuliert. Vor allem war dem beim Publikum und bei den Schauspielern so beliebten Extemporieren, das von der Vorgabe des Textes mitunter weit abschweifte und auf Lokales anspielte, der Kampf angesagt. Auch verschwand der Harlekin von der Bühne, ebenso die vielen musikalischen Einlagen, Tanzdarbietungen und anderen Spektakel. Allerdings leisteten die fürstlichen Theaterherren Widerstand gegen alles, was dem Vergnügen am Theater abträglich war. Ohnehin entsprachen Singspiele und Ballett sehr viel mehr deren Vorlieben als das literarische Drama, vor allem das ernsthafte. Dies waren auch die Gründe, weswegen der Adel – nicht minder das »gemeine Volk« – den Reformen, die in den 1770er Jahren mit dem Stichwort »Nationaltheater« verbunden waren, äußerst zurückhaltend gegenüber standen. Das Scheitern der Hamburger »Entreprise« – einer Finanzierungsgesellschaft, zu der sich zwölf Hamburger Bürger mit der Absicht zusammen gefunden hatten, ein »Hamburgisches Nationaltheater« (1767) zu gründen – war dafür ein schlagendes Beispiel.

Gotthold Ephraim Lessing war von 1767 bis 1768 an diesem Hamburger Theater als Dramaturg und Berater engagiert worden. Einen Mitstreiter für sein ambitioniertes Ziel, deutsche »Originalstücke« im Repertoire zu etablieren, hatte er in dem Prinzipal des Hamburger Stadttheaters, Friedrich Ludwig Schröder (1744-1816), der auch ein herausragender Schauspieler war. Lessing aber wurde – noch im Gründungsjahr der »Entreprise« – das prominenteste Opfer der Vorlieben des Hamburger Publikums, von dessen Hang zu »leichter Unterhaltung«. Als nämlich das Hamburgische Nationaltheater von einer französischen Schauspieltruppe Konkurrenz bekam, musste das ambitionierte Unternehmen im Jahr darauf schließen und Lessing verlor seinen Posten.

Als Theaterautor hatte er mit den Stücken *Miß Sara Sampson* (1755) – das, wie er im Untertitel vermerkte, »nach englischem Vorbild verfasst« war, mit der Komödie *Minna von Barnhelm* (1767) und einige Jahre später mit dem deutschen Trauerspiel *Emilia Galotti* (1772) und dem Versdrama *Nathan der Weise* (1783) dem deutschen Theater ein gewisses Renommee verschafft. Über die Landesgrenzen hinaus hatten diese Stücke freilich keine Ausstrahlung. Mit theoretischen Studien und Tageskritiken begleitete Lessing seine Arbeit an dem Hamburger Theater. In der *Hamburgischen Dramaturgie (1767/68)* fanden diese Studien und Kommentare ihren Niederschlag. Darin hatte er auch erstmals den Begriff eines Nationaltheaters in die theaterkulturelle Debatte eingeführt. Erfunden hatte Lessing diesen Begriff allerdings nicht. Paul Rilla (1896-1954), ein politisch links orientierter Kulturkritiker, meinte gar, dieses Wort Lessings sei zum »Kampfwort« geworden, das dem Kampf des Bürgertums um die Nation »eine Marschrichtung« gegeben hätte. (Vgl. P. Rilla 1967, 153)

Wie weit allerdings um 1770/80 in Deutschland die Hoffnungen auf die emanzipatorischen Impulse eines Nationaltheaters von der Realität des Theaterbetriebs entfernt waren, mögen ein paar Zahlen und Situationsbeschreibungen deutlich machen. Das literarisch anspruchsvolle Schauspiel machte im deutschen Theaterleben dieser Jahre weniger als fünf Prozent aus. Bei der Hamburger Uraufführung von Lessings Lustspiel *Minna von Barnhelm, oder das Soldatenglück* – einem Stück von großer Aktualität, in dem Lessing eine lebensnahe Episode unmittelbar nach Beendigung des Siebenjährigen Kriegs erzählt – musste der Schauspieldirektor ein »Nachspiel« mit dem Auftritt von »Luftspringern« im Programm ankündigen, um die Aufführung für das Hamburger Publikum attraktiv erscheinen zu lassen. Galt doch der Name Lessing vielen Theatergängern als das »allerschlimmste Schreckmittel«. Auch Shakespeare war »bis zum Widerwillen missliebig«. (Vgl. M. Brauneck u.a. 1989, 60 f u. 89) Bei einem Gastspiel des Hamburgischen Nationaltheater-Ensembles in Hannover war es die Ankündigung von einem »Ballet« als Nachspiel zu Lessings *Minna*, das dem Publikum dort den Theaterbesuch »schmackhaft« machen sollte. Auftritte von Tänzern, ganze Singspiele, akrobatische Schaustücke und gar »Pferdeballette« wurden zwischen den Akten eines Stücks dargeboten, wenn dem Publikum ein ernsthaftes deutsches »Originalstück« zugemutet werden sollte. Dass im Programm einer »Abendunterhaltung«, die der Theaterbesuch in der Regel war, mehrere Stücke unterschiedlicher Genres gezeigt wurden, war allerdings üblich.

Schließlich war es auch die Zeit, in der Shakespeares Tragödien nur in »gereinigter« Form – d.h. mit versöhnlichem Finale und ohne die derben, manchmal obszönen Anspielungen des Dichters – aufgeführt wurden: so auch Shakespeares *Hamlet* (1776) in Hamburg in einer von dem Theaterdirektor Schröder erarbeiteten sechsaktigen Fassung. Hamlet – in dieser Rolle Hieronymus Brockmann (1745-1812), der gefeierte Star in Schröders berühmtem Ensemble – erschien dabei nicht als melancholischer Grübler, sondern als jugendlicher Draufgänger im Stil der Sturm und Drang-Bewegung, der am Ende nicht nur überlebt, sondern den Schauplatz als Sieger und neuer Regent von Dänemark verlässt. Hamlets Kampf mit Laertes entfiel, da er nicht mehr ins Konzept der Schröder'schen Fassung gepasst hätte. »Als sich die beiden mit einem Versöhnungstrunk verabschieden wollen, trinkt die Königin ahnungslos aus Hamlets Becher und sinkt sterbend zu Boden. Claudius nämlich hatte den Wein, der Hamlet zugedacht war, vergiftet. Daraufhin ersticht Hamlet den Claudius. Ans Publikum gewandt – der Auftritt des Fortinbras entfällt ebenfalls, da er keinen Sinn mehr machen würde – spricht Hamlet: »Ihr, die ihr mit erblassten Gesichtern, von Erstaunen gefesselt, umhersteht und vor Entsetzen über diesen Vorfall zittert, seid Zeugen zwischen mir und Dänemark von dieser schauernden Begebenheit, denn euch überlasse ich meine Ehre und meine Rechtfertigung«.« (n. M. Brauneck 1996, 769). Von Beginn der Aufführung an hatte der um sein Publikum besorgte Theaterdirektor durch eine Vielzahl kleinerer Textänderungen das Publikum darauf vorbereitet, dass Hamlet am Ende des Stücks als Sieger dastehen und als künftiger König von Dänemark die Bühne verlassen würde. Der Versuch einer Aufführung von Shakespeares *Othello* in der Originalfassung wurde für Schröder und sein Hamburger Theater durch die Reaktionen des völlig verstörten Publikums zum Debakel: »Ohnmacht über Ohnmacht erfolgte [...] Logentüren klappten auf und zu, man ging davon oder wurde notfalls davongetragen, und beglaubigten Nachrichten zufolge war die frühzeitige missglückte Niederkunft dieser oder jener namhaften Hamburgerin Folge der Ansicht und Anhörung dieses übertragischen Trauerspiels.« (n. B. Litzmann 1894 II, 209) Am Tag nach dieser missglückten Aufführung wurde eine von Othellos schrecklicher Tat »gereinigte« Fassung des Stücks gegeben. Selbstverständlich überlebten in dieser Fassung Othello und Desdemona die teuflisch eingefädelte Intrige des Jago. Der aber wurde seiner gerechten Strafe zugeführt. Diesmal applaudierte das Hamburger Publikum. Der Abend war gerettet.

Alsbald wurden an zahlreichen Residenzen die Hoftheater zu Hof- und Nationaltheatern deklariert. Jedoch blieben sie unter der Aufsichtskompetenz (in der »Regie«, wie es hieß) der Hofverwaltungen. Diese Entwicklung setzte sich im 19. Jahrhundert fort. Die künstlerische Leitung wurde einem vom Souverän bestimmten Intendanten übertragen, der zwischen den Vorlieben – auch den Anordnungen – des Souveräns und den »Interessen der Kunstanstalt« zu vermitteln hatte. Die Stellung dieses Intendanten war von beträchtlichem Rang und Ansehen innerhalb der Hierarchie der am Hofe zu vergebenden Ämter. Zumeist wurden dafür herausragende Persönlichkeiten mit dieser Aufgabe betraut. Der vom Souverän eingesetzte Intendant übte an »seiner« Bühne auch die Rolle eines Zensors aus.

Die Verhältnisse am Weimarer Hoftheater können in gewisser Weise als beispielhaft für die tatsächlichen Machtkonstellationen an den Hofbühnen dieser Jahre angesehen werden. Goethe hatte 1784 von Kaiser Joseph II. das Adelsdiplom auf Grund seiner »ganz besonderen Gelehrsamkeit« (n. F Sengle 1993, 52) erhalten, war also für die Übernahme eines solchen Amtes durchaus qualifiziert. Bei seinem Wechsel von Frankfurt nach Weimar im November 1775 war er bereits ein über die deutschen Grenzen hinaus berühmter Dichter. Sein *Werther* hatte in der literarischen Welt Aufsehen erregt. Am Weimarer Hof hatte Goethe zunächst die Leitung der Liebhaberbühne der Herzogin Anna Amalie übernommen und trat dort auch als Schauspieler auf. Ein bemerkenswertes Ereignis war sein Auftritt als Orest in einer Prosafassung seines Stücks *Iphigenie auf Tauris*. Seine Partnerin als Iphigenie war die Berufsschauspielerin Corona Schröder. Auch der damals schon hoch berühmte Konrad Ekhof (1724-1781) wurde von Goethe für eine Aufführung an dieser Bühne als Schauspieler verpflichtet. 1783 stellte das Dilettanten-Ensemble der Herzogin den Spielbetrieb ein, denn Carl August ließ ein festes Hoftheater errichten, dessen »Oberleitung« Goethe 1791 – auf Anordnung des Herzogs – übernahm. Goethe war zu dieser Zeit mit seinen Ämtern als Staatsrat und Minister an sich voll ausgelastet und übernahm dieses Amt höchst ungern. Im selben Jahr noch fand die Eröffnungspremiere statt. Gegeben wurde Ifflands »ländliches Sittengemälde« *Die Jäger*, ein künstlerisch belangloses Lustspiel. Bald aber hatte Goethe die hohen Erwartungen revidiert, die er ursprünglich mit dem Theater als der vermeintlich wichtigsten bürgerlichen Bildungsinstitution verbunden hatte. Die erste Fassung seines Bildungsromans (*Wilhelm Meisters Lehrjahre*), die er 1788 abgeschlossen hatte, trug noch den Titel *Wilhelm Meisters theatralische Sendung*. Die in dieser ersten Fassung noch sehr emphatisch beschriebene Bedeutung des Theaters ist in der zweiten, der endgültigen Fassung des Romans, deutlich zurückgenommen. Stand das Theater in der *Theatralischen Sendung* noch ganz im Vordergrund, so ist es in der endgültigen Fassung nur eines von Wilhelms »Bildungselementen« (vgl. E. Trunz, 1957, 613). In einem Gespräch mit Eckerman sprach Goethe rückblickend (1825) davon, dass es seinerseits wohl eine »kindische Hoffnung« gewesen sei, in Weimar ein deutsches Nationaltheater etablieren zu können: Man hat mir hier »wohl die Ehre erzeigt, meine *Iphigenie* und meinen *Tasso* zu zeigen, allein wie oft? Kaum alle drei bis vier Jahre einmal! Das Publikum findet sie langweilig. Sehr begreiflich. Die Schauspieler sind nicht geübt, die Stücke zu spielen, und das Publikum ist nicht geübt sie zu hören.« (Vgl. M. Brauneck 1996, 815 f) Goethe musste »spielbare Stücke« auf den Spielplan setzen, so ordnete es der Herzog an. Für diesen war seine Hofbühne in erster Linie eine Unterhaltungseinrichtung für ihn selbst und für die Hofangehörigen. Zudem war dieses Theater der Öffentlichkeit zugänglich, die nichts anderes als eine vergnügliche »Abendunterhaltung« erwartete. Carl August sträubte sich deswegen auch lange, den durch seinen rigorosen moralischen Anspruch bei den fürstlichen Theaterherren wenig beliebten Friedrich Schiller an seiner Hofbühne als Berater, wie Goethe dies vorgeschlagen hatte, zu beschäftigen. 1808 kam es erstmals zum offenen Streit Goethes mit dem Herzog, was die Führung des Hoftheaters betraf. 1817 wurde er schließlich als Theaterdirektor entlassen. Auch andere Demütigungen, die Goethe am Weimarer Hof hatte hinnehmen müssen, waren offenbar beträchtlich. Riet er doch dem damals sehr bekannten Historiker Heinrich Luden, als dieser eine Zeitschrift mit politischer Tendenz herausbringen wollte, sich aus der Politik prinzipiell herauszuhalten, denn es sei töricht – so Goethe – sich »in die Zwiste der Könige zu mischen, in welchen doch niemals auf ihre oder meine Stimme gehört werden wird.« (Vgl. F. Sengle 1993, 303) Nach Goethes Entlassung als Theaterdirektor fiel der Weimarer Theaterbetrieb alsbald wieder in jene Bedeutungslosigkeit zurück, die er zuvor hatte.

Bürgerliche Prinzipale trugen trotz der Subventionierung der Hof- und Nationaltheater durch die Hofkasse den weitaus größten Anteil des wirtschaftlichen Risikos in der betrieblichen Führung der Theater, – zumindest so lange die Existenz der Bühne nicht wirklich gefährdet war. Gerade auch im Hinblick auf diese Subventionierung wurde die Geringschätzung des ernsthaften literarischen Schauspiels, zumal deutscher Stücke, im Theaterleben der Residenzen deutlich. Diese Einstellung begann sich erst gegen Ende des 19. Jahrhunderts ansatzweise zu verändern. So erhielt das Mannheimer Nationaltheater – durchaus ein »Leuchtturm« in der Nationaltheater-Bewegung – jährlich etwa 2800 Thaler an Subventionen. Dies aber war nur knapp ein Zehntel jener Summe, die der Kurfürst zum Unterhalt seiner Hofoper aufbrachte. Deutlicher noch war der Unterschied an Subventionsaufwendungen für die Königlichen Theater am preußischen Hofe zur Zeit der Regentschaft von Friedrich II. Der König subventionierte sein neues Hof- und Nationaltheater, die Schauspielbühne, lediglich mit 6000 Thalern jährlich. »Dagegen hatte allein die Eröffnungsvorstellung (1742) des Opernhauses unter den Linden [...] mehr als 200.000 Thaler gekostet.« (U. Müller-Harang 1991, 86) Auch an anderen Höfen drückten sich die Vorlieben der Theaterherren für die Oper, für Singspiele und das Ballett in den Kosten aus, die sie aus ihrer Privatschatulle oder aus der Staatskasse zu übernehmen bereit waren. So entsprach es auch Goethes Erfahrung als Theaterdirektor, dass die Oper das »sicherste und bequemste Mittel« zum Vergnügen des Publikums sei. (Vgl. F. Sengle 1993, 109) Auch wurde die Eröffnung eines neu errichteten Opernhauses stets als großes gesellschaftliches Ereignis gefeiert, dem die Eröffnung einer neuen Spielstätte für das Schauspieltheater in keiner Weise gleich kam. Noch in den Jahren als Goethe den Spielplan des Weimarer Hoftheaters zu verantworten hatte, machten 95 Prozent des Repertoires »Singspiele französischer, spanischer, italienischer und auch deutscher Autoren, Komödien sowie Opern [aus] [...] Die restlichen Prozente entfielen vor allem auf Stücke von Kotzebue, Iffland, Schröder, Goethe, Schiller und Lessing«. Dabei fanden die »Weimarer Uraufführungen klassischer Dramen [...] zwar unter einigen Literatur- und Theaterkennern besondere Aufmerksamkeit, denn in diesen Kreisen waren Goethe und Schiller wohlgekannte Autoren. Für das übrige Publikum aber rangierten deren Namen gleichberechtigt neben denen bürgerlicher Tagesdramatiker.« (U. Müller-Harang 1991, 21 f) Schiller war gegenüber Goethe noch der weitaus erfolgreichere Autor am Weimarer Hoftheater. Ihm oblag es auch, Goethes Stücke, wenn sie denn aufgeführt wurden, durch Streichungen »spielbar« zu machen. Am häufigsten von Goethes Stücken wurde das in Versen verfasste Lustspiel *Die Mitschuldigen* aufgeführt, nicht eines seiner »großen« Stücke.

Relativ regelmäßig rezensierte der Herzog, dessen Vorliebe für den französischen Klassizismus bekannt war, Goethes Dramen und war dabei zumeist von »kurzem, herablassendem Lob oder Tadel«. (F. Sengle 1993, 113) Es war die Regel, dass Goethe ebenso wie Schiller die Zustimmung des Herzogs einholten, bevor sie einen Stoff für das Hoftheater zu bearbeiten gedachten. Allein den *Tasso* schrieb Goethe gegen den Rat von Carl August. Von internationalen Autoren wurden vor allem Komödien aufgeführt. Bei der Oper waren die Werke Mozarts die »Säulen« – wie Goethe sie nannte – im Weimarer Repertoire. Generell musste dieses dem Theatergeschmack des Herzogs, gelegentlich gar den Wünschen von dessen Mätresse, der Schauspielerin Karoline Jagemann, angepasst werden. Nicht zuletzt dies war ein Grund, weswegen Goethe das Amt einer »Oberleitung« des Weimarer Hoftheaters zeitweise nur äußerst widerwillig ausübte und nach seiner Entlassung das Theater viele Jahre nicht mehr betrat. Einer Aufführung (1829) von *Faust I* anlässlich von Goethes 80. Geburtstag am Weimarer Hoftheater blieb der Jubilar fern. Zuvor schon, im selben Jahr, war eine von der Zensur stark zusammen gestrichene Fassung des Stücks in Braunschweig aufgeführt worden, ebenso in Hannover.

Die Theaterverhältnisse an anderen deutschen Residenzen waren ähnlich. (Vgl. M. Brauneck 1996, 707 ff) In Dresden etwa, einem der glanzvollsten deutschen Höfe, Kunstmetropole und Theaterzentrum, war das Theaterleben, so lange es August der Starke bestimmt hatte, fest in der Hand französischer (im Schauspiel) und italienischer (in der Oper) Theatertruppen. Als nach dessen Tod (1733) Friedrich August II. den Thron bestieg, favorisierte dieser die Italiener. Der neue Regent liebte die Oper, das Ballett und die Commedia dell'arte. Zudem versorgte ein Italiener als Libretto-Schreiber den höfischen Theaterbetrieb und alle Festlichkeiten am Hofe mit Texten. Erstmals 1763 engagierte Friedrich Christian, der Nachfolger von Friedrich August II., eine deutsche Schauspieltruppe, die gelegentlich neben den Franzosen auftrat. Deutsche Opern wurden erst seit etwa 1791 regelmäßiger aufgeführt. Für dieses Genre brach am Dresdner Hof eine neue Zeit an, als Carl Maria von Weber (1786-1828) zum Hofkapellmeister berufen wurde und die Gründung eines Deutschen Opernhauses durchsetzte. Deutsche Schauspieltruppen traten in Dresden zwar immer wieder auf, spielten im Theaterleben des Hofes im 18. und noch Anfang des 19. Jahrhunderts jedoch keine nennenswerte Rolle.

Am Württembergischen Hofe, in Stuttgart und in Ludwigsburg wurde zwar für kurze Zeit eine deutsche Schauspieltruppe engagiert, aber nur weil das Engagement einer französischen Theatertruppe für die Hofkasse zu kostspielig war. Was die generelle Ausrichtung der württembergischen Hofkultur betrifft, so eiferte man den französischen Vorbildern nach. Verfechterin dieser Orientierung war die Herzogin Friederike, eine Nichte von Friedrich dem Großen, die am preußischen Hof aufgewachsen und von der Theaterkultur in Berlin und Potsdam geprägt war. In dem 1788 eröffneten Kleinen Hoftheater in Stuttgart wurden überwiegend Stücke in französischer Sprache aufgeführt, nur sehr sporadisch auch Dramen von Lessing, Goethe oder Schiller. Herzog Ferdinand I., seit 1797 neuer Regent, erließ 1804 ein Theatergesetz, das Ordnung in den etwas verlotterten Betrieb seiner Hoftheater bringen sollte. 1802 gab Iffland ein Gastspiel in Stuttgart, das jedoch ohne Folgen für ein deutsches Repertoire blieb. Ein neu errichtetes Schauspielhaus wurde zwar mit einer bearbeiteten Fassung von Lessings Drama *Nathan der Weise 1804* eröffnet. Ein dauerhaftes Engagement einer deutschen Schauspieltruppe kam aber weder in Stuttgart noch in Ludwigsburg zustande.

In Karlsruhe, desgleichen in Kassel und in Bayreuth gab man an den Hofbühnen fast ausschließlich Opern und Singspiele. Gastspiele prominenter deutscher Schauspieltruppen (in Karlsruhe 1747 die Truppe von Franz Schuch d. Ä., in Kassel 1760 die Ackermannsche Truppe) blieben singuläre Ereignisse. Als in Kassel der von Napoleon eingesetzte Jerôme Bonaparte (seit 1807) auf der Wilhelmshöhe residierte, wurde eine französische »Hofschauspieler-Gesellschaft« gegründet, die das Kasseler »Théâtre Royal« (unter diesem Namen noch bis 1813) bespielte. In Bayreuth war unstrittig das wohl schönste Rokoko-Theater der damaligen Zeit errichtet worden, allerdings vollständig im italienisch-französischen Stil. Die Italiener Guiseppe und Carlo Galli-Bibiena waren von der Markgräfin Wilhelmine, der Schwester Friedrichs II. und seit 1731 der eigentlichen »Intendantin« des Hoftheaters, engagiert worden und waren für die Ausstattung des Theaters zuständig. Zusammen mit Voltaire besuchte der Preußenkönig mehrmals das Bayreuther Theater. Die Markgräfin selbst schrieb Libretti für die Oper, freilich ausschließlich in italienischer Sprache. Nichts lag dieser »Intendantin« ferner, als die Aufführung deutscher Schauspiele oder Opern.

Die Vorliebe des Wittelsbacher Regenten Max Emanuel für französische Schauspieltruppen war so groß, dass er diese gar auf seine Reisen und auch ins Exil mitnahm. Musste er doch – da er für Frankreich und gegen den Habsburger Kaiser Partei ergriffen hatte – nach der Niederlage in der Schlacht bei Höchstädt 1704 Bayern fluchtartig verlassen. Nach seiner Rückkehr nach München war eine seiner ersten Amtshandlungen die, das Engagement der französischen Schauspieler, die in den Sälen der Residenz auftraten, durch ein Dekret zu festigen. Aus Kostengründen wurde das Schauspieltheater zeitweise immer wieder eingestellt, nie jedoch die Oper, die unangefochten im Zentrum des höfischen Theaterbetriebs stand. Auch das von dem Hofarchitekten François de Cuvilliés (1695-1768) erbaute »neue opera hauß« in der Residenz war anfangs ausschließlich diesem Genre vorbehalten.

Als jedoch Karl Theodor von der Rheinpfälzer Linie der Wittelsbacher 1777 in München die Regentschaft übernahm, etablierte er die Mannheimer Theaterverhältnisse auch in der bayerischen Hauptstadt. Bereits unter Max III. Joseph trat die Schauspielabteilung auch im Opernhaus am Salvatorplatz auf. Bis dahin war diese Bühne ausschließlich für die musikalischen Genres reserviert. Dieses Theater wurde alsbald zur Hof-National-Schaubühne deklariert und war nun auch der (zahlenden) Öffentlichkeit zugänglich, vergleichbar den Verhältnissen vieler Hof- und Nationaltheater. Ein Grund dafür war offenbar der schleichende Niedergang der finanziellen Verhältnisse der meisten deutschen Höfe in diesen Jahren. 1795 wurde auch das Cuvilliés-Theater zum Kurfürstlichen Hof- und Nationaltheater erklärt. 1811 wurde schließlich der Grundstein für den Bau eines Königlichen Hof- und Nationaltheaters am Marstallplatz gelegt. Architekt dieses Theaters, das jedoch bereits fünf Jahre nach seiner Eröffnung durch einen Brand zerstört wurde, war Carl von Fischer. Mit einem Neubau wurde der Architekt Leo von Klenze beauftragt.

Sonderstellungen nahmen das Nationaltheater in Mannheim und die Theaterverhältnisse am preußischen Hof zu Berlin und in Potsdam ein. So unterschiedlich diese beiden Residenzen hinsichtlich ihrer Größe, vor allem auch ihrer politischen Bedeutung nach waren, so spielten beide doch im Zusammenhang mit der Etablierung eines deutschen Nationaltheaters eine herausragende Rolle.

Nur vier Jahre zwar existierte das kleine Hoftheater im Schloß der Residenz von Gotha. Es war jedoch diese Gothaer »Musterbühne«, die wesentliche Ziele der Nationaltheaterbewegung effizienter verwirklichte, als die meisten weitaus größeren deutschen Hof- und Nationaltheater.

In Mannheim war in einer Rede von Friedrich Schiller erstmals das Wort von der »moralischen Anstalt« gefallen. Schiller war Mitglied der »Kurfürstlichen deutschen Gesellschaft« geworden, wohl auch deswegen, um sich im Theaterleben der Stadt zu profilieren. Im Januar 1782 war am Mannheimer Nationaltheater sein Stück *Die Räuber* mit sensationellem Erfolg uraufgeführt worden. Eine Aufführung des Stücks *Die Verschwörung des Fiesko zu Genua*, das Schiller ein »republikanisches Trauerspiel« genannt hatte, lehnte der Intendant des Nationaltheaters zunächst ab. Einige Stellen in den *Räubern* hatten den Herzog Karl Eugen, in dessen in Stuttgart stationiertem Grenadierregiment Schiller als Regimentsarzt diente, veranlasst, Schiller ein vollständiges Schreibverbot für Theaterstücke aufzuerlegen. Bereits 1781 hatte er den Dichter zu einer vierzehntägigen Arreststrafe verurteilt, da dieser sich zum wiederholten Mal ohne Urlaubserlaubnis von seinem Regiment entfernt hatte, um eine Theateraufführung am Nationaltheater in Mannheim zu besuchen. Dieses Schreibverbot war vermutlich der unmittelbare Anlass dafür, dass Schiller 1782 vom Militärdienst desertierte und seitdem in Mannheim lebte.

Mit dem Stück *Die Räuber*, dessen Veröffentlichung Schiller selbst (in der ersten Auflage noch anonym, mit geliehenen 150 Thalern) finanziert hatte, wollte er Aufsehen erregen. Sein »Avertissement« *An das Publikum* lässt daran keinen Zweifel. Der reißerische Untertitel der zweiten Auflage des Stücks – »in Tirannos« – stammte jedoch nicht vom Autor, sondern von dessen geschäftstüchtigem Verleger, den Schiller für diese Auflage inzwischen gefunden hatte. Schiller geriet in Mannheim, hoch verschuldet und als Deserteur gesucht, zunehmend in eine äußerst schwierige Lage. Zeitweise tauchte er gar unter falschem Namen unter. Schließlich kam es 1783 doch noch zu einem Vertrag mit dem Nationaltheater, den er so sehnlichst erhofft hatte. Schiller wurde als Theaterdichter engagiert. Mit seiner Mitgliedschaft in der »Kurfürstlichen deutschen Gesellschaft«, auch mit dem Vorschlag, wöchentlich eine *Mannheimer Dramaturgie* – analog zu Lessings *Hamburgischen Dramaturgie* – und eine eigene Zeitschrift herauszugeben, hatte er gehofft, seine prekäre finanzielle Lage zu verbessern. Beide Publikationsprojekte kamen jedoch nicht zustande. Mit *Dom(!) Karlos* übernahm er schließlich eine Auftragsarbeit des Intendanten von Dalberg, der ein Familiendrama im »fürstlichen Milieu« mit »stark rührenden Szenen« und prächtiger Ausstattung erwartete. Schiller versprach, beides zu liefern und beteuerte, »alles Politische« aus dem Stück rauszuhalten und sich durch die Lektüre klassischer französischer Tragödien weiterzubilden. Offenbar war der französische Klassizismus für den Freiherrn von Dalberg noch immer das Vorbild für das Schreiben von »regelhaften« Theaterstücken. Letztlich aber erweiterte Schiller den Rahmen der *Don Karlos*-Handlung erheblich und kombinierte den Familienkonflikt, der hier im Gegensatz zu den *Räubern* und *Kabale und Liebe* aus der bürgerlichen Lebenssphäre hinausgeführt ist, mit der hoch brisanten politischen Forderung nach »Gedankenfreiheit«. Die Figur des Marquis von Posa, dem Schiller diese Forderungen im Dialog mit Philipp II. in den Mund legt, war Schillers eigene Erfindung. Den Stoff zu dem Stück hatte er einer romantischen Novelle entnommen, auf die ihn von Dalberg hingewiesen hatte. Schon im *Fiesko* war Schillers Kritik an jedweder Form des Despotismus unüberhörbar gewesen, weniger jedoch aus politischen Gründen als vielmehr einer allgemeinen Humanitätsauffassung geschuldet. Schiller war überzeugt davon, dass der »natürliche« Mensch ein »freier« Mensch sei. Die sehr zurückhaltende Aufnahme des *Fiesko* in Mannheim (1784) veranlasste ihn zu der Bemerkung, dass »republikanische Freiheit hier zu Lande ohne Bedeutung« und nur ein »leeres Wort« sei. (Vgl. M. Brauneck 1996, 851 f)

Die Arbeit am *Don Karlos* konnte Schiller in Mannheim nicht mehr abschließen. Auch wurde sein Vertrag mit dem Theater nicht verlängert. Er verließ daraufhin die Stadt und übersiedelte – mit kurzen Zwischenstationen in Darmstadt, Leipzig und Dresden – 1787 nach Weimar. 1789 erhielt er eine unbezahlte Professur für Geschichte an der Universität Jena, wo er seine berühmte Antrittsvorlesung (1790) hielt: »Was heißt und zu welchem Ende studiert man Universalgeschichte?«. 1790 heiratete Schiller Charlotte von Lengefeld. Neben permanenten finanziellen Problemen kamen in diesen Jahren auch beträchtliche gesundheitliche Probleme hinzu. Auch kam gar das Gerücht auf, dass der Dichter verstorben sei.

Schillers Stücke wurden am Nationaltheater in Mannheim zwar aufgeführt, nach dem Skandal der *Räuber*-Aufführung jedoch nur noch in »gereinigten« Fassungen. So wurde in der Mannheimer Aufführung des *Fiesko,* die schließlich (noch im Jahre der Frankfurter Uraufführung) doch noch zustande kam, der Schluss im Sinne eines harmonischen Finales verändert. In der Aufführung von *Kabale und Liebe* wurde die Szene II,2 – das Gespräch des Kammerdieners mit Lady Milford, der »Favoritin« des Fürsten – gestrichen. Der Hinweis, dass der Schmuck, den der Fürst seiner Mätresse geschenkt hatte, mit jenem Geld bezahlt wurde, das aus dem Verkauf von »siebentausend Landeskindern nach Amerika« erlöst wurde, war ein zu deutlicher Hinweis auf den menschenverachtenden Despotismus des württembergischen Kurfürsten; ebenso die Bemerkung des Kammerdieners, dass der Landesherr alle »Maulaffen« hatte niederschiessen lassen, die gegen diesen Beschluss protestiert hatten: »Wir hörten die Büchsen knallen, sahen ihr Hirn auf das Pflaster spritzen, und die ganze Armee schrie: Juchhe nach Amerika!« Auch der Kammerdiener hatte einige seiner Söhne durch diesen Willkürakt des Kurfürsten verloren.

Diese Form des offenen antifeudalen Protests, wie ihn Schiller – wie kein anderer Bühnenautor in diesen Jahren – in den *Räubern* auf die Bühne gebracht hatte, überschritt die Grenze dessen, was das Mannheimer Nationaltheater zu bringen wagte, bei weitem. Auch wenn in dem Stück keine unmittelbaren politischen Anspielungen auf die Zustände in Württemberg vorkamen, so war doch die revolutionäre Dynamik der Handlung ohne gleichen und zeugte von Schillers Sympathie für den Republikanismus, wie er in diesen Jahren auch immer wieder ein aktuelles Thema des kritischen Journalismus war. Hatte doch sein Karl Moor im Furor seiner Verachtung dieses »Kastraten-Jahrhunderts« noch gerufen, dass er, wenn er nur wolle und vor einem »Heer von Kerls wie ich« stehen würde, er aus Deutschland eine Republik machen könne, »gegen die Rom und Sparta Nonnenklöster sein sollen!« (I, 2) Im Jahre 1792 wurden *Die Räuber* in einer französischen Übersetzung (unter dem Titel *Robert, Chef de brigands*) ins Jakobinische übertragen und Schiller wurde – unter dem Namen »Gillé« – vom französischen Nationalkonvent zum Ehrenbürger der französischen Republik ernannt, zudem erhielt er die erbliche französische Staatsbürgerschaft. Schiller nahm diese Ehrungen an.

Für von Dalberg galt es, als er eine Aufführung des *Fiesco* zunächst verboten hatte, die bei der *Räuber*-Aufführung in Mannheim ausgelösten Tumulte unter keinen Umständen ein zweites Mal zuzulassen. Ein Augenzeuge hatte berichtet, dass das Theater »einem Irrenhaus« geglichen habe: »[R]ollende Augen, geballte Fäuste, heisere Aufschreie im Zuschauerraum! Fremde Menschen fielen einander schluchzend in die Arme, Frauen wankten, einer Ohnmacht nahe, zur Tür. Es war eine allgemeine Auflösung, wie ein Chaos, aus dessen Nebel eine neue Schöpfung hervorbricht.« (n. B. Zeller 1958, 28 f) Hinsichtlich des Schlusses der *Räuber* war Schiller bei der Mannheimer Aufführung allerdings auf einen eher belanglosen Einwand seines Intendanten bereitwillig eingegangen: Dass Amalie, wenn sie sich schon nicht selbst tötet – was der Freiherr für die beste Lösung gehalten hätte – am Ende nicht erdolcht, sondern von Karl erschossen wird, sei – so Schiller – letztlich doch »räubermäßiger«. Wichtig sei ihm allein, dass ein »erstaunlicher« Effekt zustande kommt. Was *Don Carlos* betrifft, so äußerte er sich später mehrfach, etwa in den *Briefen über Don Carlos,* zur Intention des Stücks, tendenziell allerdings im Sinne einer Zurücknahme des ursprünglich gegen den Despotismus gerichteten Impetus des Stücks. In der Mannheimer Gesellschaft hatte er – anders als in Weimar – einen kleinen Kreis von Persönlichkeiten um sich, die die Ideen der politischen Aufklärung publizistisch vertraten und auch die Machenschaften der Inquisition und des »Pfaffenwesens« anprangerten. Deren Vorstellungen hatten wesentlich zur Ausgestaltung des Stücks und zur Profilierung der Figur des Marquis von Posa beigetragen. (Vgl. R. Weißenfels 1904, XXII f) Was für Schillers gesamtes Werk allerdings charakteristisch blieb, auch in der Weimarer Zeit, war die bereits die Mannheimer Stücke tragende Freiheitsvision – er nannte sie den »Lieblingsgegenstand unseres Jahrzehnts«, die allerdings nie als politische Vision gedacht, sondern von einem humanistischen Ethos hergeleitet war. Schiller vertrat diese Haltung kompromisslos, was ihn letztlich auch den Fürsten seiner Zeit so verdächtig erscheinen ließ.

Das Mannheimer Nationaltheater war eine Bühne, die mehr als andere Theater Stücke deutscher Autoren (und Stücke von Shakespeare) aufführte. Insofern war dieses Theater unstrittig eine »deutsche Musterbühne«. Eine solche zu sein, war auch das erklärte Ziel des Intendanten. Zu einer »Musterbühne« wurde das Nationaltheater vor allem durch das Engagement von herausragenden deutschen Schauspielern und die Pflege eines »modernen« Stils in der Schauspielkunst. Eine Besonderheit des Nationaltheaters war auch, dass in eigens zu diesem Zweck eingerichteten »Ausschüssen« theoretische Auseinandersetzungen geführt wurden, die sich das Theater als gesellschaftliche und künstlerische Institution in allen ihren Aspekten als Thema vornahmen. Eine der in diesen »Ausschüssen« behandelten Fragen etwa lautete: »Was ist eine National-Schaubühne im eigentlichsten Verstande? wodurch kann ein Theater National-Schaubühne werden? und gibt es wirklich solch ein deutsches Theater, welches Nationalbühne genannt zu werden verdient?« (n. M. Brauneck 1996, 439 f) Offenbar war die Diskussion um Lessings Forderung nach einem Nationaltheater ein Thema, das noch in den 1780er Jahren Diskussionsstoff lieferte. Dabei ging es immer wieder auch um die Frage der künstlerischen Qualität, letztlich auch der Spielbarkeit der zeitgenössischen deutschen Stücke. Im Hintergrund solcher Diskussionen hielt man jedoch – und offenbar noch lange – an der Vorbildhaftigkeit des französischen Klassizismus fest, an der Strenge seiner Regeln und der Klarheit seiner Dramaturgie. Ein Stück wie Schillers *Räuber* musste vor diesem Hintergrund geradezu chaotisch gewirkt haben. Andere Dramen aus der Sturm und Drang-Bewegung wurden kaum zur Kenntnis genommen.

Letztlich aber war das Mannheimer Nationaltheater insofern doch ein Hoftheater geblieben, als der Souverän den Intendanten bestellte hatte und dieser die Wünsche und Vorlieben des Souveräns umsetzen musste. An von Dalbergs Umgang mit Schiller wurden diese Machtverhältnisse deutlich. Das Nationaltheater war zwar in die Kurfürstliche Hofhaltung integriert, seiner Bedeutung nach allerdings der Oper, dem Singspiel und dem Ballett eindeutig nachgeordnet.

Am Mannheimer Hofe war das Theaterleben am Anfang des 18. Jahrhunderts noch ausschließlich vom französischen Schauspiel und der italienischen Oper geprägt. Dies änderte sich auch nicht, als 1742 mit Karl Theodor ein Theaterenthusiast die Regentschaft übernahm und das Mannheimer Theaterwesen auf europäisches Niveau hin ausbauen wollte. Zeitweise betreute gar Voltaire die französischen Schauspielaufführungen in Mannheim. Erst in den 1770er Jahren kam ein Interesse an deutschem Schauspiel und an der deutschen Oper auf. Die französischen Schauspieler wurden entlassen und stattdessen eine deutsche Schauspieltruppe engagiert. Offenbar reagierte der Kurfürst damit auf die vielerorts in Gang gekommene Diskussion um ein Nationaltheater deutscher Prägung, verbunden mit einer vorsichtigen Absatzbewegung von der Vorbildhaftigkeit von allem Französischen. 1775 wurde im umgebauten Zeughaus eine Bühne für deutsches Schauspiel errichtet und zum Churfürstlichen Hof- und Nationaltheater erklärt. Die Umwidmung einstiger Hoftheater in Hof- und Nationaltheater kam offensichtlich auch dem Zeitgeist entgegen, vermutlich auch dem Hang, eine gewisse Modernität zur Schau zu stellen. Der deutsche Prinzipal Theobald Marchand (1750-1802) wurde vom Kurfürsten an diesem neuen Theater als Direktor eingesetzt. Seine Schauspielgesellschaft trat überwiegend dort auf. Als schließlich Karl Theodor die Regentschaft in München übernahm, nahm er Marchands Schauspieltruppe, dazu das gesamte Opernensemble und die Balletttruppe aus Mannheim mit, um an seiner Münchner Residenz die Mannheimer Theaterverhältnisse in nahezu identischer Weise zu etablieren. Der neue Kurfürst war gewillt, dort auch das deutsche Schauspiel, mehr aber noch die deutsche Oper zu pflegen. In Mannheim setzte er Heribert Freiherr von Dalberg (1750-1806) als neuen Direktor (bis 1803) des dortigen Nationaltheaters ein. Für von Dalberg war das Hof- und Nationaltheater in Wien (vgl. M. Brauneck 1996, 875) in jeder Hinsicht das Vorbild für die Führung »seines« Theaters. Seine Intendanz am Mannheimer Nationaltheater eröffnete er 1779 mit Goldonis Komödie *Geschwind eh's jemand erfährt*. Er engagierte die deutsche Truppe von Abel Seiler (1730-1800), der sich einige prominente Schauspieler angeschlossen hatten, darunter Heinrich Beck und vor allem August Wilhelm Iffland (1759-1814). Insbesondere dieser stand für eine in dieser Zeit als »modern« – d.h. als »natürlich« – geltende Schauspielkunst. Iffland hatte diesen Schauspielstil in der Rolle des Franz Moor in der Uraufführung der *Räuber* dem Mannheimer Publikum bereits in virtuoser Manier vorgeführt. Auch als Autor bürgerlicher Rührstücke war Iffland einer der erfolgreichsten deutschen Dramatiker seiner Zeit. 1792 übernahm er in Mannheim die künstlerische Leitung des Nationaltheaters. Schon zuvor war er die tonangebende Persönlichkeit in den Sitzungen der »Ausschüsse« und eine Art dramaturgischer Berater der Regisseure. 1796 wechselt Iffland an das neu gegründete Preußische Nationaltheater in Berlin.

Nur wenige Jahre vor von Dalbergs Tod (1806) konnte die Schließung des Mannheimer Nationaltheaters wegen der fatalen ökonomischen Verhältnisse der Hofhaltung in den Jahren um 1800 nur knapp verhindert werden. Ein Gutachten plädierte für den Erhalt des Nationaltheaters mit dem Argument, dass dieses doch »eine der ersten Nahrungsquellen« für die Einwohnerschaft sei. (Vgl. H. Stubenrauch u.a. 1954, 32) Offenbar war dies ein Hinweis auf den Theatertourismus, den es zu dieser Zeit längst gab, und der offenbar eine nicht zu unterschätzende Einnahmequelle für die Stadt und den Hof darstellte.

Es war wohl nur das Gothaer Hoftheater, das erst 1775 gegründet worden war und auch nur ein paar Jahre existierte, das die ursprünglichen ambitionierten Ziele der Nationaltheaterbewegung weitgehend erfüllte. Zu keiner Zeit jedoch hatte diese Bühne den Titel Nationaltheater geführt. (Vgl. M. Brauneck 1996, 742 ff) In Gotha, einer kleinen Residenzstadt in Thüringen, war im Schloss eine Bühne eingerichtet worden, auf der ausschließlich Stücke deutscher Autoren aufgeführt wurden. Konrad Ekhof wurde als Theaterdirektor eingesetzt und betrieb dort eine »Musterbühne« im wahrsten Sinne des Wortes. Ein von Herzog Ernst Ludwig II. erlassenes Theatergesetz regelte alle mit dem Theater verbundenen Fragen, insbesondere die Pflichten und Rechte der Schauspieler. Drastische Geldbußen oder noch »härtere Strafen« wurden bei Fehlverhalten oder Unaufmerksamkeit bei den Besprechungen mit dem Regisseur angedroht. Selbst Prügelstrafen waren zu dieser Zeit eine noch zulässige Form der Bestrafung von Schauspielern, die sich nicht an jene Regeln hielten, die der Prinzipal aufgestellt hatte. Auch Ekhof engagierte sich bei der »Erziehung« seiner Schauspieler. Zugleich aber setzte er die Einrichtung einer Pensionskasse durch, die die soziale Versorgung älterer Schauspieler einigermaßen sicher stellte. Dabei sollte es die Regel sein, dass ein Schauspieler, der wegen dauerhafter Krankheit oder Altersgebrechen aus dem Ensemble ausscheiden musste, ein Drittel seiner letzten Gage als eine Art »Rente« von der Hofkasse ausbezahlt bekam. Vielen Schauspielern, die in eine ähnliche Situation gerieten, blieb oftmals nur ein »Gnadengeld« oder das Armenhaus als letzter Ausweg. Das Gothaer Hoftheater wurde allerdings bereits 1779 wieder geschlossen.

Unvergleichlich vielfältiger ausgestaltet war das Theaterleben am preußischen Hof. Im Siebenjährigen Krieg (1756-1763) hatte Preußen zwar enorme

Verluste erlitten, durch seinen Sieg über Österreich und die Reichstruppen ging Preußen aus diesem Krieg jedoch als europäische Großmacht hervor. Seitdem waren die Residenzen der preußischen Könige in Berlin und Potsdam nicht nur das politische sondern auch das kulturelle Zentrum in Deutschland. Die vorausgegangenen Erbfolgekriege hatten die Machtverhältnisse zwischen den deutschen Staaten zwar verändert, eine nationale Einigung, gar ein Nationalgefühl der Deutschen war in diesen Jahrzehnten freilich nicht aufgekommen.

1740 war Friedrich II. (der Grosse) auf den Thron gekommen und setzte im Theaterleben seiner Residenzen ausschließlich auf die Franzosen, mehr als jeder andere deutsche »aufgeklärte« Souverän zu dieser Zeit. Voltaire (1694-1778), der wie kein anderer französische Kultur und den Geist der französischen Aufklärung verkörperte, war dem König freundschaftlich verbunden und wurde zum preußischen Hofdichter ernannt. Für diesen waren Theaterstücke »Lektionen der Tugend, der Vernunft und der Wohlanständigkeit«. (n. G. Hermann 1926, 38) So war es nur folgerichtig, wenn ausschließlich französische Schauspieltruppen das Theaterleben an den preußischen Hofbühnen bestritten. Über deutsche Komödianten sprach Friedrich, der selbst nur eine Art »Kutscherdeutsch« sprach und schrieb, mit größter Verachtung; meinte er doch, dass »kein Deutscher was Sinnvolles oder Gutes zu schreiben, noch weniger ein deutscher Komödiant was Vernünftiges vorzustellen« in der Lage sei. Oper, Singspiele und das Ballett standen in der besonderen Gunst des Königs. Von der Oper bevorzugte Friedrich die heitere Variante dieses Genres, die »opéra comique«. Im Schauspiel wurden hauptsächlich Stücke von Corneille, Racine, Voltaire, Regnard und Molière aufgeführt. Bis in die 1780er Jahre kam kein deutsches Stück auf die preußischen Hofbühnen. Für das italienische Opernensemble ließ Friedrich ein prachtvolles Opernhaus errichten (1742); für die französische Schauspieltruppe ein eigenes Theater am Gendarmenmarkt in Berlin (1776). Dort traten immer wieder auch Stars aus dem Ensemble der Comédie Française auf. Sie spielten in Berlin jedoch in einem Schauspielstil, der in Paris längst als veraltet galt.

Mit dem Tode Friedrichs II. 1786 und der Thronbesteigung Friedrich Wilhelms II. änderten sich die Theaterverhältnisse an den preußischen Hofbühnen jedoch grundlegend. Noch Friedrich II. hatte 1778 das französische Ensemble entlassen müssen und das Theater am Gendarmenmarkt schließen lassen. Die turbulenten Kriegsereignisse hatten den König zu diesen Maßnahmen gezwungen. Dahinter stand keineswegs eine kulturpolitische Kurskorrektur. Erst Friedrichs Nachfolger machte die Förderung des deutschen Theaters zur zentralen kulturpolitischen Angelegenheit.

Deutsches Theater gab es in Berlin jedoch schon deutlich früher. 1754 war der Prinzipal Franz Schuch d. Ä. (1716-1763) mit seiner Truppe nach Berlin gekommen und spielte anfangs in einer Bretterbude am Gendarmenplatz, wo er unter anderem Lessings *Miß Sara Sampson* aufführte. Erst zwanzig Jahre später veranlasste sein Sohn Franz Schuch d. J. den Bau eines Privattheaters, des Schuchschen Comödiehauses in der Behrenstraße 55, das ausschließlich der Pflege deutscher Schauspielkunst dienen sollte. Lessings *Emilia Galotti*, Goethes *Götz von Berlichingen* (beide 1772) und *Clavigo* (1774) wurden dort aufgeführt. Erstmals trat in diesem Theater auch Carl Theophil Döbbelin (1727-1793) mit seiner berühmten deutschen Truppe auf und feierte mit *Minna von Barnhelm* einen enormen Erfolg beim Berliner Publikum. Von 1775 bis 1789 firmierte die Spielstätte in der Behrenstraße als Döbbelinsches Theater.

Döbbelins Aufführung der *Minna von Barnhelm* war schließlich der Durchbruch für deutsches Theater in Berlin. Freilich musste Döbbelin das Berliner Publikum auch mit Singspielen und Operetten bei der Stange halten. Darunter waren allerdings auch Stücke deutscher Autoren. Deren Erfolge setzten sich fort, bald auch mit »ernsten« Dramen. So kamen Schillers *Räuber* und die Uraufführung von Lessings *Nathan der Weise* (1783) zustande. 1789 wurde ein Berliner Nationaltheater gegründet mit dem vorläufigen Standort im Döbbelinschen Theater. Schließlich überließ Friedrich Wilhelm II. Döbbelins Truppe das wieder eröffnete (vormals französische) Theater am Gendarmenmarkt und erklärte dieses repräsentative Theatergebäude zum Königlichen Nationaltheater. Damit war in der preußischen Hauptstadt eine neue Epoche für das deutsche Theater eingeleitet. Es wurden nun auch deutsche Opern aufgeführt, vor allem die Werke von Mozart. Ein zeitgenössischer Kommentator schrieb, beschwingt von patriotischen Gefühlen: Es sei dies der »Triumph Mozarts und der deutschen Musik über das süßliche italienische Tongeklingel«. (n. A. E. Brachvogel 1877 II, 261) Entschieden war der »Kulturkampf« um das deutsche Theater aber erst wirklich, als August Wilhelm Iffland 1796 von Friedrich Wilhelm II. zum Leiter des Nationaltheaters (1811 zum Generaldirektor aller Königlichen Bühnen) berufen wurde. Damit hatte erstmals ein überzeugter Patriot und einer der engagiertesten Vorkämpfer für ein deutsches Nationaltheater eine Leitungsfunktion von höchster Reputation im deutschen Theaterwesen übernommen. Auch war es Iffland, der 1804 am Nationaltheater in Berlin eine außerordentliche Ehrung von Friedrich Schiller arrangiert hatte, der sich auch das preussische Königshaus anschloss. Schiller war aus Weimar angereist. Aufgeführt wurden in Folge seine Stücke *Die Braut von Messina*, *Die Jungfrau von Orleans* und *Wallensteins Tod*. Der Weimarer Herzog verdoppelte eiligst Schillers Gehalt, um dessen Abwerbung nach Berlin vorzubeugen. War doch bekannt geworden, dass Iffland dem inzwischen berühmten Dichter und Theaterfachmann ein großzügiges Angebot gemacht hatte. Schiller aber hatte wohl nie vor, Weimar zu verlassen.

Über ein halbes Jahrhundert also zog sich der Prozess hin, in dem sich das Theaterleben in Deutschland von der sich bereits im 17. Jahrhundert etablierten Dominanz der Franzosen im Schauspiel und der Italiener in der Oper und im Ballett zu lösen begann. Lange auch bestimmten italienische Theaterarchitekten, Szenographen, Maler und Theatertechniker in Deutschland das äußere Erscheinungsbild des höfischen Theaterwesens. Anfangs war für den desolaten Zustand des deutschen Theater sicherlich auch ein Grund der, dass es – vor Lessing, Goethe und Schiller – keine Stücke deutscher Autoren gab, die den englischen, französischen oder den spanischen Dramen an künstlerischer Qualität einigermaßen ebenbürtig waren. Die großen deutschen Barockdichter Andreas Gryphius (1616-1664) und Daniel Casper von Lohenstein (1635-1683) schrieben fast ausschließlich für das Schultheater, nicht für professionelle Schauspieltruppen. Die noch Ende des 18. Jahrhunderts in den »Ausschüssen« am Mannheimer Nationaltheater gestellte Frage, ob es denn ein deutsches Theater gäbe, das es »verdienen« würde, Nationaltheater genannt zu werden, war offenbar nicht nur eine rhetorische Frage, sondern wies auf ein akutes Problem hin: auf den Mangel an qualitätvollen und auch »spielbaren« deutschen Stücken. Die Hinwendung zu Shakespeare in den 1770/80er Jahren war vornehmlich durch das Bestreben einer Gruppe junger Literaten motiviert, die nach einer neuen ästhetischen Orientierung suchten. Ihnen ging es vor allem um die Befreiung aus dem Korsett einer Regelästhetik klassizistischer Provenienz. In diesem Zusammenhang spielten auch Johann Gottfried Herder (1744-1803) und der Straßburger Kreis um den jungen Goethe eine zentrale Rolle. Die Stücke Shakespeares allerdings etablierten sich alsbald – wenn auch in »gereinigter« Form – im Repertoire vieler deutscher Bühnen. Die Rührstücke von Iffland oder die Dramen des auf den deutschen Bühnen dieser Jahre überaus erfolgreichen August von Kotzebue (1761-1819) boten letztlich keinen Ersatz für das Fehlen einer auf der Höhe der Zeit stehenden deutschen Dramatik. Lessing, Schiller und Goethe setzten gänzlich andere Maßstäbe als die gängigen »Tagesdramatiker«, selbst noch in Fassungen, die von der Zensur »entschärft« waren. Die Stücke der Stürmer und Dränger, soweit diese in der Zeit ihrer Entstehung überhaupt aufgeführt wurden, kamen in der Regel – wie die Stücke Shakespeares – ohnehin nur in »gereinigten« Fassungen auf die Bühne. So etwa wurde die Prosakomödie *Der Hofmeister oder Vortheile der Privaterziehung* (entstanden 1772/73) von Jakob Michael Lenz (1751-1792) nur in einer von der als anstößig geltenden Kastrationsszene »gereinigten« Bearbeitung durch den Schauspieldirektor Schröder 1778 in Hamburg aufgeführt. *Die Soldaten* (entstanden 1774/75), ebenfalls von Lenz, kamen erst 1863 in einer das Thema verharmlosenden Bearbeitung von Eduard von Bauernfeld am Wiener Burgtheater zur Uraufführung. Von dem Stück *Die Kindsmörderin* (entstanden 1776) von Heinrich Leopold Wagner (1747-1779), einem sozialkritischen »Trauerspiel« um ein von einem skrupellosen adeligen Offizier verführtes Bürgermädchen, stellte der Autor selbst eine von dem vermeintlich anstößigen ersten Akt (einer nahezu realistisch geschilderten Vergewaltigungsszene) »gereinigte« Fassung her, zudem mit versöhnlichem Schluss. Diese neue Fassung trug den biederen Titel *Evchen Humbert, oder Ihr Mütter merkt's euch* und wurde schließlich 1779 uraufgeführt. Das Stück *Die Zwillinge* von Friedrich Maximilian Klinger (1752-1831), ebenfalls ein Autor der Sturm und Drang-Bewegung, war das Resultat eines Preisausschreibens, das von der Schauspielergesellschaft in Hamburg initiiert worden war, um das Schreiben »brauchbarer« deutscher »Originalstücke« zu fördern. Zudem war Klingers Trauerspiel politisch unbedenklich. Es ging um ein unverfängliches Thema, um Brudermord, freilich mit der verblüffenden Wendung am Ende des Stücks: dem Tod des Brudermörders durch die Hand von dessen eigenem Vater. Auch in *Julius von Tarent* (1774) von Johann Anton Leisewitz (1752-1806) geht es um rivalisierende Brüder, ebenfalls um Brudermord und die Tötung des Mörders durch dessen Vater. Wilde Gefühle und leidenschaftliches Pathos wurden in diesem Stück in einer rhapsodischen Dramaturgie vorgeführt. Beide Dramen kamen über ihre Uraufführung in Hamburg nicht wesentlich hinaus. Neben Iffland, Ekhof und Schröder am Hamburger Stadttheater waren es vor allem die Prinzipale Döbbelin, Vater und Sohn Schuch und Seyler, die sich in diesen Jahren verstärkt deutscher »Originalstücke« annahmen.

Schon am Ende des 18. Jahrhundert waren das Herrschaftsmonopol der Fürsten, ebenso die Ideologie des Absolutismus durch die Französische Revolution brüchig geworden. Das Ideal einer republikanischen Gesellschaft, die sich den allgemeinen Menschenrechten verpflichtet fühlte, war kurz aufgeschienen, war dann jedoch im Blutbad, das die Jakobiner anrichteten, wieder untergegangen. Als politische Forderungen aber waren der Ruf nach Freiheit, Gleichheit und Brüderlichkeit, desgleichen die Forderung nach einem republikanischen Einheitsstaat nicht mehr rückgängig zu machen. Es waren Ideen, die auch versprachen, die sozialen Klassenschranken zu überwinden. In Deutschland wurde die Revolution allerdings überwiegend als »Triumph der Philosophie« gefeiert. Goethe sprach anlässlich seiner Teilnahme (1792) an der »Kampagne in Frankreich« davon, dass ein Bewusstsein davon entstanden sei, »an einer Zeitenwende zu leben« und dass eine »neue Epoche der Weltgeschichte« angebrochen wäre.

Das Terror-Regime der Jakobiner hatte die Aristokratie und weite Kreise des deutschen Bürgertums in Angst und Schrecken versetzt. Napoleon beendete zwar 1799 durch einen Staatsstreich deren Herrschaft und damit die Revolution. 1804 aber krönte er sich selbst zum erblichen »Kaiser der Franzosen« in der Kathedrale Notre-Dame zu Paris. Dies bedeutete das Ende (1806) des Heiligen Römischen Reichs deutscher Nationen. Der letzte Habsburgische Kaiser Franz II. dankte ab. Längst auch hatte das Habsburger Kaisertum jedwede Integrationskraft für das Fortbestehen des Reichs verloren. Unter den nun gegebenen politischen Machtverhältnissen fühlte sich das »neue Frankreich« unter Napoleon berufen, der »Herrschaftsform des Absolutismus und des Feudalismus« in Europa ein Ende zu setzen. In drei Koalitionskriegen, die

Europa in ein Schlachtfeld verwandelten, jeweils aber zu Gunsten Frankreichs entschieden wurden, setzte Napoleon eine weitreichende politische Umgestaltung Europas durch. Zugleich beendete er durch eine Reihe von Reformen das Zeitalter des Absolutismus und »eröffnete auch der deutschen Gesellschaft den Weg in ein bürgerliches Zeitalter«. (H.-J. Becker 2003, 34) Es war dies allerdings eine Entwicklung, die wesentliche Ideen der Revolution und des Republikanismus wieder zurücknahm. Napoleon schuf zwar mit dem *Code civil* (1804) ein bedeutendes Gesetzeswerk für das Zivilrecht, etablierte aber auch eine Militärdiktatur, schuf die Pressfreiheit ab und führte die Zensur wieder ein. Auch hob er die Unabhängigkeit der Gerichte auf und damit die Teilung der Gewalten im Staat. Tausende von Regimegegnern ließ er verhaften.

Die Befreiungskriege (1813/14 bis 1815) setzten schließlich der Hegemonialpolitik Frankreichs und der Herrschaft Napoleons ein Ende. Die republikanisch gesinnten Kreise hatten sich auf eine Allianz mit den »alten« aristokratischen Machteliten eingelassen, um Napoleon zu vertreiben. Durch den Feind von außen war für kurze Zeit ein deutsches Nationalgefühl aufgekommen. Ein fatales Dokument für eine Richtung dieses neu aufgekommenen Nationalismus, der die Franzosen zum »Erbfeind« schlechthin erklärte, war Heinrich von Kleists *Katechismus der Deutschen* (1809). In diesem Pamphlet stellt ein Vater seinem Sohn die Frage, wen er denn »hassen« würde. Worauf dieser antwortet: »Napoleon, und solange er ihr Kaiser ist, die Franzosen«.

In den Freiheitskriegen hatten die Liberalen gehofft, dass es nach der Vertreibung Napoleons zu einem deutschen Einheitsstaat kommen würde. Die Konservativen aber strebten vor allem die Beendigung der französischen Hegemonie in Europa und die Wiederherstellung der einstigen Machtverhältnisse an. Der Wiener Kongress (1814/15) war deswegen für die deutschen Republikaner ein herber Rückschlag. In Wien wurde Europa nach den Interessen der alten Dynastien neu geordnet und den einzelnen Ländern eine ausgesprochen restaurative Ordnung aufgezwungen.

Die Reform des Theaters aus dem Geiste der bürgerlichen Aufklärung

Welches waren nun die künstlerischen Entwicklungen, die in der zweiten Hälfte des 18. Jahrhunderts als »modern« galten, zur Verbürgerlichung des Theaters geführt und letztlich auch die klassizistischen Normen in der Bühnenästhetik verdrängt haben? Es war England, von dem nahezu alle neuen Entwicklungen im Theater ausgingen. In Deutschland waren dafür die Voraussetzungen nicht gegeben, weder in der Sphäre der Politik, in der Kunst, noch in der Philosophie.

England war das Land, in dem das Bürgertum bereits am Ende des 17. Jahrhunderts wesentliche Mitspracherechte in der politischen Sphäre erstritten hatte. Die Annahme des Toleranzprinzips 1688 und 1699 begründete nicht nur »die viel bewunderte Stabilität der englischen Demokratie«, sondern setzte durch eine dadurch erfolgte innere Befriedung auch jene Kräfte frei, die die Industrialisierung und die Expansion Englands als Seemacht ermöglichten. (Vgl. W. Sauer 1970, 415) Nicht zuletzt hatte dies auch die Ökonomisierung vieler Bereiche des öffentlichen Lebens zur Folge, auch des Theaterwesens als beinahe konzernartig betriebener Unternehmensbereich. Insbesondere in dieser Hinsicht war England bereits Mitte des 17. Jahrhunderts in Europa die am weitesten fortgeschrittene Nation. Die Diskussion um die Stellung des Theaters in der Gesellschaft, um dessen erzieherische Aufgabe im Sinn der Ideen der Aufklärung, war ein ständiges Thema in den *Moral Weeklies*, den »Moralischen Wochenschriften«, geworden. Auch die Gründung eines Nationaltheaters – im Sinne der in Deutschland geführten Debatten – war angestrebt. Der neue Zeitschriftentypus verbreitete sich bereits in der ersten Hälfte des 18. Jahrhundert auch in Deutschland. Darin wurden den Vorstellungen der höfisch-aristokratischen Theaterkultur die eines bürgerlichen Theaters entgegen gestellt: Nicht der »heroische Held« und dessen »Pathosgebärde« erreiche den aufgeklärten Bürger, sondern ein lebensnaher Protagonist mit »natürlicher« Sprache und Gestik. Nur auf diese Weise könne das Theater einen erzieherischen Auftrag erfüllen, könne für den Bürger zu einer »Schule des guten Geschmacks« werden. Schillers Wort von der »moralischen Anstalt« war in solchen Debatten zwar vorbereitet, ging es doch um die Positionierung des Theaters in einer bürgerlichen Gesellschaft. Aus der pragmatischeren Sicht der Engländer ging es jedoch in erster Linie um »guten Geschmack«, nicht um Moral.

Die Theaterrealität in England war im frühen 18. Jahrhundert von derartigen Zielen allerdings meilenweit entfernt. Durch ein im Jahre 1736 erlassenes Theatergesetz, dem »Licensing Act«, sollte der ausufernde, schier unübersichtlich gewordenen Geschäftsbetrieb im englischen Theaterwesen wieder einigermaßen unter eine administrative Kontrolle gebracht werden. Die Missstände hatten ein solches Ausmaß erreicht, dass selbst die Schließung sämtlicher englischer Theater wieder in die Diskussion gebracht wurde. (Vgl. M. Brauneck 1996, 652 f) Andererseits aber war der an den Londoner Bühnen herrschende Geschäftssinn kein Hindernis dafür, dass sich gerade an diesen Bühnen große Schauspielerpersönlichkeiten entwickeln konnten, die für die Modernisierung der Schauspielkunst von größter Bedeutung wurden, weit über die Landesgrenzen hinaus.

In der Philosophie hatte sich in England noch im 17. Jahrhundert der Empirismus durchgesetzt: Eine Philosophie, die der Sinneserfahrung die zentrale Rolle im Erkenntnisprozess zuweist und einen radikalen Bruch mit allen metaphysischen Traditionen vollzieht. Johannes Hirschberger sieht in seiner *Geschichte der Philosophie* (1955) im Empirismus »die moderne, revolutionäre Art zu philosophieren, ja er ist die eigentliche philosophische Revolution und moderne Philosophie schlechthin [...] die Popularphilosophie der Aufklärungszeit«. (II, 79) Für den Empirismus gibt es keine Transzendenz und keine allgemein gültigen Wahrheiten. Aus empirischer Sicht ist menschliches Handeln das Resultat von äußeren und von inneren Sinnesreizen. Was gut oder was böse ist, resultiert daraus, was geeignet ist – so John Locke (1632-1704) – »uns Lust zu bringen oder sie zu steigern bzw. Unlust zu vermindern.« (n. J. Hirschberger II, 196) David Hume (1711-1776), in dessen Philosophie der englische Empirismus seine reinste Ausformung erfährt, leitet aus solchen Thesen für die Natur des Menschen einen prinzipiellen Mangel an Wahlfreiheit ab. Äußere Reize wirken auf seine Affekte ein, woraus zwangsläufig – nach Hume – seine Reaktionen erfolgen, und diese seien bei allen Menschen gleich.

Es waren derartige Positionen, mit denen ein radikaler Bruch mit dem tradierten Bild vom Menschen, wie es der philosophische Rationalismus noch vertreten hatte, vollzogen wurde. In der Wahrnehmung vieler Zeitgenossen war damit eine neue Zeit angebrochen. Für die Schauspielkunst, der stets auch ein Bild vom Menschen zugrunde liegt, wurde diese Philosophie von größter Bedeutung, und dies in zweierlei Hinsicht: Zum einen wurde der Psychologie in der Gestaltung eines »modernen« Menschenbildes auf der Bühne eine größere Rolle eingeräumt als zuvor. Es galt dies aber auch hinsichtlich der Rezeption des Bühnengeschehens durch das Publikum. Der unbeirrbar, sich selbst treue und seine Prinzipien gegen alle Anfechtungen in stoischer Gelassenheit vertretende Held wurde abgelöst durch einen neuen Typs des Protagonisten, den »gemischten Charakter«. Nur mit diesem konnten sich bürgerliche Zuschauer im Parkett identifizieren. So wurde schließlich auch die im französischen Klassizismus gepflegt rhetorische Stilisierung in der Menschengestaltung aufgegeben und durch das Prinzip einer »Natürlichkeit« in allen Facetten des schauspielerischen Ausdrucksverhaltens ersetzt, in der Gestik, in der Sprache und im Kostüm. Eine empirische Auffassung der Affektenlehre galt als wissenschaftlicher – und mithin als »moderner« – Beleg für diese Form von »Natürlichkeit«.

Ein Virtuose dieses Prinzips war der europaweit bewunderte Schauspieler David Garrick (1717-1779). In zahllosen Gastspielen machte er diesen »natürlichen« Schauspielstil bekannt, und wurde als »Revolutionär der Schauspielkunst« gefeiert. In Frankreich wurde Denis Diderot (1713-1784) von Garrick inspiriert. Lessing sprach von ihm mit Hochachtung und für Konrad Ekhof war David Garrick das große Vorbild.

Was aber letztlich an der Darstellungskunst des Engländers so bewundert wurde, war freilich alles andere als »natürlich«. Es waren vielmehr mit größter Disziplin und Präzision erarbeitete »Posen« – »strokes of nature« –, die von einer genauen Beobachtung des Ausdrucksverhaltens der Menschen im Alltag – d.h. in der »Natur« – hergeleitet, einstudiert und jeder Zeit abrufbar waren. John Walker gibt in seinen *Elements of Elocution* (1781) Beispiele solcher Erscheinungsbilder, so etwa für das Erscheinungsbild »Angst«. Walker schreibt: Der davon beherrschte »öffnet weit die Augen und den Mund, verkürzt die Nase, gibt dem Gesicht den Ausdruck von Wildheit und lässt es erbleichen, schiebt die Ellbogen parallel zum Körper zurück, lässt die offenen Hände mit gespreizten Fingern erheben, etwa bis zur Höhe der Brust, in einiger Distanz zu ihr, so als sollten sie wie ein Schild gegen einen schrecklichen Gegenstand abwehren. Ein Fuß ist hinter den anderen gesetzt, so dass es scheint, als drehe sich der Körper von einer Gefahr weg und bringe sich in eine Fluchtposition. Das Herz schlägt heftig, der Atem wird kurz und schnell, und der ganze Körper kommt in ein starkes Zittern. Die Stimme wird schwach und zittrig, gesprochene Sätze sind kurz, im Sinn verwirrt und zusammenhanglos.« (n. K. Richards u. P. Thomson 1972, 70) Szenenbilder auf zeitgenössischen Gemälden zeigen, dass Garrick Posen einnahm, die in entsprechenden dramatischen Situationen recht genau den von Walker beschriebenen Erscheinungsbildern entsprachen. Aus solchen »strokes of nature«, die ein enormes Verwandlungstalent voraussetzen, entwickelte Garrick die Konzeption seiner Rollendarstellungen, beinahe als eine Abfolge von »Nummern«. Es waren vor allem Rollen in den Dramen von Shakespeare, in denen Garrick mit dieser Ausdruckskunst brillierte. So galt die Darstellung der wechselnden Gemütsverfassungen des Lear als eine seiner größten künstlerischen Leistungen, die er auch als Solonummern vortrug. Nach vielen seiner Auftritte besprach und überprüfte er (unmittelbar nach der Aufführung) seine Rollendarstellung mit einem professionellen, psychologisch geschulten Beobachter und arbeitete permanent an deren Verfeinerung. Auch die Wirkung einzelner »strokes of nature« auf das Publikum wurde auf diese Weise überprüft und gegebenenfalls korrigiert. Grundlage dieser neuen Darstellungskunst war die Psychologie des englischen Empirismus. Dabei wurde angenommen, dass es ein universell gültiges Zeichensystem der menschlichen Affekte gäbe. In der Konsequenz bedeutete dies, dass der Schauspieler in seiner Gestik und in seiner Mimik nur das »richtige« Erscheinungsbild des jeweiligen Affekts herzustellen brauche, damit sich beim Zuschauer – quasi automatisch – die entsprechende emotionale Wirkung einstellt. In vielen Traktaten dieser Jahre zur Schauspielkunst war dies ein Thema.

Garrick hatte 1764/65 in Paris ein Gastspiel gegeben, dabei war es auch zu einem Treffen mit Diderot gekommen. Dieser hatte sich zuvor schon mit den wirkungsästhetischen Aspekten der Schauspielkunst beschäftigt, wie sie im Hinblick auf die Durchsetzung der Ideen der Aufklärung in einer neuen gesellschaftlichen Ordnung erforderlich zu sein schien. Auch als Autor von Bühnenstücken war Diderot hervorgetreten. Sie sollten seine theoretischen Überlegungen zum Theater veranschaulichen. *Le père de famille* (1760) wurde von Lessing übersetzt, der den Autor als »philosophischen Geist« lobte. Diderots Stück *Der Hausvater* führt den Zuschauer in die Lebenswelt und das Ständedenken aber auch in die Intrigenwelt des Bürgertums: Das Stück ist ein perfekt konstruiertes *drame bourgeois*, zeigt aber auch – ganz im Sinne der Aufklärung – wie am Ende die Wahrheit ans Licht kommt und die Tugend obsiegt. Es sollte ein Beispiel für ein »mittleres Genre« sein, zwischen Tragödie und Komödie angesiedelt. Vor allem aber war es ein »bürgerliches Drama«.

Die Besprechung einer Broschüre über die Schauspielkunst von David Garrick und die neuen Tendenzen auf den englischen Bühnen wurden für Diderot zur Inspiration für seinen in der Form eines Dialogs verfassten Text *Paradoxe sur le comédien*, der 1773 erschien. Diderot, der in seinen Traktaten und den dramatischen Werken ein geradezu missionarisch engagierter Vertreter der Aufklärung war, entwickelt in *Paradox des Schauspielers* eine theoretische Position der Schauspielkunst, die im Ansatz der von Garrick weitgehend entsprach. Diderot plädierte für eine ganzheitliche Rollenverkörperung; für ein – wie er es nannte – vom Schauspieler erzeugtes »Drittes«: gegenüber der realen »Natur« aber auch gegenüber der »schönen Natur«, nämlich der Dichtung: Aus diesen beiden Quellen schaffe der Schauspieler mit Hilfe seiner Einbildungskraft eine reine Kunstfigur, die er schließlich auf der Bühne darbietet, – eben jenes »Dritte«. Diderot schreibt über die Erarbeitung der Rolle durch den Schauspieler: »Die Gebärden seiner Verzweiflung stammen aus seinem Gedächtnis und sind vor dem Spiegel einstudiert worden […] Die Tränen des Schauspielers stammen aus seinem Gehirn [...] Übertriebene Empfindsamkeit macht mittelmäßige Schauspieler; mittelmäßige Empfindsamkeit macht die Masse schlechter Darsteller, und das vollständige Fehlen von Empfindsamkeit ist die Voraussetzung für erhabene Schauspieler.« Es gehe für den Schauspieler also darum, mit »kühlem Kopf die heißen Gefühle auf der Bühne darzubieten und auch in Momenten höchster Erregung die Kontrolle über sein Ausdrucksverhalten nicht zu verlieren«. (M. Brauneck 1996, 540)

Diderot war in Frankreich nicht der einzige, der sich mit einer auf der Beobachtung der Natur beruhenden Schauspielkunst beschäftigte. »Natürlichkeit« war ein Postulat, das als »modern« galt aber auch als »bürgerlich«. Zugleich war diese »natürliche« Schauspielkunst auch eine Novität, die den Theaterbesuch für das Publikum zu einem emotionalen Erlebnis werden ließ. Die Mannheimer Aufführung der *Räuber* wie auch die Aufführung der *Miß Sara Sampson* waren Beispiele dafür: Die Erregung im Publikum kochte hoch, Tränen flossen in Strömen. Adressat dieses Theaters, für das psychologische Plausibilität das Resultat »moderner« Schauspielkunst war, war nicht mehr die Aristokratie, sondern ein bürgerliches Publikum.

Dieses neue Theater erforderte auch Themen, die den Alltag des Bürgertums widerspiegeln und die Gefühlswelt der Bürger berühren. Nicht mehr das stoische Erdulden härtester Schicksalsschläge, Ehre und Heldenmut – die großen Staatsaktionen: »the Fall of Princes« – waren die Themen und Stoffe, in denen ein bürgerliches Publikum die Probleme seiner Lebenswelt wieder fand. In dem neuen, dem bürgerlichen Theater war die Familie der Schauplatz von Konflikten, die um die Liebe, die Autorität der Väter, um Bruderkonflikte, Erbschleicherei und niedrige Verbrechen, um Standesunterschiede, Tugend, Verführung und Laster ausgetragen wurden. Dies galt als die Welt der Bürger. Über diese Themen wurde nun auf der Bühne – in Prosa, nicht mehr in der Versform des Alexandriners – ernsthaft debattiert. Zu den beliebtesten, »zeitgemäßen« Gattungen dieses bürgerlichen Theaters zählten die *comédie larmoyante*, die »weinerliche Komödie«, und die »ernsthafte Komödie«, die *comédie sérieuse*. Generell lag die Moralisierung der Komödie im Trend der Zeit. »Das laute Verlachen, der bissige Spott, alle farcenhaften Elemente, jedwede Frivolität sind darin eliminiert. Selbst die Diener – Prototypen des Komischen in der Tradition der Gattung – werden zu ernsthaften Figuren. Der Ton dieser Stücke ist moderat, prosaisch.« (M. Brauneck 1996, 545)

Es war ein künstlerisch mittelmäßiges Stück, das als mustergültig für das wohl typischste Bühnengenre des frühen 18. Jahrhundert gilt: George Lillos *The London Merchant or The History of George Barnwell*, das 1731 am Drury Lane Theatre in London uraufgeführt wurde: ein »bürgerliches Trauerspiel«. Das Stück wurde vielfach übersetzt und begründete eine Reihe sogenannter »Kaufmannsdramen«. In Deutschland wurde *Der Kaufmann von London* erstmals 1752 in Leipzig aufgeführt. Bis 1777 erschienen etwa 13 Übersetzungen des

Stücks ins Deutsche. Nahezu alle größeren deutschen Theatertruppen führten den *Kaufmann* auf. (Vgl. R. Daunicht 1965, 221 f) Eine Vielzahl poetologischer Abhandlungen beschäftigten sich mit diesem Genre. In Deutschland waren ein Traktat von Johann Gottlob Pfeil und Lessings Briefwechsel mit Moses Mendelssohn und Friedrich Nicolai (*Vom bürgerlichen Trauerspiel*, 1756/57) die bedeutendsten theoretischen Auslassungen zu diesem neuen Bühnengenre, das offenbar den Zeitgeist getroffen hatte wie kein anderes.

Die Handlung des *Kaufmanns von London* ist so banal wie reißerisch: Der junge naive Kaufmannsgehilfe George Barnwell gerät in die Fänge der skrupellosen Lebedame Millwood. Um dieser zu imponieren und deren Geldgier zu befriedigen, bestiehlt er seinen Dienstherrn und ermordet schließlich seinen reichen Onkel. Von der Millwood als Täter denunziert, werden der reumütige George aber auch dessen intrigante Verführerin, die Millwood, am Ende hingerichtet. Ein Verbrechen im Milieu ehrbarer Kaufleute, die fehlgeleitete Leidenschaft eines jungen Menschen und dessen späte Reue, aber auch die Hinrichtung der beiden Schuldigen – Themen dieser Art faszinierten offenbar das bürgerliche Publikum dieser Zeit enorm. Zu Recht zählt dieser Typus von Stücken zu den Vorläufern des populärsten Genres des Unterhaltungstheaters im 19. Jahrhundert (später auch des Kinos), des Melodramas.

Bei den deutschen »Originalstücken« kommt Lessings *Miß Sara Sampson* (1755) eine Initialfunktion für das bürgerliche Trauerspiel in Deutschland zu. (Vgl. M. Brauneck 1996, 779 f) Lessings Drama löste beim Publikum bis dahin unvorstellbare Szenen anteilnehmender Rührung aus. Schauplatz des Stücks ist ein Gasthaus in der Provinz, in dem der adelige Mellefont, ein »gemischter«, vor allem aber ein » problematischer Charakter«, und die von ihm (einvernehmlich) entführte Bürgerstochter Sara abgestiegen sind. Das Abenteuer der beiden Liebenden endet schließlich in einer doppelten Katastrophe: Zunächst vergiftet Marwood, die ehemalige Geliebte des Mellefont, die ebenfalls in diesem Gasthaus abgestiegen ist, versehentlich ihre bürgerliche Rivalin. Zugleich aber taucht Sir Sampson auf, der alte gebrechliche Vater der Sara, der seine Tochter gesucht und diese nun endlich gefunden hatte. Mellefont, der sich – zwischen Leidenschaft und Tugendanspruch hin und her gerissen – selber »ein Rätsel« ist, ersticht sich am Totenbett der Sara. Der alte Sampson aber verzeiht seiner sterbenden Tochter, dass diese aus dem Elternhaus geflohen ist, zudem ist er – auf Saras Bitten hin – bereit, auch Mellefont zu vergeben – »Ach, er war unglücklicher als lasterhaft« – und für dessen Tochter Arabella, die aus Mellefonts einstiger Liaison mit der Marwood stammt, zu sorgen. Die Reue über getanes Unrecht aber auch die geballte Großherzigkeit der Akteure in dieser Sterbeszene verursachten – so berichten Zeitgenossen – unerhörte Tränenströme im Publikum. Diese ungehemmte Zur-Schau-Stellung von Gefühlsregungen – von Empfindsamkeit und Rührung – galt als »modern« im Sinne bürgerlicher Selbstdarstellung. Die Auslösung derartiger Emotionen war offenbar die eigentliche Botschaft des Stücks. Dem aristokratischen Menschen dagegen wurden in jeder Situation die Beherrschung seiner Gefühle und formelle Korrektheit abverlangt, eben Contenance.

Mit der Orientierung des Theaters auf ein bürgerliches Publikum entstanden in den 1770er und 1780er Jahren allerdings auch deutsche Stücke, die diesem neuen Geist auf höherem künstlerischen Niveau Ausdruck verschafften. Es waren Stücke, die elementare Konflikte innerhalb der bürgerlichen Familie ursächlich verbanden mit dem Protest gegen Libertinage und Willkür der Adelsherrschaft, so etwa Lessings *Emilia Galotti* (1772) und Friedrich Schillers *Kabale und Liebe (1784)*. In Frankreich wurden die ersten beiden Stücke der *Figaro*-Trilogie – *Der Barbier von Sevilla* (1775) und *Der tolle Tag oder Die Hochzeit des Figaro* (1783) – von Beaumarchais (1732-1799), die die Privilegien der Adelsgesellschaft aufs schärfste attackierten, gar als »literarische Vorbereitung der Revolution« gefeiert. In Deutschland waren die politischen Gegebenheiten allerdings nicht so, dass das Bürgertum den Umsturz der Adelsherrschaft hätte vorbereiten können. Stattdessen machte sich die Wut der Bürger gegen deren Willkür, Menschenverachtung und Intoleranz auf der Bühne Luft.

In Lessings *Emilia* verliebt sich der junge Prinz von Guastalla in die schöne Bürgerstochter Emilia Galotti und läßt diese – durch einem vorgetäuschten Überfall auf eine Kutsche – zum Schein entführen, um sich als deren Retter ausgeben zu können. Emilia und ihre Mutter, die ebenfalls in der Kutsche saß, sollten sich im »Lustschloß« des Prinzen, wohin die beiden gebracht wurden, in Sicherheit wähnen. Dass bei der Entführung Emilias Verlobter getötet wurde, ist für den ebenso eifersüchtigen wie verliebten Prinzen letztlich nur ein Kollateralschaden, der ihn zwar entsetzt, für den er aber seinen Kammerherrn Marinelli, der die Intrige eingefädelt hatte, verantwortlich macht. Als schließlich Emilias Vater Odoardo, ein redlicher Bürger und ein standesbewusstes Familienoberhaupt, Frau und Tochter wieder in sein Haus zurück holen will, erfährt er von des Prinzen ehemaliger Geliebten, dass der Überfall auf die Kutsche nur vorgetäuscht war, um Emilia auf das Schloß des Prinzen zu bringen. Als dieser sich aus vorgespielter Besorgnis um deren Sicherheit weigert, Emilia mit ihrem Vater gehen zu lassen, durchschaut Odoardo das intrigante Spiel. Um die Unschuld seiner Tochter fürchtend, will er diese lieber töten, als sie dem Prinzen zur Gespielin überlassen. Emilia, die ihrer moralischen Standhaftigkeit gegenüber dem jungen Prinzen nicht mehr sicher ist und offenbar um ihre Verführbarkeit weiß, lässt sich vom Vater den Dolch geben, um sich dem inneren Konflikt hinsichtlich ihrer Tugendhaftigkeit nicht aussetzen zu müssen und will sich selbst töten. Odoardo verhindert dies im letzten Augenblick, entreißt ihr den Dolch und ersticht damit seine Tochter selbst, die ihn unmittelbar davor mit der Virginia-Geschichte noch provoziert hatte. Nach dieser mörderischen Tat stellt sich Odoardo dem Prinzen als seinem Richter.

Lessing wollte, wie er an Nicolai schrieb, mit diesem Stück die von Livius erzählte Virginia-Begebenheit aus der römischen Geschichte ins bürgerliche Milieu übertragen. Aber bereits diese ursprüngliche Geschichte führte in die Sphäre der Politik: Hatte doch der Tod der Virginia durch ihren Vater den Aufstand der römischen Bürger gegen ihre korrupte Obrigkeit zur Folge. Lessing wollte allerdings jedwede Kritik an der absolutistischen Staatsverfassung seiner Zeit »abgesondert« wissen, »von allem Staatsinteresse befreit« sein. In seiner *Emilia* – so beteuerte er – gehe es ausschließlich um ein Problem individueller moralischer Schuld. Es war dies die typische Haltung des deutschen Bürgertums, das sich seiner politischen Machtlosigkeit aber auch seiner moralischen Überlegenheit zwar bewusst war, die Abschaffung der absolutistischen Staatsordnung jedoch zu keiner Zeit in Erwägung zog.

Weitaus schärfer in der Anprangerung der »verbrecherischen Gewalt des Adels und der Hilflosigkeit der [bürgerlichen] Hauptgestalt« (E. Staiger 1967, 266) als Lessing dies in seiner *Emilia* gewagt hatte, schrieb Schiller – mehr als zehn Jahre später – sein bürgerliches Trauerspiel *Luise Millerin*, dessen Titel er auf Ifflands Rat hin in *Kabale und Liebe* änderte. Das Stück wurde 1784 in Frankfurt uraufgeführt, obwohl es für das Nationaltheater in Mannheim geschrieben war. Für die Aufführung dort, die ebenfalls noch 1784 zustande kam, mussten allerdings jene Passagen gestrichen werden, die unmittelbar auf einen politischen Skandal in Württemberg hinwiesen.

Im Zentrum dieses Stücks steht die Liebe zwischen dem Bürgermädchen Luise und Ferdinand, dem Sohn des Präsidenten von Walter. Schillers »bürgerliches Trauerspiel« zeigt, wie diese Liebe an der moralischen Verderbtheit des Fürstenhofes, für die der Vater Ferdinands und dessen williger Helfer, der Intrigant Wurm, stehen, gleichermaßen aber auch an der Unerbittlichkeit und erbarmungslosen Prinzipientreue des Vaters der Luise, des Stadtmusikanten Miller, zerrieben wird. Dieser glaubt gar triumphieren zu können, als er seine Tochter dazu überredet hatte, sich selbst zu töten, um seiner Vorstellung von bürgerlicher Tugendhaftigkeit zu genügen und ihrer vermeintlich nicht standesgemäßen Liebe zu Ferdinand zu entsagen. Ferdinand, der seinen Vater in einem hochdramatischen Dialog mit dessen verbrecherischem Treiben konfrontiert, war dennoch der Intrige des Wurm zum Opfer gefallen und hatte geglaubt, dass Luise ihn mit einem der Höflinge betrogen hätte. In seinem Zorn und in seiner Verzweiflung vergiftet er Luise im Haus von deren Vater. Die aber vermag noch als Sterbende, Ferdinand von seinem Irrtum und ihrer Liebe zu überzeugen und deckt die Intrige des Wurm auf. Daraufhin vergiftet Ferdinand auch sich selbst – vor den Augen seines Vaters, der ebenfalls am Ort des Geschehens erschienen war. So bringt die Schlussszene des Stücks in der Wohnung der Millers alle einschlägig Beteiligten zusammen und lässt die Unterschiede der jeweiligen Standesmoral noch einmal mit aller Wucht aufeinanderprallen. Die Szene demonstriert aber zugleich, wie die Väter, der

Fürst und der Stadtmusikus Miller, die beiden Liebenden in den Tod getrieben haben.

Neu an diesem Stück war nicht nur die Schärfe in der Darstellung der moralischen Verkommenheit der Höfe und des Machtmissbrauchs des Fürsten von Württemberg, sondern auch die schonungslose Darstellung der Anmaßung patriarchalischer Machtausübung durch den Vater der Luise, dessen rigorose Prüderie und in starrem Standesdenken verharrender Lebensentwurf, den er seiner Tochter aufzwingen will. Mit beiden Stücken, Lessings *Emilia Galotti* und Schillers *Kabale und Liebe,* kam erstmals die Figur jener schrecklichen Väter, die aus vermeintlicher Prinzipientreue zu Mördern ihrer Töchter werden, auf die deutsche Bühne. Zugleich aber wurde damit ein zentraler Wert bürgerlichen Selbstverständnisses – eine unter allen Umständen durchzusetzende moralische Integrität – auf der letztlich aber auch das Überlegenheitsbewusstsein des Bürgertums gegenüber der Aristokratie beruhte, in Frage gestellt.

Carl Ignaz Geiger (1756-1791) hat sich diese beiden Stücke für sein »teutsches Originaltrauerspiel nach einer wahren Geschichte bearbeitet« offenbar als Vorbilder genommen. Geigers Stück trägt den Titel: *Laster ist oft Tugend oder: Leonore von Welten* (1791). Der Autor hat gegenüber Lessing und Schiller die Fabel jedoch politisch enorm radikalisiert. Am Ende nämlich, als sich die scheinbar verwitwete Leonore nach der vom Fürsten durch eine Lüge – Leonores Gatte Eduard sei angeblich im Krieg ums Leben gekommen – erschlichenen Liebesnacht wegen ihrer dadurch verletzten Ehre vergiftet, taucht ihr tot geglaubter Ehemann plötzlich auf, zugleich aber auch der seine Tat nun bereuende Fürst. Beide treffen in der Wohnung der Leonore aufeinander. Angesichts der sterbenden Gattin erschlägt Eduard den Fürsten. Es ist dies eines der wenigen deutschen Stücke – vielleicht das einzige – aus dieser Zeit, in dem die Rache eines Bürgerlichen spontan zu einer Gewalttat gegen den Souverän führt.

Eine Art Endpunkt in der Geschichte dieses Bühnengenres ist Friedrich Hebbels (1813-1863) symbolisch aufgeladenes, »bürgerliches Trauerspiel« *Maria Magdalena* (1846), das ursprünglich nur *Klara* heißen sollte. In diesem Stück steht der Vater der Klara in der Tradition jener engstirnigen Familientyrannen, die, um ihre Moralvorstellungen durchzusetzen, ihre Töchter selbst töten oder zumindest deren Tod billigend in Kauf nehmen. Für Hebbels analytisch präzise angelegtes Stück war *König Ödipus* von Sophokles das Vorbild. Weit über den historischen Horizont der Stücke von Lessing und Schiller hinaus wird Hebbels »bürgerliches Trauerspiel« zu einem »Endspiel« bürgerlicher Sinnkonstruktionen.

So war die Anprangerung inhumaner Willkürakte der Adelsherrschaft zwar in einer Reihe »bürgerlicher Trauerspiele« zum Thema im deutschen Theater geworden, die politische Brisanz dieser Stücke führte allerdings dazu, dass keines zur Aufführung kam, ohne dass die Anspielungen auf die politischen Zeitverhältnisse der Zensur zum Opfer fielen. Die dafür einschlägigen Passagen bzw. ganze Akte wurden für öffentliche Aufführungen gestrichen. Wenn also aus heutiger Sicht die zeitkritische, gar politisch-oppositionelle Dimension dieser Stücke evident zu sein scheint, so entsprach dies keineswegs der Aufführungsrealität der Stücke im Theater ihrer Zeit. Allenfalls die Tatsache, dass Probleme aus der bürgerlichen Lebenswelt – denn nur diese stand in einer gewissen Opposition zur Aristokratie – in ernsthaften Bühnengenres thematisiert wurden und nicht – wie nach den Normen der »doctrine classique« – nur Gegenstand von Komödien und Lustspielen sein durften, war ein emanzipatorischer Schritt in der Sozialgeschichte des Bürgertums, der von England ausgegangen war. In einem Stück wie dem *Kaufmann von London*, in dem es zwar auch um Laster und ein heimtückisches Verbrechen – ausschließlich jedoch im Milieu der Bürger – ging, die Adelsherrschaft aber nicht tangiert war, sah die Zensur keinen Anlass einzugreifen.

Auch einige Autoren der Sturm und Drang-Bewegung hatten zeitkritische Themen behandelt. *Der Hofmeister* und *Die Soldaten* von Jakob Michael Reinhold Lenz waren gesellschaftskritische Stücke, die – zwar nicht in der Sphäre der Höfe – sondern auf einer unteren Ebene der ständischen Hierarchie die Arroganz von Adeligen gegenüber Bürgern zum Thema gemacht hatten. Aber auch diese Stücke konnten auf der Bühne ihrer Zeit ihr kritisches Potential keineswegs zur Geltung bringen. Die Zensur neutralisierte die Institution Theater konsequent gegenüber jeder Form der Kritik am Ordnungsgefüge des absolutistischen Staats.

Ein anderes großes Thema in diesem 18. Jahrhundert, dem Aufklärungszeitalter, war die Forderung nach Toleranz. Es war eine philosophisch-ethische Idee, die die Aufklärung zu einem epochalen Einschnitt in der europäischen Geistesgeschichte hat werden lassen. Der Begriff der Toleranz, wie ihn die Aufklärung des 18. Jahrhunderts verstand, war eine Konsequenz aus dem Glauben an die Vernunft als der einzigen Quelle menschlicher Erkenntnis, dem Gegenbegriff zu allen überlieferten weltanschaulichen und religiösen, auch den sozialen Gegebenheiten: zu allen tradierten »Wahrheiten«, Dogmen, letztlich aber also den Standesschranken. Allein der Einzelne, frei und ohne eine übergeordnete Instanz, sei es eine philosophische Autorität, eine staatliche oder die kirchliche Obrigkeit, bestimmt für sich kraft eigener Vernunftentscheidung, was er für wahr hält und woran er sein Leben orientiert. Dieser Freiheitsbegriff, der den Kern »westlicher« Individualitätsauffassung ausmacht, ist aufs engste mit dem Begriff der Toleranz verbunden, ist dessen Voraussetzung und war gewissermaßen der philosophische Auslöser »der gegen Ende des 18. Jahrhunderts einsetzenden europäischen Revolutionsbewegungen«. Toleranz und Freiheit sind für die Aufklärung Menschenrechte mit universalem Geltungsanspruch, vergleichbar der »Idee der modernen, rational begründeten, einen und unteilbaren Nation«. (W. Sauer 1970, 415) Eben darin aber lag angesichts der gegebenen politischen Machtverhältnisse der politische Sprengstoff der Forderung nach Toleranz. So erklärt sich auch Lessings Hinweis in der »Vorrede« zu seinem Versdrama *Nathan der Weise* (1779), dass er »keinen Ort in Deutschland [kennen würde], wo dieses Stück schon jetzt aufgeführt werden könne. Aber Heil und Glück dem, wo es zuerst aufgeführt wird.« Einige Jahre später war dieser Ort Berlin. Dort führte die deutsche Schauspieltruppe von Carl Theophil Döbbelin 1783 erstmals den *Nathan* auf. In Sachsen und Österreich war die öffentliche Aufführung des Stücks von der Zensur verboten.

Nathan der Weise war Lessings letzte Arbeit für das Theater. Biographischer Hintergrund bei der Entstehung des Stücks waren theologische Streitigkeiten mit dem Hamburger Hauptpastor Johann Melchior Goeze, einem Gegner der Aufklärung. Lessings publizistische Arbeiten, vor allem seine Kritik an der lutherischen Orthodoxie, waren von der kirchlichen wie von der weltlichen Obrigkeit ohnehin ständiger Beobachtung unterworfen. Zumeist ging es dabei um Lessings Kritik an den »positiven Religionen«. Allein seine »alte Kanzel«, das Theater, wäre ihm geblieben, schrieb er in einem Brief an Elise Reimarus, und, dass er hoffe, man würde ihn wenigsten dort »noch ungestört [...] predigen lassen«.

Die Botschaft, die Lessing mit seinem *Nathan* weitergeben wollte, war ein Aufruf zu Humanität und zur Duldung Anders-Denkender. Es war eine Botschaft, die an die drei großen monotheistischen Religionen gerichtet war, und stand im Gegensatz zu deren jeweiligen Anspruch – Nathan wird im Hinblick darauf von »Tyrannei« sprechen – auf die »Echtheit« der von ihnen vertretenen Offenbarung. Lessing, der dabei im Rahmen eines theologischen Diskurses verbleibt, sieht sich in dieser Frage im Einklang mit »Nathans Gesinnung«, dass nämlich alle drei Religionen, die christliche, die jüdische und die muslimische Religion, jeweils im Besitz der »echten« Offenbarung Gottes seien. In der Parabel von dem Ring mit der »geheimen Kraft«, die denjenigen, der den Ring besitzt, »vor Gott und den Menschen angenehm« macht, trägt Nathan, ein reicher jüdischer Kaufmann, dem Sultan Saladin – Ort der Handlung des Stücks ist das mittelalterliche Jerusalem – diese Ansicht vor. Längst auch bestimmte sie Nathans Leben. Eigentlich hatte der Sultan den reichen Juden zur Audienz bestellt, um sich von ihm Geld zu leihen. Dann aber wurde er mit dieser Parabel von dem Ring konfrontiert. Nathan war »der Weise« geworden, als er sein persönliches Schicksal, den Verlust seiner Frau und seiner sieben Söhne bei einem von Christen in der Stadt Gath angezettelten Pogrom, als »Gottes Ratschluss« und ihm auferlegte Prüfung angenommen und alle Gedanken an Rache und Hass überwunden hatte. Vielmehr nahm er ein verwaistes Mädchen, Recha, in sein Haus auf und erzog sie im Sinne einer humanistischen Ethik, wie eine eigene Tochter, – nicht als Jüdin und nicht als Christin. Weil er aber Recha nicht im christlichen Glauben erzogen hat, will ihn nun der Patriarch von Jerusalem auf den Scheiterhaufen bringen. Die etwas märchenhafte Geschichte, die längst in den Lehrplänen der Schulen etabliert ist, nimmt jedoch ein gutes Ende: Ein christlicher Tempelherr, den der Sultan gefangen genommen hatte und den er eigentlich hinrichten lassen müsste, dann aber doch begnadigt, weil dieser ihn an seinen verschollenen Bruder erinnert, hat sich in Recha, die vermeintliche Jüdin, verliebt – nachdem er diese aus einem brennenden Haus gerettet hatte. Der junge Tempelritter muss aber letztlich feststellen, dass Recha seine Schwester ist und sie beide die Kinder des verschollenen Bruders des Sultans sind. So lösen sich alle Konflikte zum Guten hin auf. Am Ende aber bleibt Nathan auf eine merkwürdige Weise allein.

Das Stück erzählt von einer großen humanistischen Utopie jenseits der »positiven Religionen«. Lessing verstand seinen *Nathan* als Botschaft, als »Predigt«, wie er geschrieben hatte. Das Theater sei dafür seine »Kanzel«.

Die Verbürgerlichung des Theaters am Ende des 18. Jahrhunderts hatte auch Folgen für die Theaterarchitektur. Das Erscheinungsbild und die innere architektonische Gliederung der Gebäude änderten sich in diesem Zusammenhang. Es existierten zu dieser Zeit vier Typen von Theatern bzw. Theatergebäuden (vgl. H. Zielske 1971): Die alten Schlosstheater, bei denen in der Regel in einem Saal innerhalb der Schlossanlage eine Bühne eingerichtet war. Der Theaterbetrieb dort diente ausschliesslich der Unterhaltung der Hofgesellschaft. Die gesamten Kosten trug der Souverän. Dies galt auch für die vielen Theater-Events auf mobilen »Bühnen«, die in den Parkanlagen oder auf den Seen der Residenzen oder auf Flüssen stattfanden. – Daneben gab es die weitgehend von der Hofverwaltung oder aus der Zivilliste des Souveräns ganz oder weitgehend subventionierten und zu Hof- und Nationaltheatern deklarierten ehemaligen Hoftheater. In der Regel waren dies frei stehende Gebäude, die fürstliche Bauherrn hatten errichten lassen und die zumeist auch der Öffentlichkeit gegen Zahlung von Eintrittsgeld zugänglich waren. In seltenen Fällen wurde die Öffentlichkeit auch durch Zahlung eines »Theaterpfennigs« – einer Art einmaligen Steuer – zur Finanzierung des Baus derartiger Theater in Anspruch genommen. Diese Theater, die auch den Repräsentationsinteressen des Bauherrn in ihrer Innenraumgestaltung Rechnung trugen, wurden von einem vom Souverän eingesetzten Intendanten geleitet. Zunehmend gab es jedoch auch Theaterbauten, die von bürgerlichen Bauherrn oder dem Prinzipal einer Schauspielgesellschaft in Auftrag gegeben wurden, so etwa in Königsberg, in Hamburg, in Dresden (dort kaufte der Kurfürst dem italienischen Betreiber, dem Prinzipal Moretti, das von diesem errichtete Theater ab) oder in Breslau. Manche dieser Theaterbauten gehörten theaterfremden Investoren, die das Theater an den Prinzipal einer Schauspieltruppe verpachteten und ausschließlich finanzielle Interessen verfolgten. Diese Financiers schlossen sich gelegentlich zu Bauherrenkollektiven, später auch zu Aktiengesellschaften zusammen. Solche Theater wurden z.B. in Frankfurt a.M., in Nürnberg, Leipzig und in Würzburg errichtet. – Sehr viel später erst traten Stadtverwaltungen als alleinige Bauherrn eines Theater auf. Jedoch gab es auch Kooperationen zwischen Städten und privaten Theaterbetreibern. In diesen Fällen finanzierte die Stadt zumeist den Bau des Theaters, um für ihre Bürger einen angemessenen Theaterbetrieb sicher zu stellen, als Bildungs- und Unterhaltungseinrichtung. Soweit bürgerliche Bauherrn Theater errichten liessen, handelte es sich zumeist um mehr oder weniger anspruchslose Zweckbauten, die kostengünstig erstellt wurden. Höfische Theaterbauten waren in der Regel weitaus anspruchsvoller hinsichtlich ihres äußeren Erscheinungsbildes und der dekorativen Ausstattung der Räumlichkeiten im Innern des Gebäudes. Von bürgerlichen Bauherrn errichtete Theater hatten zwar Ränge aber keine Fürstenloge.

So stellte sich am Ende des 18. Jahrhunderts das Theaterleben in Deutschland in großer Vielfalt dar. Die Organisationsform der Schauspieltruppen war stabiler geworden. In manchen Ländern war das Theaterwesen durch Gesetze geregelt. Wandertruppen ohne festen Standort existierten kaum noch. Schauspielgesellschaften dieser Art erhielten in der Regel eine Auftrittserlaubnis für ein bestimmtes Territorium, das der jeweilige Souverän festlegte. Die Ökonomisierung des Theaterwesens insgesamt war fortgeschritten mit allen Risiken für die Theaterbetreiber. Dies galt weitgehend auch für die Hof- und Nationaltheater, zumal die Hofverwaltungen die Kosten für ihre Theater oftmals nicht mehr allein tragen konnten. Angesichts dieser Entwicklung war von dem Anspruch, »moralische Anstalt« zu sein oder »Kanzel«, wie Lessing noch meinte, von der herab die Botschaften der Aufklärung verkündet werden konnten, keine Rede mehr.

In allen deutschen Ländern »glättete« die Zensur die Stücke, die zur öffentlichen Aufführung kamen, sobald darin eine politisch interpretierbare Anspielung erkennbar war. Kein Prinzipal hätte es gewagt, sich nicht an die Vorgaben der Zensur zu halten, hätte er dadurch doch den Verlust seiner Lizenz und gar weiter gehende Sanktionen riskiert. Die Intendanten der Hoftheater gaben ohnehin kein Stück für die Aufführung frei, das der Geschmacksrichtung des Souveräns nicht entsprach, diesen gar in ein schlechtes Licht gerückt hätte. Die Theater verkauften letztlich »Abendunterhaltung« für den Hof, gleichermaßen für ein bürgerliches Publikum. Mit einer Vielfalt an Genres und Sparten wurden die Interessen aller Schichten bedient. Entsprechend diversifiziert war inzwischen auch das Theaterwesen – von den Hof- und Nationaltheatern, an denen das Theaterleben noch vorwiegend stattfand, bis zu den einfachen Bretterbuden in den Randbezirken der Städte, die für das einfache Volk Schauvergnügungen aller Art im Programm hatten.

Die Weimarer Klassiker und das Theater in ihrer Zeit

Clemens von Brentano nannte es »eine einbalsamierte Leiche«

In den Jahrzehnten um 1800 erreichte die Philosophie des deutschen Idealismus im Werk von Johann Gottlieb Fichte (1762-1814), Friedrich Wilhelm Joseph Schelling (1775-1854), vor allem im Werk von Georg Wilhelm Friedrich Hegel (1770-1831) ihren Höhepunkt. Diese Philosophien hatten größte Auswirkung auf die Dichtung dieser Zeit, auf die Werke der Weimarer Klassiker, ebenso auf die deutsche Romantik. Im deutschen Idealismus ging es um philosophische Grundlagenforschung, um Wissenschaftslehre, Metaphysik, Identitätsphilosophie und geschichtsphilosophische Systembildung. Es war eine philosophische Richtung, die als typisch deutsch gilt, im Gegensatz zum Rationalismus französischer Provenienz oder dem englischen Empirismus. Dessen Herleitung von Wissen und Wahrheit allein aus der Erkenntniskraft der Erfahrung wurde in der Philosophie des deutschen Idealismus grundlegend revidiert. Fichte, der in jungen Jahren ein glühender Anhänger der Französischen Revolution war, änderte seine Einschätzung der Ereignisse von 1789 in Paris, als Deutschland unter französische Fremdherrschaft geriet, rief in seinen 14 *Reden an die deutsche Nation* (1807/08) – die er in dem von den Truppen Napoleons besetzten Berlin hielt – zum nationalen Widerstand auf und plädierte für einen deutschen Nationalstaat. Dessen Ziel sollte die Erziehung zu einem »Gemeinschaftsgefühl« aller Deutschen sein. Dieses »Gefühl« sah Fichte als die eigentliche Voraussetzung für die Gründung einer deutschen Nation an. Träger dieser »Liebe zum Vaterland« – die über der »Liebe zur Verfassung« stehen sollte – war für Fichte das »Volk«, ein vieldeutiger, zur ideologischen Interpretation geradezu einladender Begriff. Ein nationaler deutscher Staat sollte in erster Linie ein »Erziehungsstaat« sein und als »Kulturstaat« verwirklicht werden. Mit diesem Aufruf, der an die »Gebildeten« gerichtet war, stand Fichte in der Tradition der bürgerlichen Aufklärung des späten 18. Jahrhunderts.

In seiner Philosophie erklärte Fichte das »Ich« in seinem Vorstellen und Wollen zum Ursprung allen Seins. Für ihn ist das Sein eine Setzung des

»Ichs«. In gewisser Weise knüpfte er dabei an Kants *Kritik der praktischen Vernunft* (1788) an. Wo Kant jedoch die Vorstellungskraft des Menschen noch »kritisch«, also begrenzt, sieht, ist diese für Fichte grenzenlos.

Schelling stellt diesem radikalen Subjektivismus die Objektivität eines von dem vorstellenden »Ich« unabhängigen Seins entgegen. Dieses von der Setzung des Ichs unabhängige Sein nennt er »Natur«. Sie ist für ihn gleichbedeutend mit der Vorstellung ständig zeugenden Lebens, quasi einer »natura naturans«. Sie nennt Schelling das »Absolute«, das »Göttliche«, das »Mit-sich-selbst-Identische«. Es war insbesondere Schellings Naturphilosophie, die auf die deutschen Romantiker von größtem Einfluss war.

In seiner Philosophie entwirft Hegel eine geschichtsphilosophische Systematik, die den gesamten Verlauf der Geistesgeschichte der Menschheit aus dem sinnhaften, dialektisch verfahrenden Wirken eines absoluten »Weltgeistes«, des »Logos«, herleitet. In dieser Philosophie kommt der deutsche Idealismus zu seinem Höhepunkt, ist aber auch an einem Endpunkt angekommen.

Etwa gleichzeitig mit Hegel und Schelling trat Arthur Schopenhauer (1788-1860) mit seinem Werk an die Öffentlichkeit, das er in einem schroffen Gegensatz zur »Universitätsphilosophie«, vor allem aber zu »Hegel und seiner Rotte« positionierte. Aus Positionen des deutschen Idealismus (Kant, Schelling) und altindischen Weisheitslehren, den *Veden* und den *Upanishaden*, entwickelte Schopenhauer sein Hauptwerk: *Die Welt als Wille und Vorstellung* (1819). Er begründet darin eine Philosophie, die das Dasein als eine Art aporetischen Zirkel definiert, in dem er »das Streben nach Dasein«, zugleich aber auch »die Last des Daseins loszuwerden« als die beiden existentiellen, einander widerstreitenden Antriebe allen Lebens bezeichnet. Leben sei deswegen ein permanentes »Leiden am Dasein«. Es ist dies zugleich die Begründung der zu dieser Zeit als typisch »modern« geltenden Befindlichkeit des »Weltschmerzes«. Erlösung aus diesem Dilemma sei allein die Überwindung der Vereinzelung durch das Sich-Verlieren in einer »Alleinheit« im Sinne der buddhistischen Mystik. Dieses Sich-Verlieren – so Schopenhauer – leiste aber auch die Kunst. Diese weit ins 20.Jahrhundert hinein wirkende philosophische Deutung der Kunst erschien als Möglichkeit, sich aus dem Leiden an der Individuation selbst zu erlösen: »[...] sein Interesse, sein Wollen, seine Zwecke ganz aus den Augen zu lassen, sonach seiner Persönlichkeit sich auf eine Zeit völlig zu entäußern«. (n. J. Hirschberger II, 1955, 421) In der Musik als einer Form der Kunst, die nichts abbildet, sei diese Erlösung von der Individuation deswegen – zumindest für begrenzte Zeit – erlebbar, da in dieser abbildlosen Kunst der »Weltwille« unmittelbar – nicht über seine Objektivationen, die Ideen – erfahrbar sei.

Ebenfalls in radikalem Gegensatz zu Hegels idealistischer Philosophie und dessen Vertrauen auf das Wirken eines »Weltgeistes« in der Geschichte, – gänzlich konträr aber auch zu Schopenhauers philosophischem Pessimismus kommen in der zweiten Hälfte des 19. Jahrhundert materialistische, vor allem auch religionskritische Richtungen in der deutschen Philosophie auf, die auf eine Zäsur im intellektuellen Klima der Zeit reagieren. Auch reagieren sie auf ein völlig verändertes soziales Umfeld und bereiteten in der Kunst den Realismus vor. Das Werk von Ludwig Feuerbach (1804-1872) und das von Karl Marx (1818-1883) stehen am Anfang dieser Entwicklung. Die Schriften von Karl Marx und Friedrich Engels (1820-1895) wurden zur theoretischen Grundlage der sozialistischen, später der kommunistischen Arbeiterbewegung. Im Februar 1848 erschien in London das *Manifest der Kommunistischen Partei*.

In den ersten Jahrzehnten des 19. Jahrhundert erschütterten diverse Kriege, nach 1813/14 auch heftige innenpolitische Spannungen die Länder Mitteleuropas, vor allem auch Deutschland. Nach seinem Sieg über Russland und Österreich in der Schlacht bei Austerlitz (1805) bestimmte Napoleon die europäische Politik und leitete eine weitreichende staatliche Neuordnung ein. In diesem Zusammenhang kam es auch zur Zusammenlegung einer Reihe von deutschen Staaten, wodurch die deutsche »Kleinstaaterei« zahlenmäßig reduziert wurde. Deutschland blieb jedoch ohne politische Zentralmacht. Zwischen Preußen und Österreich begann sich eine Rivalität abzuzeichnen.

In der Schlacht bei Jena und Auerstedt (1806) wurde schließlich auch Preußen vom Heer Napoleons geschlagen. Mit diesen Ereignissen wurde auch Goethe konfrontiert, als plündernde französische Soldaten in sein Haus in Weimar eindrangen und er wohl nur durch das beherzte Eingreifen seiner Haushälterin Christiane Vulpius vor Schlimmerem bewahrt wurde. Goethe heiratete Christiane noch im selben Jahr – hauptsächlich wohl wegen deren erwiesener Courage in einer für den »Dichterfürsten« überaus heiklen Situation.

Der unter dem Protektorat Napoleons – der sich inzwischen zum Kaiser gekrönt hatte – 1806 zustande gekommene Rheinbund, dem sich 16 deutsche Fürsten anschlossen, besiegelte das Ende des Deutschen Reichs. Nur wenige Jahre darauf lösten die Befreiungskriege 1813/14 in jenen liberalen bürgerlichen Kreisen, die einen deutschen Nationalstaat anstrebten, eine Welle des Patriotismus aus. Es kam zu einer kurzfristigen Allianz von »Krone und Volk« im Kampf gegen den Feind von außen. Diese Kriege konfrontierten die Menschen noch einmal mit Zerstörung und Verwüstungen. 1814 wurde Napoleon in der Völkerschlacht bei Leipzig zwar vernichtend, aber erst in der Schlacht bei Waterloo 1815 endgültig geschlagen und auf die Insel St. Helena verbannt; – nachdem er 1815 von Elba, wo er zunächst festgesetzt wurde, geflohen und für »100 Tage« noch einmal an die Macht gekommen war. Unter der Führung des österreichischen Diplomaten Fürst Metternich (1773-1856) verhandelten die Siegermächte im Wiener Kongress um eine neue Verteilung der politischen Kräfteverhältnisse in Europa. Für Deutschland ergab sich dabei folgende Situation: Die einzelnen deutschen Staaten blieben jeweils souverän und bildeten mit einer föderativen Verfassung den Deutschen Bund. Dies aber entsprach keineswegs den Vorstellungen der Liberalen und führte zur einer Destabilisierung der innenpolitischen Situation in Deutschland. Zu ausschließlich war dabei nach den Interessen der alten Dynastien entschieden worden. Die republikanischen Kreise, die zur Vertreibung Napoleons einen wesentlichen Beitrag geleistet hatten, waren von der restaurativen Neugestaltung Europas enttäuscht. Ihnen war es letztlich um die endgültige Beseitigung der absolutistischen Herrschaftsordnung und um die Schaffung eines deutschen Einheitsstaats gegangen.

Folgen dieser Politik, die eindeutig die Handschrift Metternichs trug, waren politische Unruhen und die Gründung einer Vielzahl national-liberaler, patriotischer Bündnisse. »Ehre, Freiheit, Vaterland« wurde zum Wahlspruch der Opposition in Deutschland. Auf dem Wartburgfest, an Pfingsten 1817, zu dem zahlreiche studentische Burschenschaften zusammen gekommen waren, war diese Losung ausgegeben worden. In den Karlsbader Beschlüssen (1819) verschärften die Regierungen jedoch noch einmal die Zensur, auch die Zensur der Theater. »Demagogische Umtriebe« sollten dadurch verhindert werden. Unmittelbarer Anlass war die Ermordung des Theaterdichters August von Kotzebue, der sich in seinem *Literarischen Wochenblatt* über die Ziele deutscher Patrioten lustig gemacht hatte. Der Attentäter war ein Deutsch-Nationaler. Bis dahin bezog sich die geltende Zensurpraxis, die von der Polizei ausgeübt wurde, nur auf die Überwachung der ordnungsgemäßen Durchführung von Theateraufführungen. Ein eigenes Zensurgesetz für die Theater gab es nicht. In den Karlsbader Beschlüssen verfügte die Neuregelung, dass nun alle Druckerzeugnisse unter 20 Bogen unter die Zensur fielen. Dies mag zwar in erster Linie auf politische Flugschriften gemünzt gewesen sein, betraf aber auch alle Theatertexte. Diese 1820, zunächst für Preußen geltende, dann aber auch von anderen Ländern übernommene Regelung verfügte zudem, dass Theatertexte, auch wenn sie bereits zum Druck zugelassen waren, der örtlichen Polizeibehörde zur erneuten Prüfung vorgelegt werden mussten. Damit war die Theaterzensur dezentralisiert und den lokalen Ordnungsbehörden überlassen. Diese entschieden in aller Regel restriktiver als eine zentrale Zensurbehörde. Für die Hoftheater galt diese Regelung nicht. An diesen Theatern wurde die Zensur von den Intendanten ausgeübt, die ohnehin im Sinne des Souveräns handelten. Private Theater, für die dieses Gesetz hätte angewendet werden können, existierten zu dieser Zeit in Deutschland nur wenige.

Die politischen Spannungen eskalierten im März 1848. Es kam zur Revolution, zu einem bürgerkriegsähnlichen Konflikt zwischen republikanischen Gruppen und der Staatsmacht, die das Militär auf den Plan rief. In Frankreich war es bereits einige Jahre zuvor, im Juli 1830, zur Revolution gekommen. Dabei hatten sich die bürgerlichen Republikaner mit Gruppen aus der Arbeiterschaft gegen den Versuch des letzten Bourbonen-Königs, Karl X., erhoben, weil dieser das französische Parlament aufzulösen und die Macht der alten Adelseliten zu erneuern versucht hatte. Nach dieser Revolution wurde Louis Philippe von Orléans zum neuen »Bürgerkönig« gewählt. Das französische (Groß-)Bürgertum hatte sich nun vollends als die allein führende Kraft in der Gesellschaft etabliert. Auch hatte die französische Juli-Revolution jene deutsche Gruppe liberal-republikanischer Literaten, die von den Ordnungsbehörden unter dem Namen »Junges Deutschland« geführt wurden und die Heinrich Heine (1797-1856) als deren Wortführer vermuteten, in ihren politischen Aktivitäten beflügelt. 1835 wurden alle Schriften des »Jungen Deutschland« verboten.

Schließlich aber hatte erneut eine Revolution in Frankreich, im Februar 1848, Signalfunktion für Revolutionen auch in anderen europäischen Staaten. Auslöser der französischen Februar-Revolution war der Beitritt von Louis Philippe zur Heiligen Allianz, dem seit 1815 bestehenden Zusammenschluss vornehmlich der Großmächte Russland, Österreich und Preußen zum Zweck der Aufrechterhaltung der alten Ordnung. Auch eine Reihe kleinerer Staaten hatten sich der Allianz angeschlossen. Die März-Revolution, die im Deutschen Bund, in Preußen, Österreich, in Ungarn und in Oberitalien ausbrach, hatte das Ziel, die von bürgerlich-liberalen Kreisen geforderte nationale Unabhängigkeit und das Ende der restaurativen Politik der »Ära Metternich« und der Heiligen Allianz herbeizuführen. Jedoch bereits im Juli 1849 wurde die Revolution von Regierungstruppen niedergeschlagen. Was freilich als Resultat dieser Revolutionen blieb, war eine viele Länder Europas erfassende Aufbruchstimmung. In Preußen kamen in der Folge dieser Ereignisse einige Reformen zustande, und es gab Ansätze zu einer gewissen Liberalisierung des öffentlichen Lebens.

Ausschlaggebend für das gesellschaftliche Klima der nachrevolutionären Jahrzehnte wurde der endgültige Wandel Deutschlands zu einem Industriestaat und die im Zusammenhang damit stehenden Veränderungen im gesellschaftlichen Gefüge. Es entstand ein Industrieproletariat und bald auch die sozialistische Arbeiterbewegung als neue politische Kraft.

In diesen Jahren gingen vom Theater keine wesentlichen Impulse aus hinsichtlich dieser großen nationalen und sozialen Bewegungen. Ludwig Börne (1786-1837), einer der engagiertesten Literaten des »Jungen Deutschland«, schrieb über das Theater dieser Jahre: »Wie ein Volk, so seine Schauspiele«, und der Dramatiker Grabbe meinte, dass die Bühnen seiner Zeit (1830) seine Stücke nicht verdienen würden: »Lumpenhunde sind ihnen willkommen.« Weimar war zwar längst zu einem Kult-Ort geworden. Die beiden »Dichterfürsten« hatten jedoch in ihren Werken das Zeitgeschehen nahezu völlig ausgeblendet. Geschichte und Philosophie zum einen, das Allgemein-Menschliche zum andern – das waren die großen Interessengebiete und die Themen, denen sich Schiller, der bereits 1805 verstorben war, und Goethe in ihren dichterischen wie in ihren philosophisch-theoretischen Arbeiten zuwandten. Goethe geriet auch immer mehr in ein zwiespältiges Verhältnis zu seiner Stellung am Weimarer Hofe und zog sich auf seine dichterischen Arbeiten und seine naturwissenschaftlichen Studien zurück.

Als künstlerisch verantwortlicher Regisseur am Weimarer Hoftheater hatte er einen Schauspielstil eingeführt, der programmatisch gegen den in diesen Jahren als noch »modern« geltenden Schauspielnaturalismus gerichtet war. Goethe führte Regie mit dem Taktstock und hatte 1803 *Regeln für Schauspieler* herausgegeben, ein Konglomerat merkwürdiger Anleitungen, die wohl vornehmlich für Anfänger gedacht waren und alsbald auch – wohl zu Recht – parodiert wurden. Ihm schwebte ein streng stilisiertes, mehr choreographiertes Theater vor, mit großen geometrisch angelegten, statutarischen Tableaus und einer stark rhythmisierten Sprechweise. Seine Inszenierungen sollten vor allem als »organische« Ensemblearbeit wahrgenommen werden. Der Theaterkenner Iffland sprach – obwohl Goethe diesen verehrte – vom »Eigensinn in der Provinz«.

Weitaus differenzierter in ihrer Begründung waren Schillers Vorstellungen hinsichtlich der Rollenarbeit der Schauspieler, wie er sie in seiner Abhandlung *Über Anmut und Würde* (1793) dargelegt hatte. Für Schiller sollte die Darstellung auf der Bühne ihre Schönheit allein aus der Kunstfertigkeit des Schauspielers gewinnen, jedoch in einem dialektischen Zusammenspiel von »Kunst und Natur«: »Gab der Dramatiker mit seiner Rollenerfindung eine poetische Ordnung, einen allgemeinen Rahmen vor, so musste der Schauspieler diesen Rahmen mit seiner ›Natur‹ individuell ausgestalten. Bei manchen Rollen, die Schiller schrieb, stellte er sich von der ersten Konzeption an bestimmte Schauspieler vor, die diese Rollen spielen sollten. Das Bild, das er sich von einem Schauspieler machte, dessen ›Natur‹, war für ihn mithin bereits ein Moment im schöpferischen Prozess.« (M. Brauneck 1996, 847) Eine vor dem Spiegel einstudierte »Grazie« widersprach Schillers Forderung nach »Wahrheit in der Darstellung«.

Seine dichterischen Arbeiten in den Jahren um 1800 waren vornehmlich: die Fertigstellung des *Don Carlos* und dessen ausführliche Kommentierung, die *Wallenstein*-Trilogie, *Maria Stuart, Die Jungfrau von Orleans* und *Wilhelm Tell*. Was die Arbeit am *Don Carlos* betrifft, weist Erika Fischer-Lichte (1993, 162) zu Recht darauf hin, dass Schiller, nach den Erfahrungen mit der Französischen Revolution und entgegen seiner einstigen Brandmarkung des Despotismus, nun die Freiheit des Individuums ins Zentrum der Freiheitsproblematik stellte. In den Briefen *Ueber die ästhetische Erziehung des Menschen* sind es zwar Vorstellungen aus dem Jahr 1795, die Schiller in diesen Briefen, offenbar im Zusammenhang einer geplanten Systematik des Ästhetischen, entwickelt, sie geben jedoch durchaus auch seine spätere Sicht hinsichtlich der Freiheitsproblematik im *Don Carlos* wieder. So heißt es im zweiten Brief: » [...] dass man, um jenes politische Problem in der Erfahrung zu lösen, durch das Ästhetische den Weg nehmen muss, weil es die Schönheit ist, durch welche man zu der Freiheit wandert«. Schiller spricht in diesem Zusammenhang auch von »Fehlern«, aus denen er gelernt hätte. Gemeint waren damit offenbar Positionen, die er in seinem Jugendwerk vertreten hatte.

Mit der *Wallenstein*-Trilogie (Uraufführungen 1798 und 1799 am Weimarer Hoftheater), *Maria Stuart* (1800) und *Die Jungfrau von Orleans* (1801) behandelte er historische Themen, ebenso in *Wilhelm Tell* (1804). In *Wallenstein* greift er einen Stoff auf, den er auch in seinen historischen Studien behandelt hatte. In dieser Tragödie geht es freilich um ein Problem, das über die Historie hinaus weist. So schrieb Schiller in einem Brief an Goethe, das es sich bei diesem Stück eigentlich um einen ihm »fremden Gegenstand« handeln würde. Fremd sei ihm »die politische Welt« an sich. Nicht um diese also ging es ihm in dem historischen Schauspiel. Was Schiller thematisierte, war die Hybris des Herzogs von Friedland, der tragisch scheitern musste, weil er sich anmaßte, kraft seiner vermeintlichen Machtfülle und mit Hilfe der Sterne den Geschichtsverlauf erkennen und in seinem Sinne beherrschen zu können. Im Hinblick auf die zeitgenössischen Bühneninszenierungen bietet das Stück vor allem im ersten Teil, *Wallensteins Lager*, die Möglichkeit, große Schaueffekte aufzubieten, ganz in der Art der in diesen Jahren beim Publikum so beliebten Historienstücke.

In *Maria Stuart*, dem bis heute am meisten aufgeführten »Trauerspiel« von Friedrich Schiller, ist der Eifersuchtskonflikt zweier Königinnen um den von beiden geliebten Mann nur vordergründig das zentrale Thema. In sehr freiem Umgang mit den historischen Ereignissen geht es Schiller stattdessen um die Behauptung der sittlichen Ordnung der Welt im Widerstreit von Staatsräson und Moral. Die »romantische Tragödie« *Die Jungfrau von Orleans* war ein Stück, für das Schiller die geplante Bearbeitung dieses Stoffs mit dem Weimarer Herzog nicht abgesprochen hatte. Dieser war über diese Eigenmächtigkeit des Dichters verärgert, weil er vermutete, dass der sittenstrenge Schiller einen »Anschlag« auf die Schauspielerin Caroline Jagemann, die Mätresse des Herzogs, die in aller Regel die Hauptrollen am Weimarer Hoftheater übernahm, im Schilde führte. Der Erfolg von Schillers Stück auf der Weimarer Hofbühne aber widerlegte dann doch alle Bedenken des Herzogs. Entgegen den historischen Quellen, verklärt der Dichter die Jungfrau am Ende des Schauspiels als eine allem Irdischen Entrückte, gleichsam als Heilige, die den – von Schiller frei erfundenen – Opfertod auf sich nimmt. In der Szenenbeschreibung heißt es dazu: »Alle stehen lange in sprachloser Rührung.« Karoline Jagemann brillierte in dieser Rolle zur Zufriedenheit des Herzog. In dem bühnenwirksamen, in patriotischen Kreisen überaus populären »Volksstück« *Wilhelm Tell* (1804) charakterisiert Schiller seinen Titelhelden, der in der Schweiz als eine Art »Nationalheiliger« verehrt wird, von Beginn des Stückes an als einen redlichen, patriotischen Familienmenschen, wie er bodenständiger nicht sein könnte. Dieser Tell wird nach seinem riskanten Schuss zwar als politischer

Freiheitskämpfer gefeiert, ist aber durch den Mord an Geßler ein moralisch angefochtener Charakter, der in dem hochgestimmten Treiben um ihn herum – am Ende des Stücks – merkwürdig isoliert bleibt.

Die dichterischen Arbeiten, die Goethe in dieser klassischen Zeit vornehmlich beanspruchten, waren die Umarbeitung der Prosafassung der *Iphigenie auf Tauris* in die Versform, die Tragödie *Torquato Tasso* (1807), vor allem aber die Arbeiten an der *Faust*-Dichtung. Dem Plan Goethes, den Tasso-Stoff zu bearbeiten, stand der Herzog äußerst skeptisch gegenüber. Goethe selbst nannte dieses Vorhaben eine »gefährliche Unternehmung«, und der Herzog verweigerte lange seine Zustimmung zu diesem Projekt. Das Besondere an diesem Stoff ist – und dies forderte das Missfallen des Herzogs heraus –, dass darin ein Dichter hinsichtlich seines Werks mit dem Anspruch bedingungsloser Autonomie gegenüber seinem fürstlichen Mäzen auftritt. Unstrittig thematisiert Goethe hier auch seine eigene Situation am Weimarer Hofe. Das Stück endet für Tasso mit einer Katastrophe. Zurückgewiesen in seiner Liebe zu Leonore von Este, der Schwester des Herzogs von Ferrara, seines Mäzens, wird ihm seine tatsächliche Stellung am Hofe schmerzlich bewusst. Tasso verliert jedweden existentiellen Halt und zerbricht an der Einsicht, dass er – konfrontiert mit der realen politischen Welt – seine Würde als Künstler nicht bewahren kann und fällt in den Wahnsinn.

Mit dem Faust-Stoff hatte sich Goethe bereits in seiner Sturm und Drang-Periode beschäftigt und im sogenannten *Ur-Faust* die Tragödie der Margarethe, des verführten Bürgermädchens, in den Stoffkomplex eingeführt. Als Rechtsreferendar hatte er in Frankfurt im Jahre 1772 die Hinrichtung der Dienstmagd Susanne Margaretha Brandt, die ihr uneheliches Kind getötet hatte und deswegen zum Tode durch das Schwert verurteilt worden war, miterlebt. Als Minister in Weimar bestätigte er mehrmals vergleichbare Todesurteile. Offenbar kannte Goethe also die seelische Notlage, in die Kindsmörderinnen gerieten, durchaus. Stets handelte es sich um junge Frauen aus der Unterschicht.

Sechs Jahrzehnte lang arbeitete Goethe an der *Faust*-Dichtung. Beide Teile zusammen bilden wohl die Summe seiner Lebenserfahrungen, durch alle Höhen und Tiefen, auch durch alle Phasen seiner künstlerischen Entwicklung hindurch. Eine Aufführung des *Faust* am Weimarer Hoftheater hatte er wohl nie in Erwägung gezogen. (Vgl. M. Brauneck 1996, 830 f) Zu seinem 80. Geburtstag (1829) brachte diese Bühne den *Ersten Teil* des *Faust* heraus, der zweite Teil kam erstmals 1854 in Hamburg – in einer Bearbeitung – auf die Bühne. Beide Teile zusammen wurden erstmals 1876 in Weimar aufgeführt.

Die einleitenden Szenenfolgen des *Ersten Teils* der Dichtung – die *Zueignung*, das *Vorspiel auf dem Theater* und der *Prolog im Himmel* – kennzeichnen das Geschehen um den am Sinn seiner Wissenschaften zweifelnden, letztlich am Leben selbst verzweifelten Faust als eine Art Exempel. Durch die berühmte Wette zwischen Mephisto und Gottvater, dem »Herrn«, legt der Dichter eine eigene Spiel- und Reflexionsebene an, die während des gesamten Stücks präsent ist. In diesem *Ersten Teil* nimmt die von Mephisto arrangierte Verwandlung des berühmten, an Jahren aber doch schon fortgeschrittenen Gelehrten in einen jungen Mann ein, dem es gelingt, ein naives, in kleinbürgerlicher Enge lebendes Bürgermädchen zu verführen, letztlich auch zu schwängern. Am tragischen Schicksal dieses Mädchens wird Faust schuldig. Sowohl deren Mutter wie auch ihr Bruder kommen dabei ums Leben. Mephisto war stets der teuflische Helfershelfer von Faust. Margarethe wird am Ende wegen Kindstötung von einem weltlichen Gericht zum Tode verurteilt. Der himmlische Richter aber »rettet« sie – die außer Sinnen ist und Faust abrupt zurückweist – in einer beinahe liturgischen Schlusssequenz. Faust macht sich mit seinem Helfer aus dem Staube.

Der *Zweite Teil* der Dichtung ist eine Abfolge szenischer Bilder und Episoden: Geschehnisse aus dem ersten Teil, Allegorien, phantastische Szenerien und Figuren aus der alten und der neueren Geschichte, Zauberei und »Mummenschanz«, ein permanentes Spiel mit Identitäten und Metamorphosen. Faust durchlebt die Reise durch diese beinahe surrealen Welt-Sphären, stets in Begleitung des Mephistopheles. Am Ende verschreibt er sich einem gigantischen Projekt der Landgewinnung, das er ohne Skrupel durchzuführen entschlossen ist, – ein Greis nun, der erblindet ist und jeden Bezug zu seiner realen Situation verloren hat. In einem quasi opernhaften Finale wird auch dieser Faust schließlich »erlöst«; ein Abschluss des Stücks, der sich – wie Goethe in einem Gespräch mit Eckermann selbst einräumt – einer Darstellung auf der Bühne entzieht. »Ästhetische Selbstsucht« wurde ihm im Hinblick auf diesen zweiten Teil des *Faust* vorgeworfen. Ohnehin galt Goethe als »undramatischer Dichter«. Schiller dagegen wurde als »Retter des deutschen Dramas« gefeiert. (Vgl. F. Sengle 1972 II, 330)

Sowohl Schiller wie auch Goethe waren sich bewusst, dass das Theater ihrer Zeit weder der Komplexität ihrer Menschengestaltung, noch der Reflexionshöhe der Inhalte ihrer Stücke auch nur annähernd gerecht werden würde. Schiller sprach vom »Theaterschafott«, vor dem er seinen *Don Carlos* schützen müsse, und vermerkt, dass die »Gesetze der Schaubühne [...] der Poesie eine große Provinz entziehen«. So formulierte er es in einer Fußnote in der *Rheinischen Thalia*, in der er auch die *Briefe über Don Carlos* veröffentlicht hatte. Ähnliche Vorbehalte hatte auch Goethe hinsichtlich der Kürzung seiner Stücke für die Bühnenaufführungen und er gab seiner Besorgnis Ausdruck, dass dies – anlässlich einer Bearbeitung seines *Egmont* – »eine Gefahr für das Ganze« sein würde. Schiller, der Theaterkundigere von beiden, schien ihm gelegentlich etwas zu »gewaltsam« in den Text einzugreifen. Goethe meinte, dass »es wenigstens ein Trost für mich [ist], dass das Stück [gemeint ist *Egmont*] nun gedruckt dasteht, und dass es Bühnen gibt, die verständig genug sind, es treu und ohne Verkürzung ganz so aufzuführen, wie ich es geschrieben« habe. (Gespräche mit Eckermann, Februar 1829) Diese Hoffnung sollte sich allerdings nicht erfüllen. So ist es nicht verwunderlich, dass Schiller, ebenso Goethe immer wieder ganze Akte oder Passagen aus ihren Stücken selbst vorgelesen und damit ihre Zuhörer tief beeindruckt haben. In seiner großen Studie über die Literatur des *Biedermeier* weist Friedrich Sengle darauf hin, dass gerade in dieser Zeit, den Jahren zwischen 1815 und 1848, manche Dramen für das Theater, allein aus bühnentechnischen Gründen, nicht so aufführbar waren, wie die Autoren sie geschrieben haben, und es wohl auch deswegen eine hoch entwickelte Kultur des Vorlesens von Theaterstücken gegeben habe. (Vgl. 1972 II, 332 f) Auch war für das Vorlesen eines Theaterstücks, das gewöhnlich im privaten Raum stattfand, die Zensur nicht zuständig.

In diesen Jahrzehnten wird offenbar auch der »Sinn für die Gesellschaftlichkeit« des Theater wieder entdeckt. Nicht auf »Originalität und Tiefe« kam es dem Publikum dieser Jahre an, sondern auf Geselligkeit und spektakuläre Bühneneffekte, die freilich den »gesellschaftlichen Takt« zu wahren hatten. (Vgl. F. Sengle 1972 II, 336) Gefragt war reines Unterhaltungstheater. Nachspiele, Musikbegleitung und Ballettaufführungen boten dem Publikum Gelegenheit, sich von vermeintlich »schwerer Kost«, den ernsteren Stücken, zu erholen. Ballette hatten die Funktion von Nachspielen. Mit dem Titel *Deutsche Nachspiele* erschien gar ein eigenes Jahrbuch. Das neu errichtete Nationaltheater am Gendarmenmarkt zu Berlin wurde zwar mit einer Aufführung von Goethes *Iphigenie* aber eben auch mit einem anschließenden Ballett eröffnet. Friedrich Sengle spricht in diesem Zusammenhang zu Recht vom »Abbau des bürgerlichen Bildungstheaters«. Zugleich jedoch ist festzuhalten, dass es »vorher und nachher wohl keine Zeit [gab], in der eine so breite Theaterkultur bestand«. (1972 II, 336 f) Die an den Botschaften der Aufklärung noch engagierten Theaterreformer des 18. Jahrhunderts hatten weitgehend an Einfluss verloren; einige waren verstorben. Goethe galt als Direktor des Weimarer Hoftheaters ohnehin als Höfling, auch wenn sich dieses Theater unter seiner Leitung einen gewissen Ruf – wohl nur bei einer kleinen Gruppe Gebildeter – erworben hatte.

In den *Vorlesungen über dramatische Kunst und Literatur* (1809-1811) von August Wilhelm Schlegel (1767-1845) heißt es, und dies charakterisiert die Situation des deutschen Theaterwesens noch in den folgenden Jahren: »Das Repertorium unserer Schaubühne bietet in seinem armseligen Reichtum ein gutes Allerlei dar, von Ritterstücken, Familiengemälden und rührenden Dramen, welche nur selten mit Werken in größerem und gebildeten Stil von Shakespeare oder Schiller abwechseln. Dazwischen können wir der Übersetzungen, besonders französischer Nachspiele und Operetten nicht entbehren.« Clemens von Brentanos Kritik am deutschen Theater war vollends vernichtend. Er nennt es kurzum »eine einbalsamierte Leiche«. (n. M. Brauneck 1999, 73)

Als neue dramatische Genres die Motive aus der romantischen Vorstellungswelt aufnahmen, kamen vor allem Märchenstücke und Schicksalsdramen auf die Bühne. Dabei ist Ludwig Tiecks (1773-1853) Märchenspiel *Der gestiefelte Kater* (1797) durch seine geradezu experimentell anmutende Verschachtelung der Realitätsebenen, dem Spiel im Spiel, von durchaus witzig ironischer Virtuosität. Gerade aber Theaterstücke mit einem experimentellen Anspruch waren dem breiten Publikum zuwider. Tiecks für das deutsche Theater aber sicherlich bleibende Leistung ist die Übernahme (1819) und der Abschluss der von August Wilhelm Schlegel (1767-1845) begonnenen Übersetzung der Werke Shakespeares und Tiecks eigenen Shakespeare-Studien. (Vgl. M. Brauneck 1999, 82 f) Seine Inszenierungen von Sophokles' *Antigone* (1841) und Shakespeares *Sommernachtstraum* (1843) im Theater im Neuen Palais in Potsdam, wohin ihn der preußische König schließlich berufen hatte, waren interessante bühnentechnische Experimente. In seiner Zeit in Dresden hatte Tieck versucht, mit Lesungen dem Publikum Stücke von Shakespeare, Sophokles, Goethe und Kleist nahe zu bringen, anders eben als diese Stücke auf den zeitgenössischen Bühnen zu sehen waren. Da das Dresdener Publikum aber offenbar weit mehr an den unterhaltsameren Schaueffekten dieser Stücke als an deren sprachlicher Schönheit und gedanklicher Tiefe interessiert war, brachten diese Lesungen Tieck wenig Sympathien ein. Auch die Regisseure und die Schauspieler der Dresdner Hofbühne verweigerten sich allen von Tieck vorgeschlagenen Reformvorhaben, zumal dessen Versuch, auf der Bühne eine »natürlichere« Sprechweise einzuführen.

Ein Erfolgsstück sondergleichen war das durch zahlreiche Übersetzungen europaweit verbreiterte Schicksalsdrama Zacharias Werners (1768-1823) *Der vierundzwanzigste Februar oder Die Wirkung des Fluches* (1809). Goethe inszenierte am Weimarer Hoftheater die deutsche Erstaufführung dieses skurrilen, reißerischen Stücks. Es geht darin um eine »außerhalb der Protagonisten liegende, sich zwanghaft wiederholende Zeit- und Objektkonstellation von Messer und Datum«. (M. Brauneck 1999, 77) Es geht um Habgier, um geplante Morde, aber auch um versehentlichen Totschlag, um Verstellung und tragische Enthüllung. Am Ende aber wird allen Schuldigen vergeben.

Schaurige Atmosphären, unsägliche Gräueltaten, Wahnsinnsmotive, Bruder- und Vatermord, Kindstötung und Inzest – dazu noch Motive aus der Geschichte der Hohenstaufen: Schauergeschichten dieser Art hatten Konjunktur auf der romantischen Bühne. Das Melodrama verknüpfte solche Geschichten zumeist in recht banalen, gelegentlich aber auch spannenden Konfliktkonstellationen. Dass die Bühne eine »Bildungsanstalt«, gar eine »moralische Anstalt« sein könnte, wurde in zahllosen Schriften dieser Jahre zwar immer wieder beteuert, auch dass deutsches Theater zur kulturellen Identität der Deutschen beitragen würde. Zumindest meinten dies die Gebildeten unter den Patrioten. Die Theaterrealität dieser Jahre stand solchen Ansprüchen gegenüber jedoch in einem eklatanten Widerspruch. Die wenigen deutschen »Musterbühnen« zeigten zwar gelegentlich Dramen von Schiller und von Goethe, zumeist jedoch nur zu besonderen Anlässen. Bei Aufführungen von Schillers historischen Dramen überboten sich die großen Bühnen im Aufwand prächtiger Kostüme und dem Arrangement spektakulärer Szenerien. Bei seiner Bearbeitung von Goethes *Egmont* – Goethe hatte zu dieser Zeit »wenig Interesse [...] für das Theater« (Gespräch mit Eckermann, 1829) – sah Schiller so spektakuläre Szeneneffekte vor, dass Goethe sich diese – wie er sie nannte – »grausame« Fassung seines Stücks nie auf der Bühne angesehen hat. Aufführungen an anderen Theatern aber wurde Schillers »grausame« Bearbeitung samt ihren grellen Effekten zugrunde gelegt. (Vgl. W. Kayser 1958, 588)

Die Dramen Heinrichs von Kleist (1777-1811) wurden in diesen Jahren nur in »gereinigten« Fassungen auf die Bühne gebracht. Goethe misslang eine Inszenierung von Kleists Komödie *Der zerbrochene Krug* (1808) am Weimarer Hoftheater. Die an dieser Bühne gepflegte Manier der Stilisierung widersprach gänzlich Kleists beinahe schon realistischer Kunst der Menschengestaltung. Auch hatte Goethe das als Einakter konzipierte Stück durch die Einteilung in Akte mit einer Pause in seiner Dramaturgie gründlich missverstanden. *Die Familie Schroffenstein* wurde 1804 unter die Titel *Die Waffenbrüder* am Theater in Graz – von allen Doppelbödigkeiten der Originalfassung befreit – uraufgeführt. Von dem »großen historischen Ritterschauspiel« *Das Käthchen von Heilbronn oder die Feuerprobe* (1810) wurde eine von der Zensur stark veränderte Fassung 1810 aufgeführt, auch spätere Aufführungen im 19. Jahrhundert waren durchweg Bearbeitungen, die dieses Stück »spielbar« machen sollten. Von der *Hermansschlacht* (1808) kam eine nahezu texttreue Fassung erstmals erst 1875 auf die Bühne. Von *Penthesilea* (1808) fand die Uraufführung fast sieben Jahrzehnte später (1876) in Berlin statt, erst 1899 wurde die Komödie *Amphitryon* uraufgeführt. Eine Aufführung des Schauspiels *Prinz Friedrich von Homburg* (1811) war lange Zeit in Deutschland wegen vermeintlicher Demoralisierung des Heeres verboten. Der preußische König Friedrich Wilhelm III. verbot eine Aufführung des Stücks gar »für alle Zeiten« auf preußischen Bühnen. Die »Uraufführung« einer bearbeiteten Fassung des *Prinzen* fand 1821 unter dem Titel *Die Schlacht von Fehrbellin* am Burgtheater in Wien statt, wurde jedoch nach einigen Aufführungen auf Intervention des Erzherzog wieder abgesetzt. In Berlin wurde 1828 eine Fassung des Stücks aufgeführt, bei der der Schluss des Stücks – die Szene, in der der Prinz in Todesangst gerät, die stets die Empörung der Heeresführungen herausgefordert hatte: ein preußischer Offizier kennt diese Angst nicht, hieß es – deutlich abgemildert war. Das Fragment *Robert Guiskard* (1807) wurde erst 1901 uraufgeführt.

Die Stücke von Christian Dietrich Grabbe (1801-1836) und Georg Büchner (1813-1837) kamen im 19. Jahrhundert erst gegen dessen Ende oder erst im 20. Jahrhundert zur Uraufführung, jahrzehntelang nach der Zeit ihrer Entstehung. Eine Ausnahme machte Grabbes *Don Juan und Faust* (1828), ein Stück, das kaum Anlass für ein Eingreifen des Zensors bot. Von Georg Büchner wurde das Lustspiel *Leonce und Lena* (entstanden 1836) fünfzig Jahre später, erst 1885, uraufgeführt; *Dantons Tod* (entstanden 1835) erst 1902 in Berlin und *Woyzeck* (entstanden 1836) erst 1913 am Münchner Residenztheater.

Die sehr verspätete Bühnenrezeption der Stücke von Grabbe und Büchner – ähnlich den Werken Heinrich von Kleists – verdeutlicht, dass weder das fatalistische Weltbild, noch die Versuche, mit einer »offenen« Dramaturgie »Gegenentwürfe« (vgl. M. Brauneck 1996, 119 f) zum Unterhaltungstheater dieser Restaurationsperiode auf die Bühnen zu bringen, letztlich unerwünscht waren, hätten sie doch das vergnügungs- und harmoniesüchtige bürgerliche Publikum nur verstört. Chancenlos war eine öffentliche Aufführung dieser Stücke selbstverständlich auch im Hinblick auf die Überwachung der Theater vor »aufrührerischen Umtrieben« durch die Zensur.

Die Reformprojekte von Ernst August Klingemann (1777-1831) in Braunschweig und die von Karl Immermann (1796-1840) in Düsseldorf (vgl. M. Brauneck 1999, 111 f) blieben kurzfristige, lokal begrenzte Unternehmungen, die ausschließlich künstlerische Ambitionen verfolgten.

In dieser von Kriegen, den enormen Spannungen innerhalb der Gesellschaften geprägten und – seit dem Wiener Kongress – einer rigoros durchgesetzten restaurativen Politik in der ersten Hälfte des 19. Jahrhunderts waren die tatsächlichen Zeitverhältnisse im öffentlichen Theaterbetrieb beinahe vollständig ausgeblendet. Auch sah die von der Philosophie des Idealismus hergeleitete Kunstauffassung die reale Lebenswelt der Menschen nicht als »kunstwürdig« an. Die Klassiker hatten diese Vorstellungen vorgegeben. Als Goethe mit seiner *Iphigenie* nicht so recht weiter kam, schrieb er im März 1779 an Charlotte von Stein, dass ihm schon bewusst sei, dass er den »König von Taurus« in schönen Versen reden lassen soll, »als wenn kein Strumpfwürker in Apolde hungerte«. Auch wusste er als zuständiger Staatsrat für das Finanzwesen der Hofhaltung, dass bei einem so kleinen Staat wie dem Herzogtum Sachsen-Weimar-Eisenach »die Lasten der Höfe und ihrer Lustbarkeiten [...] um so schwerer auf das Volk« drücken würden. (F. Sengle 1993, 50) Einen Neudruck (1813) des idyllischen Epos *Hermann und Dorothea* (in einem preiswerten »Taschenformat«) sah Goethe als den ihm angemessenen Beitrag im Befreiungskampf gegen Napoleon an – für den sich der patriotisch gesinnte Weimarer Herzog so sehr engagierte. Es war dies Goethes »Opfer« – so verstand er dies – an den »Zeitgeist«. Hatte er doch den Schluss des Epos überarbeitet und »die Wehrhaftigkeit in klaren Worten« gerechtfertigt. Entgegen seiner Kunstauffassung wurde dieses Werk dadurch – in der Sicht Goethes – zu einer »aktuellen Dichtung«. Generell sah Goethe auch ausschließlich jene Personen als die seinen Werken angemessenen Leser an, die »auf den obersten Stufen des irdischen Daseyns der höchsten Bildung teilhaftig« geworden waren. Mit dem gleichen elitären Pathos wie auch der junge Schiller in seiner Mannheimer Rede war der »Volkswille«, den Goethe in den Befreiungskriegen wie in der gesamten nationalen Bewegung wirken sah, kein »Orientierungspunkt« für ihn. Ein solcher war vielmehr die »Bildung«, wie sie den »obersten Stufen der Gesellschaft« vorbehalten war. Nur sie (die Bildung) – nicht etwa eine Revolution, auch nicht republikanisch-liberale Bestrebungen des Bürgertums – verbürgten für Goethe eine »neue Ordnung«, die auf »Vernunft und Menschlichkeit« begründet sein würde. Vielmehr hält er, wie einst als Berater seines jungen Fürsten, an einem aufgeklärten Absolutismus fest. Nicht die »Umwälzung«, nicht die »Flut« – gemeint war damit die Revolution, – seien »heilig«. »Heilig« sei allein » die aristokratische Bildung«, sie ist für ihn »der höchste Wert«. (n. F. Sengle 1993, 301 f) Vorstellungen wie diese sind es, die es für Goethe als gerechtfertigt erscheinen lassen, dass nicht das »allzu Zeitbezogene« sondern das Allgemein-Menschliche Thema der Dichtung zu sein habe. So ist für ihn auch nicht das Theater, sondern die »Bildung« eine Art »moralische Anstalt«, letztlich auch der Weg, der auf die »oberste Stufe des irdischen Daseyns« führt. Goethe sah aus eigener Erfahrung mit der Theaterrealität am Weimarer Hofe, dass vom Theater seiner Zeit die von ihm selbst – wie auch von Schiller – lange Zeit erhofften Impulse zur »Veredelung des menschlichen Geschlechts« (F. Schiller) nicht ausgehen würden.

War das Urteil der Theaterkritiker einhellig vernichtend hinsichtlich des zeitgenössischen Repertoires der Bühnen, so fand dennoch etwa zur gleichen Zeit ein geradezu revolutionärer Wandel in der Schauspielkunst statt. Hatten seit dem späten 18. Jahrhundert Schauspieler wie Ekhof, Schröder oder Iffland, um nur diese zu nennen, an den deutschen Bühnen jenen zu dieser Zeit als »modern« geltenden Schauspielstil vertreten, der – in der Nachfolge von David Garrick – »Natürlichkeit« in standardisierten Ausdrucksformeln imaginierte, stets aber in kontrollierter Distanz zu den eigenen Emotionen, so trat nun ein gänzlich neuer Schauspielertypus auf die romantische Bühne, der ohne jedwede Distanz zur eigenen Persönlichkeit, die Rollenfigur aus der eigenen Intuition heraus verkörperte. (Vgl. M. Brauneck 1999, 86 f) Es waren Schauspieler wie Ludwig Devrient (1784-1832), der in der Nachfolge Ifflands ans Berliner Nationaltheater berufen wurde, oder auch Ferdinand Fleck (1757-1801), die als die Stars dieses neuen Schauspielstils bewundert wurden. Ludwig Devrient brachte die Brüchigkeit und ungeschützte Darstellung der ihn als Person gewissermassen entblössenden persönlichen Obsessionen in die Gestaltung seiner Figuren auf der Bühne ein. Gegenüber der kontrollierten, klassisch-realistischen Spielweise eines Iffland oder Ekhof versetzte dieser neue Schauspielstil, eine Art psychischer Exhibitionismus, den Zuschauer gewissermaßen in die Rolle eines Voyeurs. Virtuose Höhepunkte von Devrients Schauspielkunst waren die exzessiven Wahnsinns- und die Wutausbrüche der Shakespeare'schen Protagonisten, des Lear oder des Shylock. Auch dem Franz Moor in Schillers

Räuber verlieh Devrient ein gänzlich anderes, ein doppelbödiges Profil, als es das Publikum von Ifflands oder Ekhofs Darbietungen her kannte.

Voraussetzung für diese Art der Menschengestaltung war die Entdeckung der »dunklen Seiten« der menschlichen Existenz, des Traums und des Unbewussten, des Wahn, der Delirien und der Melancholie. Das Ausloten dieser Sphären war offenbar eine Flucht in eine radikale Subjektivität, die Folge einer existentiellen Verunsicherung war. Interpretationen, die diese Befindlichkeit in den Zusammenhang politischer Enttäuschung und Frustration stellen, einer Erfahrung von Stagnation und Restriktionen im öffentlichen Leben dieser Restaurationsjahre, sind nicht von der Hand zu weisen. In der Entwicklung der Schauspielkunst war mit diesem neuen Menschenbild jedoch eine neue Periode eingeleitet.

Den Hang der romantischen Bühne, letztlich des Publikums dieser Zeit, zu Nacht- und Mondschein-Szenen, zu Geistererscheinungen, unheilschwangeren Atmosphären und verblüffenden Wendungen im »Schicksalsverlauf« bediente die Bühnentechnik mit allen nur denkbaren Tricks und Kunstgriffen. Auf allen Ebenen tendierte die Bühnenästhetik zur Herstellung einer totalen Illusion, zur möglichst perfekten Befriedigung der Schaubedürfnisse dieses vergnügungssüchtigen Publikums. Diese Tendenz setzte sich mit den neuen technischen Möglichkeiten im späteren 19. Jahrhundert fort.

Der beschwerliche Weg in die Moderne

Das »wirkliche Leben« drängt auf die Bühne und die Theaterbetreiber geraten in die Zwänge der Ökonomie

In der zweiten Hälfte des 19. Jahrhunderts kam es in Deutschland zu einer epochalen Veränderung in der Struktur des sozialen und politischen Gefüges der Gesellschaft, die weitreichende Auswirkungen auch auf die deutsche Theaterkultur hatte. Durch das Aufkommen eines neuen Massenpublikums im Zusammenhang mit der Entwicklung Deutschlands zu einem Industriestaat und dem damit zusammenhängenden Anwachsen der großen Städte, den neuen industriellen Zentren – aber auch den sozialen Brennpunkten –, kam es zu einem enormen Bedarf an populären Vergnügungseinrichtungen, insbesondere auch an privaten Theatern. Die Einführung der Gewerbefreiheit ermöglichte schließlich die Gründung zahlreicher, wenn oft auch nur kurzlebiger Unternehmen unterschiedlichster Art.

Die bereits um die Mitte des Jahrhunderts eingeleitete künstlerische Entwicklung an einigen der führenden Theater, nicht zuletzt auch die Forderungen der Jungdeutschen Literaten nach mehr »Lebensnähe«, hatten zur Folge, dass der Realismus die bestimmende künstlerische Richtung wurde – in allen seinen Spielarten bis hin zu geradezu manieristischen Rekonstruktionsversuchen historischer Schauplätze oder (später) sozialer Milieus. Es war weiterhin eine auch die Theaterrezeption massiv verändernde Gegebenheit dieser Zeit, dass neue technische Entwicklungen aufkamen, die in den Alltag der Menschen eingriffen, die aber auch für die Bühneninszenierungen von erheblicher Bedeutung waren. So manche privaten Theaterbetreiber wurden in Folge der hohen Kosten der technischen Nachrüstung ihrer Bühnen in den finanziellen Ruin getrieben. Gravierend war in diesem Zusammenhang die am Ende des Jahrhunderts von staatlicher Seite aus verfügte Verpflichtung der Theater zur Elektrifizierung ihrer Beleuchtungsanlagen, die am Beginn des Jahrhunderts mit Gas betrieben wurden, samt der elektrischen Umrüstung der Bühnenmaschinerie. Ein Grund dafür waren katastrophale Theaterbrände, die in ganz Europa zu verheerenden Katastrophen geführt hatten. Immer wieder auch wurden gesundheitliche Gründe angeführt. Man beklagte die – infolge der Gasverbrennung – in den oberen Rängen enorme Erwärmung des Zuschauersaals und die Verknappung des Sauerstoffs in den Innenräumen.

Viele der in diesen Jahren entstandenen grösseren Theaterbauten kamen den Repräsentationsbedürfnissen des neuen Besitzbürgertums entgegen, das sich zunehmend einen aristokratisch-feudalen Lebensstil aneignete. Diese Schicht erwartete nicht nur prächtige Ausstattungen auf der Bühne, sondern auch der Innenräume der Theater, besonders der Foyers. Diese Räumlichkeiten beanspruchten oft fast ein Drittel des gesamten Raumvolumens der Theaterbauten. Spektakuläre Schaueffekte zu bedienen, wurde für die führenden Bühnen zu einer Notwendigkeit, nicht zuletzt, um in dem zunehmend härter werdenden Konkurrenzkampf zwischen den Theatern zu bestehen. Generell nahm die Ökonomisierung des Theaterwesens in diesen Jahren rasant zu. Die Kosten einzelner Inszenierungen stiegen horrende. Dass das Theater »mehr« sein würde, als eine Institution zur Befriedigung derartiger Repräsentatations-, Schau- und Unterhaltungsinteressen, davon konnte in der Theaterrealität dieser Jahre keine Rede mehr sein.

Noch 1849 hatte Eduard Devrient (1801-1877), ein Neffe des Schauspielers Ludwig Devrient, *Eine Reformschrift* veröffentlicht, die auf einer fatalen Fehleinschätzung der politischen Situation in Deutschland nach dem Scheitern der März-Revolution beruhte. Devrients Manifest war noch getragen von den Hoffnungen der Liberalen auf die neue preußische Verfassung und auf eine Korrektur jener Restriktionen, die auch der kulturelle Bereich in den Jahrzehnten der Metternich-Ära hinzunehmen hatte. Devrients *Reformschrift* trug den Titel *Das Nationaltheater des Neuen Deutschland*. Darin lautete die zentrale Forderung: »Alles, was die Menschheit bilden und veredeln soll, muss vom Staate gestützt und vom bloßen Erwerbe unabhängig gemacht werden.« Es war ein engagiert vorgetragener Ruf nach staatlicher und kommunaler Verantwortung den Theatern gegenüber, letztlich nach deren weitgehender Finanzierung; ein Reformaufruf, auf den sich die später in Deutschland so vehement geführte Diskussion um den Gegensatz von »Kulturtheater« und »Geschäftstheater« immer wieder bezog. In der 1848 vom preußischen König Wilhelm IV. erlassenen Verfassung war durchaus eine gewisse Liberalisierung erkennbar gewesen. Die Theaterzensur war zeitweise sogar aufgehoben, da sie mit der in der Verfassung garantierten »Redefreiheit« nicht vereinbar zu sein schien. Letztlich aber wurde keine der Reformvorstellungen Devrients in die Verfassung aufgenommen, schon gar nicht die Verpflichtung zu »kräftiger Geldunterstützung« der Theater durch den Staat. Devrients Forderung, die Theater »vom bloßen Erwerbe« frei zu stellen, blieb ungehört. Im Gegenteil: Bereits 1851 wurde die bis dahin schärfste, von den lokalen Ordnungsbehörden durchzuführende Überwachung der Theater verfügt. War dies zunächst eine nur für Preußen geltende Polizeiverordnung, so wurde diese Regelung zum Vorbild für viele Länder und bildete die Grundlage für die Theaterzensur, wie sie in dieser Form bis 1918 als geltende Praxis ausgeübt wurde. Die Verfügung von 1851 sah vor, dass das Textbuch des für eine öffentliche Aufführung vorgesehenen Theaterstücks der jeweiligen Polizeibehörde vorgelegt werden musste, in das der Zensor seine Vermerke und Streichungen missliebiger Worte, Passagen oder ganzer Szenen und Akte einfügte. Nur dieser genehmigte Text durfte der Aufführung zugrunde gelegt werden. Gelegentlich las ein Vertreter der Polizei während der Aufführung den genehmigten Text des Stückes mit und überprüfte das Einhalten der genehmigten Spielfassung. Abweichungen davon wurden mit Geldstrafen oder gar mit dem Konzessionsentzug des Theaterbetreibers sanktioniert. Der Berliner Generalpolizeidirektor Carl Ludwig von Hinckeldey (1805-1856), mit dessen Namen diese Verfügung verbunden war, hatte vorgesehen, dass diese Verordnung auch für die Hoftheater gelten sollte, was durch den Protest höfischer Kreise, bei denen von Hinckeldey ohnehin äußerst unbeliebt war, letztlich verhindert wurde.

Hatte die Theaterzensur, wie sie vor der Verfügung von 1851 praktiziert wurde, bei den Liberalen anfangs kaum nennenswerte Kritik ausgelöst, da das Theaterleben fast ausschließlich an den Hoftheatern stattfand, so stellte sich dies nach 1869 anders dar. In diesem Jahr wurde für den Norddeutschen Bund ein Gesetz erlassen, das Gewerbefreiheit garantierte. Diese galt allerdings nur für den Zuständigkeitsbereich der genehmigenden Behörde. Erst 1871 wurde die Gewerbefreiheit für das gesamte Gebiet des Deutschen Reichs eingeführt. Das Gesetz von 1869 garantierte zwar einen Rechtsanspruch auf die beantragte Gewerbekonzession, verband dies jedoch mit dem Nachweis des Antragstellers auf dessen moralische und finanzielle Integrität. Trotz dieser Vorbedingungen führte diese Verordnung beinahe schlagartig zu einer beträchtlichen Vermehrung privater Vergnügungsbetriebe, insbesondere in den großen Städten. Für Theater, die in der Regie der Höfe oder der Städte waren, galt diese Verordnung nicht. Bei diesen Bühnen wurden »höhere Absichten« als der bloße Gelderwerb unterstellt. Gemeint war damit ein gegenüber den sozialen und politischen Gegebenheiten der Zeit neutrales Bildungserlebnis. Vielfach vermieteten die Kommunen ihre Theater, so dass es mitunter schwierig war, »städtische und private Unternehmen voneinander zu unterscheiden«. (Vgl. P. Schmitt 1990, 34) In den 1870er Jahren kam es schließlich – nicht zuletzt als Folge einer wirtschaftlichen Depression – zu einem Überangebot an Theaterunterhaltung. Diese Krise traf vor allem die zahlreichen populären Unterhaltungstheater, die nach 1869 gegründet worden waren.

Es gab jedoch durchaus auch einige privat betriebene, populäre Bühnen, die keineswegs auf den Begriff »Krakeltheater« festzulegen waren, womit die Ordnungsbehörden diese Theatersphäre in aller Regel beschrieb. Ein Beispiel dafür war das bereits 1848 gegründete Wilhelmstädtische Theater in Berlin. Es war anfangs nur ein Sommertheater, das jedoch in seinem Programm die revolutionäre Atmosphäre der Jahre 1848/49, der dieses Theater seine Entstehung verdankte, in gewisser Weise weiterleben ließ. (Vgl. M. Brauneck 1999, 43) Gespielt wurden dort zwar auch die üblichen Possen und Schwänke des Volkstheaters, keineswegs Stücke mit politischen Anspielungen, die die Zensur ohnehin verboten hätte. Doch wurden in diesen Aufführungen gelegentlich zeitkritische und satirische Couplets vorgetragen, eingefügt in politisch »unverdächtige« Lustspiele. Mahnungen der Ordnungsbehörden vermochten die Direktion dieses Theaters offenbar nicht einzuschüchtern. 1883 wurde das Wilhelmstädtische Theater allerdings an eine Aktiengesellschaft verkauft und erhielt nach kurzer Umbauzeit den Namen: Deutsches Theater. Es war ein »Vorläufer« des später unter Otto Brahm und Max Reinhardt so berühmt gewordenen Hauses, des Deutschen Theaters Berlin.

Die Einführung der Gewerbefreiheit stellte unstrittig für denjenigen, der willens war, einen Theaterbetrieb zu gründen, eine einigermaßen tragfähige Rechtsgrundlage dar, die so manche Willkürakte weitgehend ausschloss, die zuvor bei der Konzessionsvergabe beinahe noch die Regel waren. Es war dies zweifelsfrei eine gewisse Liberalisierung im Theaterwesen, hatte jedoch für Schauspieler keine Bedeutung, denn deren Profession galt nicht als Gewerbe, sondern stand hinsichtlich der Engagement-Verträge und der Einhaltung der Hausordnungen der Theater weiterhin im Belieben (dem Kalkül oder der Willkür) der Theaterbetreiber. Dass der Gesetzgeber den Begriff eines Gewerbes nicht auf die Schauspielerei anwandte, wurde damit begründet, dass dies eine »künstlerische Tätigkeit« sei. Schauspieler hatten somit kein Recht, sich auf die neu eingeführte Gewerbeordnung zu berufen oder vor einem Gewerbegericht zu klagen, auch waren sie von der mit einer gewerblichen Tätigkeit verbundenen Sozialversicherung ausgeschlossen. (Vgl. P. Schmitt 1990, 55) Die Hausordnungen enthielten stets auch einen Strafkatalog für mögliche Verfehlungen der Schauspieler. Auch konnten diese noch bis zu sechs Wochen nach Beginn einer Spielzeit entlassen werden, wenn ihr Einsatz nicht den erwarteten Erfolg beim Publikum hatte. Theaterleiter engagierten deswegen oftmals mehrere Schauspieler für ein Rollenfach und behielten schließlich nur den »besten« für den Rest der Saison. Erst eine für Preußen geltende *Zirkularverfügung zur Überwachung der Theaterunternehmer* von 1892 beendete diese Form des Vertragsmissbrauchs im Arbeitsrecht. Im Jahre 1871 kam es schließlich zur Gründung der gewerkschaftsähnlichen »Genossenschaft Deutscher Bühnenangehöriger«, mit der sich erstmals ein breiterer Widerstand gegen derartige Praktiken der Theaterbetreiber formierte. Intendanten der Hoftheater, der städtischen Bühnen und der größeren Privattheater hatten sich bereits 1846 im »Deutschen Theaterkartell« – heute unter dem Namen »Deutscher Bühnenverein« – zusammen geschlossen, um die Interessen der Arbeitgeber durchzusetzen, insbesondere hinsichtlich der Engagement-Verträge der Schauspieler. Es kam immer wieder vor, dass Schauspieler ein Engagement eingingen, während sie noch bei einer anderen Bühne unter Vertrag standen; oder dass sie vertragsbrüchig wurden. Dieser Missbrauch nahm zu, als in den Jahren nach 1900 die Theater mit dem Kino in ein Konkurrenzverhältnis um die Stars dieser Branche gerieten.

Insgesamt waren in der zweiten Hälfte des 19. Jahrhunderts mehr als 6000 Schauspieler und Schauspielerinnen an deutschen Theatern beschäftigt. Weit mehr noch waren es in den musikalischen Genres. Nur an wenigen Theatern gab es sogenannte Pensionsanstalten oder »Gnadenpensionen«. Letztere gewährte der Souverän. Gerieten Schauspieler in eine Notlage, blieben oftmals nur private Hilfsfonds oder das Armenhaus als letzte Stationen. Generell hatten sie die Kosten für ihre Bühnenkostüme, ebenso die Reisekosten für Vorstellungstermine selbst zu tragen. Für Schauspielerinnen, deren Rollenfächer mitunter sehr kostspielige Kostüme erforderten, war dies eine erhebliche finanzielle Belastung; letztlich war es eine erzwungene Beteiligung an den Produktionskosten der Aufführung. So kam es vor, dass Schauspielerinnen mit einer Monatsgage von etwa 100 Mark gegebenenfalls Kostümkosten von mehr als 1000 Mark pro Spielzeit aufbringen mussten. Die Saison dauerte sechs Monate. Die restliche Zeit mussten alle Bühnenkünstler mit Engagements an Tournee- oder Sommertheatern überbrücken. In der Praxis bedeutete dies nur zu oft, dass Schauspielerinnen in der Prostitution einen Ausweg aus ihrer finanziellen Misere suchten. So mag es auch verständlich sein, dass der Theaterreformer Eduard Devrient in seiner 1848 erschienen *Geschichte der deutschen Schauspielkunst* ein äußert negatives Bild des Schauspielerstandes entwirft, so nämlich, wie es sich der Bürger von dieser ihm ebenso fremden wie faszinierenden Lebenswelt offenbar machte. Devrient schreibt: »Dem Schauspieler macht die irregeleitete öffentliche Meinung Unsittlichkeit beinahe zur Bedingung künstlerischer Anerkennung; man lässt es ihn merken: einige Flecken Schande ständen ihm gut zu Gesicht. Man nimmt dem Schauspieler nichts übel, aber man verachtet ihn. Das Spiel der Leidenschaften im Privatleben des Künstlers sieht man als in notwendiger Beziehung zu dem auf der Bühne stehend an, lässt seine entfesselten Neigungen als eine Würze der Kunstproduktion gelten. Sogar die ersten Grundbedingungen des rechtlichen Vertrauens legt man ihm nur locker auf, er gilt als ein privilegierter Freibeuter im bürgerlichen Leben.« (1848, 58) Es war dies auch die Zeit, in der das schillernde Bild einer künstlerischen Bohème entstand als einer antibürgerlichen, pittoresken Gegenwelt, in der eine gewisse Freiheit von den Regeln bürgerlicher Wohlanständigkeit herrschte und dort auch toleriert wurde: eine Welt, die den Bürger ebenso anzog, wie er deren Abgründe fürchtete. In den soziologischen Untersuchungen zu den Lebensbedingungen des Schauspielerstandes, die um 1890 in der sozialdemokratischen Zeitschrift *Die Neue Zeit*, desgleichen in bürgerlichen Zeitschriften wie dem *Kunstwart* oder der *Gegenwart* erschienen, hieß es immer wieder, dass im Durchschnittsschauspieler »noch immer etwas vom

Geiste des alten Lumpenproletariers« stecke. (Die Neue Zeit 9, 1890, 43 f) Immer wieder auch vermerkten die Schilderungen der prekären Verhältnisse des Schauspielerstandes die mangelnde Bereitschaft der Schauspieler, sich gewerkschaftlich oder gar politisch zu organisieren; ein falsch verstandener Künstlerstatus würde dies letztlich verhindern. Die Kommentatoren dieser Verhältnisse lassen keinen Zweifel daran, dass das »Schauspielerelend« (O. Felsing 1890, 46) eine der wesentlichen »Ursachen des Bühnenniedergangs« (vgl. G. Köberle 1888/89, 241 f) sei. Zudem wurde dieser vermeintliche »Niedergang« des deutschen Theaterwesens auch auf die rigiden Geschäftspraktiken in diesem Bereich zurückgeführt. Auch der künstlerische Stillstand, in den das deutsche Theater gegen Ende des 19. Jahrhunderts geraten war, schien darin seine Ursache zu haben. Dass nicht nur eine grundlegende künstlerische Erneuerung, auch eine neue gesellschaftliche Sinngebung des deutschen Theaters und eine Sozialreform dieser Arbeitssphäre erforderlich seien, darüber herrschte Konsens in allen politischen und weltanschaulichen Lagern.

Bereits Mitte des 19. Jahrhunderts war die »soziale Frage« zu einem zentralen Thema geworden und blieb es über die Jahrhundertwende 1900 hinaus. Noch vor der März-Revolution, die zwar in erster Linie eine »bürgerliche« – keine soziale – Revolution war, waren bereits im Vorfeld der Industrialisierung weite Kreise der Unterschicht in eine Form der Verelendung geraten, die auch von Seiten der Regierungen als neuartiges Phänomen des Pauperismus wahrgenommen wurde, anders »als die Armenfrage oder das Dasein der Besitzlosen und Dienenden« früherer Zeiten. (Vgl. W. Conze 1970, 113) So war auch der anarchische Aufstand der schlesischen Weber vom Jahre 1844 zur Vorlage von Gerhart Hauptmanns Weber-Dramas geworden. Es schien sich in dieser Verelendung ganzer Landstriche ein neues gesellschaftliches Problem abzuzeichnen, das Lösungen erforderte. Die unterschiedlichsten staatlichen und privaten Institutionen entwarfen Pläne für Maßnahmen, die dieser Verelendung ganzer Bevölkerungsgruppen Einhalt gebieten sollten. Einer der abwegigsten Vorschläge war wohl der einer staatlich überwachten Geburtenkontrolle für Menschen aus der Unterschicht. Dabei konnte von einer Politisierung der vom Pauperismus betroffen Bevölkerungsschichten im Sinne der sozialistischen oder kommunistischen Bewegung zunächst noch nicht die Rede sein, obwohl bei der März-Revolution auch »revolutionär gestimmte Massen aus der Unterschicht« mit den bürgerliche Revolutionären »mitliefen«. (W. Conze 1970, 111) Vielmehr bemächtigte sich der Mehrheit der »proletarischen Unterschicht [...] zunehmend das Gefühl, ausgeschlossen zu sein – und zwar in einer Zeit, in der nicht nur für den Bürger, sondern auch für den Proletarier die traditionellen Autoritäten nicht mehr unumstritten feststanden«. (W. Conze 1970, 125) In diesen Jahren waren es in erster Linie die sogenannten »Intelligenzsozialisten«, die den Marx'schen Theorien und den kommunistischen Parolen anhingen.

Hatten die Jungdeutschen bereits in den 1830er Jahren vom Theater mehr »Lebensnähe« gefordert, ohne freilich eine grundlegende politische Umgestaltung der Gesellschaft, gar im Sinne von Georg Büchners radikalen politischen Revolutionsideen, anzustreben, so waren dies doch Positionen, auf die sich einige Theaterreformer nach 1850 berufen konnten, – ohne mit der Zensur in Konflikt zu geraten. »Wahrhaftigkeit« war die neue »Grundregel« (H. Laube), auf die sich die Vertreter dieser Richtung im Drama und im Theater verständigen konnten. »Realismus« war das Wort der Stunde in allen künstlerischen Genres, im Theater und in der bildenden Kunst. Realistische Dramen und realistisches Theater entsprachen künstlerischen Tendenzen, die unter den Bedingungen der gescheiterten Revolution zwar für »Lebensnähe« aber dennoch für politische Unbedenklichkeit standen. Die »soziale Frage« wurde als Thema von der realistischen Bühne allerdings ausgeschlossen. Stattdessen ging es um das Zeitlose in der Geschichte und im gesellschaftlichen Leben. »Massenbewegungen«, wie sie die Behandlung der »sozialen Frage« angeblich erforderlich machen würde – so der Literaturwissenschaftler Hermann Hettner in seiner programmatischen Schrift *Das moderne Drama* (1851), seien der Poesie abträglich. Das soziale Drama, in dem Hettner das »Drama der Zukunft« sah, erfordere mehr den psychologischen »Charakter«. Dabei ging es Hettner offenbar darum, die Ursachen sozialer Probleme aus der individuellen Lebensgeschichte des Protagonisten – etwa aus Trunksucht, Verbrechen, Krankheit oder anderen privaten Katastrophen – herzuleiten. Unstrittig führte dieser nachrevolutionäre Realismus, der mit den Dramen von Otto Ludwig (1813-1865), Heinrich Laube (1806-1884) und Gustav Freytag (1816-1895) und den Arbeiten der Regisseure Franz Dingelstedt (1814-1881) und Eduard Devrient beachtliche Erfolge verbuchen konnte, zu einer gewissen Modernisierung des deutschen Theaters, insbesondere hinsichtlich geschlossener Ensembleleistungen. Gustav Freytag lieferte mit seinen dramentheoretischen Überlegungen – *Die Technik des Dramas* (1863) – auch einen Leitfaden zum Schreiben »regelhafter« Stücke. Dabei ist für Freytag allerdings die »Steigerung der positiven Lebenskraft« des Zuschauers der eigentliche Zweck des realistischen Dramas, letztlich auch des Theaters. Die Literaturwissenschaft nennt diesen frühen Realismus zu Recht »poetischen Realismus«.

Wie ein erratischer Block, distanziert gegenüber allem, was in der Zeit geschah, liegt das Tragödienwerk von Friedrich Hebbel (1813-1863) in dieser Jahrhundertmitte: Dramen wie *Maria Magdalena* (1844), *Herodes und Mariamne* (1850), *Agnes Bernauer* (1852), *Gyges und sein Ring* (1854) oder das »deutsche Trauerspiel in drei Abteilungen« *Die Nibelungen* (1862). Hebbels Tragödien, die mehr oder weniger unmittelbar in der Zeit ihrer Entstehung aufgeführt wurden, da sie für die politische Zensur kein Problem darstellten, nehmen insofern eine Sonderstellung in der Dramenproduktion dieser Zeit ein, als ihnen eine dezidiert weltanschaulich-ideologische – keine politische – Vorstellungswelt zu Grunde liegt, eine Art Pantragismus, den Hebbel auch in seinen *Tagebüchern* immer wieder begründet. Aus dieser Perspektive findet jedwede tragische Schuld in einer »uranfänglichen« (F. Hebbel) existentiellen Konstitution des Menschen eine Erklärung als Schicksalsverfallenheit. Die Protagonisten seiner Tragödien reflektieren ihr Handeln, das für Hebbel stets im Zentrum des dramatischen Geschehens auf der Bühne stehen muss, notwendigerweise als Leiden. Hebbels Protagonisten sind sich des Zwiespalts bewusst, in den sie durch ihre Entscheidungen geraten. Anders als der optimistische Zeitgeist der Gründerjahre und der Boom flacher Konversations- oder Salonstücke in der Art der dramatischen Massenproduktionen eines Paul Heyse (1830-1914) oder der in diesen Jahren auf den deutschen Bühnen höchst populären französischen Bühnenautoren, zeichnet Hebbel in seinen Tragödien eine düstere, von Gewalt und fürchterlichen Verbrechen beherrschte Welt, aus der Mord (*Agnes Bernauer*), Freitod (*Maria Magdalena*) oder die Hinrichtung Unschuldiger (*Herodes und Mariamne*) letzte Auswege zu sein scheinen.

Eine Sonderentwicklung innerhalb der zahlreichen realistischen Tendenzen im Theater der zweiten Hälfte des 19. Jahrhunderts waren die europaweit bewunderten Inszenierungen des Meininger Hoftheaters. Erst 1831 war dieses Theater eröffnet worden. Mit einer Inszenierung von Shakespeares *Hamlet* begann 1866 für dieses Theater jedoch eine neue Periode. Herzog Georg II. von Sachsen-Meinigen (1826-1914), der als Souverän den Beruf eines Regisseurs nicht selbst ausüben durfte, hatte ein festes Ensemble engagiert und entwickelte zusammen mit seinen Regisseuren einen Bühnenhistorismus, der geradezu manieristische Züge trug und dem Schaubedürfnissen des Publikums in einer bis dahin nicht gekannten Weise entgegen kam. Mit dem Versuch, historische Szenerien mit wissenschaftlicher Akribie zu rekonstruieren, wurden die Meininger weltberühmt. In Gastspielen quer durch Europa führten sie ihren Inszenierungsstil vor und wurden zum Vorbild für einige prominente Regisseure des europäischen Naturalismus. Anregungen hatte der Meininger Herzog auf einer Reise nach London erhalten. Dort hatte der Regisseur Charles Kean (1811-1868) Aufführungen auf die Bühne gebracht, die – ähnlich der Historienmalerei dieser Zeit – ein Höchstmaß an historisch-stilistischer Exaktheit anstrebten. Auch für ihn sollten wissenschaftliche Studien die möglichst authentisch wirkenden Rekonstruktionen der Szenerien der Stücke unterstützen. Was jedoch für die Meininger neben den historistischen Ausstattungen, für die materialgetreue Nachbildungen aller Requisiten zum Einsatz kamen und gemalte Kulissen weitgehend vermieden wurden, ebenfalls zu einem Markenzeichen wurde, war die geschlossene Ensembleleistung. Sie resultierte vor allem daraus, dass auch Nebenrollen und Auftritte von Statisten bis ins Detail durchgeformt und mit erstklassigen Schauspielern besetzt waren. Eine Spezialität der Meininger waren Massenszenen. Legendär war ihre Inszenierung von Shakespeares Historienstück *Julius Caesar,* bei der der Regisseur und das Ensemble alles zeigen konnten, was den Ruf der Meininger ausmachte.

Endpunkt der Realismus-Entwicklungen des 19. Jahrhunderts war der Naturalismus. Es war eine verhältnismäßig kurzlebige, im Hinblick auf die angespannten politischen Verhältnisse der Wilhelminischen Gesellschaft aber symptomatische literarische Bewegung. Das naturalistische Theater versetzte die Obrigkeit in höchste Erregung, provozierte Verbote und beschäftigte die Gerichte, sogar die Parlamente in Paris und Berlin. Es war eine Zeit, die von Verunsicherungen auf nahezu allen Gebieten des privaten und des öffentlichen Lebens bestimmt war. Die führenden Schichten der Gesellschaft hielten überwiegend an konservativen Vorstellungen von Recht und Ordnung fest. Ihnen gegenüber stand – als Feindbild stigmatisiert – die Masse der Arbeiterschaft, die nun jene Rechte einforderte, die ihnen die alte Ordnung vorenthalten hatte. Den Bürgerlichen galten diese Menschen als Proletariat, das in seiner Gesinnung der internationalen sozialistischen Bewegung mehr verbunden zu sein schien als dem Nationalen, dem deutschen Reich. Von »vaterlandslosen Gesellen« war bald die Rede.

In der Kunst dieser Jahre überlagerten sich die unterschiedlichsten Richtungen: Naturalismus, Impressionismus, die verschiedenen Spielarten der sogenannten Stilkunst, bald auch der Symbolismus, nicht viel später der Kubismus und die mannigfachen Richtungen der frühen Avantgarde. Diese künstlerischen Bewegungen kamen in einigen europäischen Ländern nahezu zur selben Zeit auf. Durchweg attackierten sie alles »Alte«, das sich vermeintlich vom »Leben«, von der »Zeit« und von der »Wahrheit« abgewandt hatte. So zumindest sah es eine junge Generation fortschrittlicher Künstler, Literaten und Intellektueller in Deutschland. Auch Friedrich Nietzsche (1844-1900) hatte diese Generation mit den provokanten Thesen seiner Lebensphilosophie inspiriert.

Für die deutschen Naturalisten hieß das eine Schlagwort »Wahrheit«. Es galt, die »Wahrheit« zu sagen über den Zustand der Gesellschaft, die Fassaden niederzureißen, hinter denen sich die bürgerliche Gesellschaft samt ihrer Moral verschanzt hatte. Das andere Schlagwort forderte »Zeitgenossenschaft«. »Zeitgemäß« zu sein, hieß in der Kunst nicht nur, dass Themen aufgegriffen werden sollten, die die Menschen in der Zeit dieser großen Umbrüche tatsächlich bewegten. Als »zeitgemäß » galt den fortschrittlichen Geistern dieser wissenschaftsgläubigen Zeit auch, dass Kunst und Wissenschaft in ein neues Verhältnis zueinander zu treten hatten, dass die Kunst sich an den Erkenntnissen der Wissenschaft orientieren sollte.

1871, nach dem Deutsch-Französischen Krieg, hatte sich das deutsche Kaiserreich konstituiert, erstmals zwar als nationaler Verfassungsstaat, der jedoch die überkommene obrigkeitsstaatliche Ordnung beibehielt. Die Hoffnungen liberaler Kreise waren erneut zerschlagen. Den inzwischen stattgefunden Entwicklungen des Deutschen Reichs zu einem modernen Industriestaat samt allen fortschrittlichen Tendenzen in der Gesellschaft – Arbeiterbewegung, Frauenbewegung, wenig später die Jugendbewegung – wurde dieser monarchistisch-autoritäre Staat in keiner Weise gerecht. Otto von Bismarck übte eine Zeitlang eine Art »Kanzlerdiktatur« aus. (Vgl. H.-U. Wehler 1973, 65 ff) Das von ihm durchgesetzte Sozialistengesetz von 1878 wurde bis 1890 verlängert und verhinderte letztlich die Integration der überwiegend mit der Sozialdemokratischen Partei sympathisierenden Arbeiterschaft in das Deutsche Reich. Stattdessen wurden »oppositionelle Gruppen und Parteien als Reichsfeinde bekämpft«. (L. Gall 1871, 150) Die national-konservative Presse propagierte das Bild einer »roten Anarchie«. Der Aufstand der Pariser Kommune im Mai 1871 wurde als Versuch eines sozialistisch-revolutionären Umsturzes interpretiert und löste ein europaweites Echo im Lager der konservativen Parteien und ihrer Anhängerschaft aus. 1899 konstituierte sich in Paris die »Zweite Internationale«, wodurch die sozialistische Arbeiterpartei – nun auch mit einem klaren Bekenntnis zum Marxismus – eine stabile politische Organisationsform erhielt. In der deutschen Sozialdemokratie wurde um eine neue Strategie gerungen. Es ging um die Frage, ob die gegebenen gesellschaftlichen Verhältnisse durch Umsturz und Revolution zu verändern seien oder durch das beharrliche Ringen um Reformen. Während sich in der Sozialdemokratischen Partei letztlich ein reformistisches Programm durchsetzte, unterstellten die Regierungsparteien weiterhin deren Umsturzabsichten. So kam es 1894 zu einem Gesetzesentwurf im Deutschen Reichstag, der sogenannten »Umsturzvorlage«, die eine Verschärfung bei politischen Delikten, ebenfalls der Zensurpraxis hinsichtlich der Theater vorsah.

Wilhelm II., der 1888 auf den Thron gekommen war, erklärte 1896 in einer Festrede im Berliner Schloß, dass Deutschland nun eine »Weltmacht« geworden sei. Bismarck, der stets eine Politik des Interessenausgleichs verfolgt hatte, war 1890 als Kanzler entlassen worden. Darauf folgte eine Periode »der permanenten Staatskrisen«. (Vgl. H.-U. Wehler 1973, 69) Allen kulturpessimistischen Parolen, die in diesen Jahren ebenfalls Konjunktur hatten und für die Künstler und Intellektuelle verantwortlich gemacht wurden, setzten die Anhänger des Kaisers einen militanten Nationalismus entgegen. Unzählige eskapistische Bewegungen kamen auf. Reformprojekte versprachen »Heilung vom Leiden an der Zeit«. Über diese schrieb der französische Schriftsteller Émile Zola (1840-1902): »Ach ja, die Luft ist schlecht, dieses Fin de siècle, [...] die Nerven werden zerrüttet.« (n. M. Brauneck, 1999, 566)

Es war bezeichnend für den Naturalismus, dass zumeist nur das Frühwerk einiger deutscher Dramatiker und Romanautoren als naturalistisch bezeichnet werden kann. Das Frühwerk von Gerhart Hauptmann (1862-1946) – vor allem *Vor Sonnenaufgang* (1889) und *Die Weber* (1893), deren schlesische Dialektfassung als *De Waber* bereits 1891 erschienen war, *Das Friedensfest* (1890) und *Ein-*

same Menschen (1891) – sind beinahe die einzigen deutschen Stücke, in denen das Programm des Naturalismus weitgehend umgesetzt ist, von einigen experimentellen Versuchen von Arno Holz (1893-1929) abgesehen. Vor allem aber prägten Émile Zolas Stück *Thérèse Raquin* (1873), Henrik Ibsens (1828-1906) *Nora oder Ein Puppenheim* (1879), Nikolaevič Tolstojs (1828-1910) *Die Macht der Finsternis* (1886), die frühen Stücke von August Strindberg (1849-1912), *Der Vater* (1878) und *Fräulein Julie* (1888, für das Théâtre libre in Paris geschrieben), ebenso Maksim Gor'kijs (1868-1936) etwas später erschienenes Drama *Nachtasyl* (1903) nachhaltig das Bild des Naturalismus auch auf den deutschen Bühnen. Diese Stücke waren die wichtigsten Beispiele der internationalen naturalistischen Bewegung. Auch auf Grund dieser Internationalität war der Naturalismus in Deutschland das Feindbild aller National-Konservativen.

Die Entwicklung in eine andere künstlerische Richtung schien jedoch vorprogrammiert gewesen zu sein. Spätestens mit *Hanneles Himmelfahrt* (1893) hatte Gerhart Hauptmann einen anderen Ton angeschlagen. Auch das bürgerliche Theaterpublikum, das anfangs die – im Vergleich zu allen früheren Realismen schockierenden – Milieu- und Elendsschilderungen der naturalistischen Stücke mit Neugier und wohl auch mit Schaudern goutiert hatte, hatte sich an diesen Sujets offenbar bald satt gesehen.

Politisch stand die gesamte »moderne« Richtung unter dem Verdacht, umstürzlerische Tendenzen zu verfolgen. Immerhin: Der Naturalismus wurde im deutschen Reichstag in Berlin 1894 und 1895 und in der französischen Deputierten-Kammer in Paris im Zusammenhang mit Umsturzvorlagen und anarchistischen Umsturzgerüchten diskutiert. Erstmals war eine literarische Richtung zum Gegenstand der Auseinandersetzungen auf höchsten Regierungsebenen geworden. Auch auf dem Parteitag der Sozialdemokraten 1896 in Gotha ging es um den Naturalismus. Den kulturpolitischen Vordenkern der Partei schienen die Dramen Schillers die angemessenere Kunstrichtung zu sein, um in der Arbeiterschaft eine kämpferische, optimistische Stimmung zu erzeugen. Vor allem aber waren es »Bildungsgüter« von höchstem Renommee. Der Naturalismus dagegen galt als defätistisch. Dies betraf auch die auf den deutschen Bühnen sehr präsenten norwegischen und schwedischen Autoren, Ibsen und Strindberg, die sich in Stücken mit dem »Kampf der Geschlechter«, den »psychischen Schlachtfeldern, die auf die gesellschaftlichen Machtkämpfe dieser Zeit verweisen« (A. Strindberg), und dem Zerfall zwischenmenschlicher Beziehungen unter »modernen Charakteren« auseinandersetzten. Es waren dies freilich auch Stücke, die mit der Lebenssphäre der »einfachen Leute« nichts zu tun hatten.

Neu und verstörend am naturalistischen Theater war die Konsequenz, mit der dieses ein von den modernen Wissenschaften beschriebenes Bild vom Menschen vorführte, das in radikalem Gegensatz zu den von den Philosophien des Idealismus hergeleiteten Vorstellungen vom Menschen stand. Es war die

Radikalität, mit der das naturalistische Drama den Glauben an die Freiheit des Individuums demontierte und damit offenbar einen Nerv aller konservativen Vorstellungen vom Menschen traf. Das naturalistische Drama zeigte, wie die Menschen in den Abhängigkeiten von Milieu und Vererbung quasi schicksalhaft verfangen sind. Es demonstrierte diese Abhängigkeiten am Beispiel von Menschen in sozialer Verelendung oder extremen psychischen Notlagen, – gleich einer wissenschaftlichen Versuchsanordnung; hauptsächlich auch wohl deswegen, weil Menschen in derartigen Situationen auf ihre elementarsten Triebe des Überlebens reduziert sind. Derartig drastische Schilderungen von sozialem Elend, die die wirklichen Verhältnisse noch überboten, hatten jedoch zur Folge, dass diese Stücke aus der Sicht der Ordnungsbehörden als sozialdemokratische Agitation angesehen wurden, obwohl die Autoren sich von politischen Interessen weitgehend distanzierten. Einem vergleichbaren Verdacht waren jene bildenden Künstler ausgeliefert, die als Wegbereiter der Moderne sich ähnlichen Motiven zuwandten. So etwa wurde Max Liebermann von der Berliner Kunstkritik als »Schmutzmaler« und »Apostel der Hässlichkeit« bezeichnet und des Verdachts bezichtigt, den Sozialisten nahe zustehen. (Vgl. R. Fleck 2011, 43) Bereits 1855 war der französische Maler Gustave Courbet (1819-1877) von einer Kunstausstellung, die im Rahmen der Pariser Weltausstellung gezeigt werden sollte, von der Jury ausgeschlossen mit dem Argument, seine Bilder (einfacher Leute in ihrer Arbeitssphäre) wären »zu hässlich und im Sujet zu gewöhnlich«. Schon in dieser Zeit kam in der Kunstkritik das Argumentationsmuster auf, dass Kunst, die sich dem »Schönen« als Sujet verweigert, »realistisch« und damit zugleich »sozialistisch« sei. (Vgl. M. Brauneck 2014, 93)

Die Naturalisten aber verstanden ihre Stücke – Zola, der Vordenker auch der deutschen Naturalisten, hatte dies vorgegeben – vielmehr als sozialpsychologische Studien, keineswegs als Anklage der sozialen Zustände. Zu seinem Stück *Therèse Raquin* hatte Zola geschrieben: »Ich habe in diesen Tieren [gemeint sind die beiden Protagonisten des Stücks] Schritt für Schritt das dumpfe Wirken der Leidenschaften, das Drängen des Naturtriebes und die infolge einer Nervenkrise eingetretenen Verwirrungen des Gehirns zu verfolgen versucht [...] Ich habe einfach an zwei lebenden Körpern die zergliedernde Arbeit vorgenommen, welche Chirurgen an Leichen vornehmen.« Auch Strindberg hatte in Paris die Vorlesungen von Jean Martin Charcot, dem Lehrer von Sigmund Freud, besucht und sich mit den *Studien über Geisteskrankheiten* von Théodule Ribot beschäftigt. Er sah sich darin in seiner Vorstellung bestätigt, dass sich die Persönlichkeit des Menschen in ihren Konturen aufzulösen und zwischen einer Vielzahl von Rollen zu changieren vermag. (Vgl. M. Brauneck 1999, 784 f) Vorstellungen wie diese verband man mit dem Naturalismus. Sie galten als Belege für ein Menschenbild, bei dem alle Bindungen an eine höhere geistige Bestimmung aufgegeben sind. Nach den Vorstellungen der Naturalisten aber sollte der Zuschauer dem Treiben dieser Menschen, von denen ihn im Theater die Rampe trennte und das quasi wie hinter einer »vierten Wand« stattfand, entspannt zusehen. Dementsprechend vollzog sich das Bühnengeschehen als ein in sich geschlossener Vorgang, wobei jede Rede, jede kommunikative Geste zum Publikum hin vermieden wurde. In einem solchen Arrangement werde der Zuschauer die von den Wissenschaften vorgegebenen Theoreme bestätigt finden. So wurden in der Bühnengestaltung und in der Schauspielkunst alle Mittel eingesetzt, um der Bühnenhandlung ein Höchstmaß an Glaubwürdigkeit – auch dies war ein Aspekt von »Wahrheit« – zu verleihen. Es war bekannt, dass Antoine in Paris für Aufführungen an seinem Théâtre libre Einrichtungsutensilien russischer Emigranten verwendete, um bei der Ausstattung seiner Inszenierungen von Stücken Tolstojs oder Gor'kijs ein Höchstmaß an Authentizität zu erreichen.

Unstrittig war die Darstellung extrem inhumaner Verhältnisse, wie sie selbst von den Vertretern der Sozialdemokratischen Partei als allenfalls für das »Lumpenproletariat« zutreffend angesehen wurden (vgl. M. Brauneck 1974, 99 f), die eine Ursache für die aggressiven Reaktionen der Ordnungsbehörden, gleichbedeutend aber war, dass für das naturalistische Theater ein Weg gefunden wurde, die geltenden Zensurbestimmungen zu umgehen. Nach dem Pariser Vorbild des Théâtre libre, jenem von André Antoine (1858-1943) 1887 eröffneten, nicht öffentlichen Vereinstheater, gründete eine Gruppe von Schriftstellern unter der Führung von Otto Brahm (1856-1912) in Berlin die Freie Bühne – als privaten Theaterverein. Als nicht öffentliches Vereinstheater entging diese Bühne dem Zugriff der Zensur, die nur bei Aufführungen in öffentlichen Theatern einschritt. Mit Hauptmanns Stück *Vor Sonnenaufgang* eröffnete Brahm 1889 die neu gegründete Bühne, deren künstlerische Leitung er übernommen hatte. Die Aufführung fand in dem von dem Verein »Freie Bühne« angemieteten Berliner Lessing-Theater statt und wurde ein Skandal sondergleichen. (Vgl. M. Brauneck 1999, 667) Das Stück schildert die von Trunksucht und durch den Verkauf ihrer Äcker, in denen nach Kohle gegraben wurde, entwurzelten aber auch psychisch degenerierten »Kohlebauern« in einem schlesischen Dorf. Spektakulärer Höhepunkt war eine Geburtsszene, die in aller Drastik auf der Bühne nachgespielt wurde. Schließlich brachte die alkoholkranke Frau unter heftigen Qualen ein totes Kind zur Welt. Im Zuschauersaal war ein unerhörter Tumult ausgebrochen. Ein im Publikum anwesender Arzt schwenkte eine Geburtszange und empfahl lautstark, die qualvolle Szene mit Hilfe der Zange zu verkürzen. Da die Druckfassung des Stücks schon länger vorlag, war der Inhalt bekannt, und das Publikum hatte offenbar auf diese Szene gewartet. Von diesem Tumult im Saal wenig beeindruckt, spielten die Schauspieler das Stück zu Ende. Inhaltlich aber war ein zentraler Aspekt des Stücks mit dem Auftritt des Doktor Alfred Loht verbunden. Um soziologische Studien in dem Dorf zu betreiben, war Loht, der Jugendfreund

und ein Heiratskandidat für Helene, der jüngeren Schwester der gebärenden Frau, aus der Stadt angereist. Als Kenner der neuesten Vererbungstheorien war Loht jedoch davon überzeugt, dass die Trunksucht als Familienkrankheit auch seine künftige Frau Helene betreffen könnte. Deswegen trennt er sich von Helene, mit der er gewissermaßen verlobt war. Enttäuscht in ihrer Liebe und verzweifelt an ihrem Schicksal ersticht sich diese am Ende des Stücks. Die Aufführung wurde noch wochenlang in der Berliner Öffentlichkeit diskutiert. Die Lager – für oder gegen den Naturalismus – formierten sich nun endgültig.

Hauptmanns Stück *Die Weber* löste den spektakulärsten Prozess in der deutschen Theatergeschichte aus. 1892 hatte die Direktion des Deutschen Theaters in Berlin, eine der renommiertesten Bühnen der Stadt, die Aufführungsgenehmigung für die Dialektfassung des Stücks *De Waber* bei der Berliner Zensurbehörde beantragt. Das Stück, das durch seine Uraufführung durch den Verein »Freie Bühne« (1893) in aller Munde war, versprach auch an diesem noblen Deutschen Theater ein enormer Publikumserfolg und für die Theaterbetreiber ein lukratives Geschäft zu werden. Die Behörde antwortete umgehend mit einer Verbotsverfügung der Aufführung. (Vgl. M. Brauneck 1974, 51 ff) Das Verbot wurde mit dem Hinweis begründet, dass der sozialdemokratische Teil der Berliner Bevölkerung durch das Stück zu öffentlichen Demonstrationen ermuntert und zum »Klassenhass aufgereizt« werden könnte. Der Einwand der Theaterdirektion, es handele sich bei dem Stück um einen historischen Stoff, den Aufstand der schlesischen Weber vom Jahre 1844, führte schließlich dazu, dass das Oberste Verwaltungsgericht mit einer Berufungsklage befasst wurde. Dieses aber entschied zu Gunsten des Klägers. Und zwar mit der – von der Theaterdirektion vorgegebenen – Argumentation, dass ein »aufwieglerischer Effekt« beim Publikum des Deutschen Theaters nicht zu befürchten sei, denn dieses Theater werde »auf Grund seiner teuren Plätze vorwiegend nur von Mitgliedern derjenigen Gesellschaftskreise besucht, die nicht zu Gewalttätigkeiten oder anderweitiger Störung der öffentlichen Ordnung geneigt sind«. (n. M. Brauneck 1974, 670) Auf dieses Urteil bezogen sich bald auch Direktoren anderer Theater in anderen Städten, die ebenfalls gegen die Aufführungsverbote von Hauptmanns Stück protestierten und den für sie zuständigen lokalen Behörden anboten, ihre Eintrittspreise für die billigsten Karten – nur diese kamen für die Arbeiter in Frage – auf das Niveau des Deutschen Theaters in Berlin anzuheben. Dadurch werde, so deren Argumentation, verhindert, dass die Aufführung des Stücks von Arbeitern besucht werden könne. Dieses Preisregulativ überzeugte in aller Regel die jeweiligen Polizeibehörden und führte zur Aufhebung der zunächst ausgesprochenen Aufführungsverbote.

Fast gleichzeitig mit der Gründung der Freien Bühne kam die Idee auf, zum Zwecke der Volksbildung eine Freie Volksbühne – ebenfalls mit Vereinsstatus – zu gründen, deren Repertoire weiter gefasst sein sollte, als das der

Freien Bühne. Es sollte eine volkspädagogische Einrichtung zur »Hebung des Kunstsinnes im Volke« und zur »Veredelung der Unterhaltungsbedürfnisse« sein – so hieß es in der Schrift *Die Sozialreform und das Theater* (1891) von Georg Adler. Die von der Sozialdemokratischen Partei dominierte Freie Volksbühne war vor allem daran interessiert, auch Klassikeraufführungen ins Programm zu nehmen. Galten doch die Werke der Klassiker als die Garanten einer auch von den kulturpolitischen Vordenkern der Arbeiterbewegung angestrebten Bildung.

Zur Gründung dieser Bühne kam es schließlich im Jahre 1890, nach Aufhebung des Sozialistengesetzes. Eröffnet wurde die Freie Volksbühne in Berlin mit Ibsens Stück *Stützen der Gesellschaft*. Die Aufführungen fanden anfangs nachmittags, nur an Sonntagen statt, in angemieteten Theatern mit einem für die jeweilige Inszenierung zusammengestellten Ensemble. Die Karten wurden verlost. Uneinigkeit zwischen den Initiatoren der Volksbühnen-Bewegung hinsichtlich deren künftiger programmatischer Ausrichtung führte 1892 dazu, dass es für kurze Zeit zwei Vereinsbühnen – die Freie Volksbühne und die Neue Freie Volksbühne – gab, die jedoch beide später wieder fusionierten. Seit 1897 existierte ausschließlich eine Freie Volksbühne, die den Bezug zum Naturalismus vollständig aufgegeben hatte und deren Programm auf die Darbietung »bedeutender Dichtungen« ohne politische Ambitionen festgelegt wurde. Es ging letztlich auch in erster Linie darum, der Arbeiterschaft durch preiswerte Eintrittskarten jenes Theatervergnügen zu ermöglichen, das sich ein bürgerliches Publikum leisten konnte.

In den Jahren 1915 bis 1918 war Max Reinhardt Direktor der Berliner Volksbühne. 1914 hatte die Volksbühne ein eigenes Theater (am Bülowplatz, heute Rosa-Luxemburg-Platz) erhalten. Von 1924 bis 1927 war Erwin Piscator »Oberregisseur« an dieser Bühne und versuchte mit seinen Inszenierungen der Volksbühne ein klares politisches Profil zu geben. Wegen seiner Parteinahme für die Kommunistische Partei musste Piscator die Volksbühne 1927 wieder verlassen, – auf Betreiben des von der Sozialdemokratischen Partei beherrschten Vorstands des Volksbühnen-Vereins. 1933 wurde die Volksbühne in das Theatersystem der NS-Regierung eingegliedert, »gleichgeschaltet«. 1945 kam es zu einer Neugründung des Vereins Freie Volksbühne in Berlin/DDR. 1947 übernahm der Gewerkschaftsbund der DDR die Organisation und die künstlerische Ausrichtung dieser Bühne. Mit dem Mauerbau war 1961 in Berlin eine neue Situation entstanden. In West-Berlin ließ der »westliche Teil« des Vereins der Freien Volksbühne einen neuen Theaterbau errichteten, das »Theater der Freien Volksbühne«, das 1963 an dessen ersten Intendanten, Erwin Piscator, übergeben wurde. Seit 1999 wird dieses Theater, das der Verein in den Folgejahren verkauft hatte, als »Haus der Berliner Festspiele« genutzt. Seit der Wiedervereinigung der beiden deutschen Staaten existiert in Berlin nur eine, die

»alte« Volksbühne am Rosa-Luxemburgplatz, dessen erster Intendant Frank Castorf wurde.

Mit den Begründungen, die in den Jahren um 1890 in diesem Zusammenhang diskutiert wurden, war der Bezug des Theaters zum Nationalen aufgegeben. In den Programmschriften der Naturalisten ging es stattdessen um »Wahrheit«. Die volkspädagogischen Vordenker aller politischen Gruppierungen sprachen von »Bildung« und von der »Veredelung der Unterhaltungsbedürfnisse« der Arbeiterschaft. Diese Argumentation spiegelte unverkennbar die Entpolitisierung des Theaters, letztlich der gesamten Sphäre der Kunst und Kultur wider, wie dies den Vorgaben der Weimarer Klassiker entsprach und wie sich das Bildungsbürgertum diese Vorstellung zu eigen gemacht hatte. Die Entpolitisierung des Theaters hatte auch zur Entlassung Piscators aus der Freien Volksbühne geführt. Gleichzeitig aber hatte das naturalistische Theater eine Debatte um das Problem der »Tendenz« ausgelöst. Die Alternativen lauteten »Tendenz« oder »Kunstwert«. (Vgl. M. Brauneck 1974, 176 f) In der dabei geführten Diskussion ging es auch um die Frage, welche Motive »würdig« seien, Gegenstand künstlerischer Gestaltung zu werden. Es ging vornehmlich auch darum, ob das »Hässliche«, gemeint war damit auch die Sphäre »niederer« Arbeit, Gegenstand der Kunst sein dürfe. Dieses Problem betraf nicht nur das Theater sondern auch die bildende Kunst, wie die Beispiele Courbet und Liebermann gezeigt hatten.

Die Freie Bühne stellte 1894 ihren Betrieb ein. Otto Brahm übernahm als Pächter (bis 1904) die künstlerische Leitung des Deutschen Theaters Berlin.

Auch wenn die düsteren Milieuschilderungen des frühen naturalistischen Dramas relativ bald wieder von der Bühne verschwanden, so war doch eine Entwicklung in Gang gekommen, die den »Durchbruch zur Moderne in der Schauspielkunst« (vgl. M. Brauneck 1999, 673 f) einleitete. Dies war in hohem Maße das Verdienst von Otto Brahm, der mit seinem Ensemble am Deutschen Theater eine neue Qualität der realistischen Menschengestaltung in der Schauspielkunst entwickelt hatte. Auch gehörte es zu Brahms Arbeitsweise, die aufzuführenden Stücke auf eine leitende Idee hin dramaturgisch durchzuarbeiten. Brahm war ein »Wortregisseur«, obwohl er nie selbst Regie führte. Das literarische Werk gab für ihn die absolut verbindliche Leitlinie einer Inszenierung vor. Später kam dafür das Wort von der »Werktreue« auf. Gerhart Hauptmann und Henrik Ibsen waren Brahms bevorzugte Bühnenautoren. Zum Brahm-Ensemble gehörten in diesen Jahren unter anderen Josef Kainz (1858-1910), Oscar Sauer (1856-1918), Albert Wassermann (1867-1952), Else Lehmann (1866-1940), Louise Dumont (1862-1932) und Agnes Sorma (1865-1927), aber auch der junge Max Reinhardt, der zu seinem Leidwesen zumeist für die Rollen alter Männer besetzt wurde.

Brahms geradezu obsessive Pflege dieser Form des Schauspielrealismus führte schließlich zur Trennung von Max Reinhardt. Mit einer Gruppe Gleichgesinnter tourte dieser während der Theaterferien im Sommer mit eigenen Inszenierungen durchs Land. Dabei löste er sich von der ausschließlichen Fixierung auf das literarische Werk und setzte stärker auf die bildnerischen, die spielerischen, vor allem auch auf die kulinarischen Elemente der Bühneninszenierung. Auch ging es Reinhardt um eine Erweiterung des Repertoires. 1901 gründete er zusammen mit anderen Schauspielern aus dem Brahm-Ensemble das Kabarett »Schall und Rauch«. Im Jahr darauf erhielt er die Lizenz für abendfüllende Stücke und eine Konzession zum Betreiben eines Theaters. Die Schauspielerin Louise Dumont (1862-1932), die aus den gleichen Gründen wie Reinhardt das Brahm-Ensemble verlassen hatte, hatte eine Bürgschaft von 50.000 Mark gestellt. Nun wandelte Reinhardt sein Kabarett in einen Theaterbetrieb um und nannte das neue Berliner Unternehmen: Kleines Theater. Zugleich mietete er das Neue Theater am Schiffbauerdamm als zweite Bühne. Damit erweiterte er seine Möglichkeiten für ein breiter angelegtes Repertoire. Es waren dies die ersten Schritte in Richtung jener Konzernbildung, die Reinhardt später weltweit in den unterschiedlichsten Genres gleichzeitig und mit mehreren Ensembles agieren ließ. In seiner aktivsten Zeit galten allein in Berlin zehn Theater als »Reinhardt-Bühnen«. Für Max Reinhardt und seine Helfer war Theater stets auch ein Geschäftsunternehmen. Sein »Stammhaus« blieb jedoch das Deutsche Theater, dessen Direktion er 1920 allerdings niederlegte. Enttäuscht von den Entwicklungen in Deutschland zog Reinhardt sich nach Wien und Salzburg zurück. In den folgenden Jahren kam er als Regisseur jedoch immer wieder auch nach Berlin zurück.

Otto Brahm hatte 1904 das Berliner Lessing-Theater in Pacht genommen. Sein Ensemble war ihm dorthin gefolgt. Brahm unternahm nun mit einem inzwischen erweiterten Ensemble eine Reihe von Gastspielen, die seine Arbeitsweise in zahlreichen Städten bekannt machten. Unter seiner Leitung wurde das Lessing-Theater zu einer Bühne für Gegenwartsdramatik. Stücke deutscher Klassiker (mit einer Ausnahme, einem Drama von Friedrich Schiller) oder Dramen von Shakespeare standen nicht in Brahms Spielplan. Max Reinhardt hatte insbesondere darin eine Tendenz zur Verkümmerung der schauspielerischen Kreativität gesehen. Aber auch das Publikum sehnte sich offenbar nach einem atmosphärisch differenzierteren, letztlich wohl auch einem kulinarischeren Theater, als es der zumeist herbe Realismus der Schule von Otto Brahm bot.

Bereits 1891 hatte der Wiener Literat Hermann Bahr (1863-1934) *Die Überwindung des Naturalismus* ausgerufen. Die Kunst solle besser »das Geheime aufsuchen, statt dem Augenschein zu folgen [...] [sollte] dasjenige ausdrücken, worin wir uns anders fühlen und wissen als die Wirklichkeit«- so heißt es in Bahrs Essay. Es war damit auch die Richtung vorgegeben, in die sich das Theater entwickeln sollte. In Wien, im Umfeld der Psychoanalytiker Sigmund Freud und Arthur Schnitzler (1862-1931) kam der Begriff »Nervenkunst« auf.

Die Symbolisten sprachen von »Treibhaus-Welten«. Nicht mehr gefragt war der Blick auf das »positiv Gegebene«, das der eigentliche Gegenstand des naturalistischen Theaters war. Nicht mehr das »Milieu«, die reale Lebensumwelt, sondern die »Seele« des Menschen wurde nun in allen Bereichen der Kunst erforscht.

Der endgültige Abschied vom Theater als einer Einrichtung zur »Hebung des Kunstsinnes im Volke« und zur »Veredelung der Unterhaltungsbedürfnisse«

Theaterutopien und Reformprojekte an der Wende zum 20. Jahrhundert und die neue Macht der Regisseure

Dass sich der Theaterbetrieb in Deutschland von seiner nahezu ausschließlichen Orientierung am geschäftlichen Erfolg lösen aber auch seiner künstlerischen Verflachung entgehen müsse, war nicht nur eine Idee der Volksbildungsbewegung und der sozialdemokratischen Volksbühnen-Vereine, sondern auch das Ziel jener bürgerlichen Kreise, die – in der Nachfolge Richard Wagners – die Gründung deutscher Festspiele anstrebten. Seit dieser Anfangszeit hat die Festspielbewegung einen ideologisch konservativen aber auch einen nationalen Zug. Festspiele sollten dem Theater neuen Sinn geben, künstlerisch das Beste bieten, das im eigenen Land hervorgebracht wird, für »alle« da sein und den Zusammenhalt der Gesellschaft fördern. *Feste des Lebens und der Kunst* (1900) lautete der Titel einer Schrift von Peter Behrens (1868-1940), dem führenden Theoretiker und Formgestalter der Künstlerkolonie Darmstadt-Mathildenhöhe. Um *Die Revolution des Theaters* (1909) ging es in einer programmatischen Schrift von Georg Fuchs (1868-1949), einem an der Theaterreform engagierten Publizisten und Dramaturgen, der auch für Max Reinhardt arbeitete und sich später den Nationalsozialisten andiente. Beiden ging es um ein »Theater der Zukunft«. Richard Wagner hatte diesen Begriff in die Diskussion gebracht. So nämlich nannte er, beflügelt von den Hoffnungen der Republikaner in der 48er-Revolution, an der er als Mitglied der Kommunalgarde am Barrikadenkampf in Dresden teilgenommen hatte, seine »soziale Utopie« eines vom Kommerz befreiten »Volkstheaters« auf höchsten künstlerischen Niveau. (Vgl. M. Brauneck 1983) Aus seinen vermeintlich kultischen Wurzeln heraus – so Behrens und seine Gesinnungsgenossen – sollte das Theater am Beginn des 20. Jahrhunderts erneuert werden, sollte ein »Fest« sein, – ein Ort, an dem die Menschen den »Unzulänglichkeiten des Lebens« (P. Behrens) entgehen können. Von »berauschender Erhebung« über den Alltag sprach Georg Fuchs. Das interessanteste Festspieltheater-Projekt in diesen Jahren war sicherlich die »Bildungsanstalt« Hellerau bei Dresden, dessen Zentrum das zwischen 1910 und 1912 von dem Architekten Heinrich Tessenow (1876-1950) errichtete Festspielhaus war. Hellerau sollte ein »experimentelles künstlerisches Kreativzentrum« werden (M. Brauneck 1999, 641), das vor allem der musik- und tanzpädagogischen Arbeit des Schweizer Universalkünstlers Émile Jaques-Dalcroze (1865-1950) gewidmet war. Künstlerische Höhepunkte waren die von Jaques-Dalcroze und Adolphe Appia mit den Schülern der »Bildungsanstalt« 1912 inszenierte Oper *Orpheus und Eurydike* von Willibald Gluck (1714-1787) und das symbolistische Mysterienstück *Verkündigung* von Paul Claudel (1868-1955) 1914, der auch die Inszenierung seines Stücks leitete. Von der »Bildungsanstalt« Hellerau wurden alsbald Zweigstellen in zahlreichen deutschen und ausländischen Städten eingerichtet.

Dass das Theater den Alltag vergessen lässt, war ein Gedanke, der in der Theaterphilosophie von Max Reinhardt (1873-1943) seine verspielteste aber auch seine künstlerisch brillanteste Form finden sollte. Noch 1940 meinte Reinhardt, dass das Theater letztlich nur »aus verwirklichten Träumen« bestehe. (n. H. Fetting 1974, 246) Thomas Mann nannte Reinhardt wohl zu Recht einen »Vermittler zwischen Traum und Wirklichkeit«.

Endpunkt und zugleich Höhepunkt dieser neueren Festspielbewegung war die Gründung der Salzburger Festspiele. Ihnen lag die Idee zu Grunde, »uralt Lebendiges aufs neue lebendig« zu machen. Es sollte ein Zeichen gesetzt werden »gegen die Zeit«. Es ging um die Pflege des »höheren Theaterwesens der Nation«. (Vgl. M. Brauneck 2003, 570 f) Eröffnet wurden die Salzburger Festspiele 1920 mit Hugo von Hofmannsthals (1874-1929) Mysterienspiel *Jedermann* in der Regie von Max Reinhardt. Bis heute sind diese Festspiele ein weltweit beachtetes künstlerisches, nicht minder aber ein kulturtouristisches Ereignis, das mit der ideologischen Programmatik seiner Gründer nichts mehr zu tun hat.

Die von den Initiatoren der Festspielbewegung um 1900 unterstellte Idee, sich im Theaterfest über den Alltag zu »erheben«, war gewissermaßen die national-konservative Antwort auf die Suche des zutiefst verunsicherten Bürgertums nach Orientierung und Halt in einer sich rasant verändernden Gesellschaft. In dieser gaben längst schon die modernen Massenbewegungen und deren Ideologien den Ton vor. Das Bürgertum war in seinem Glauben an die eigene Zukunftsfähigkeit erschüttert. Kulturpessimistische Tendenzen kamen in einer Gesellschaftsschicht auf, die sich lange hin für die alleinigen Bewahrer von Kultur gehalten und bislang auch nie zu den Modernisierungsverlierern gehört hatte. In seinem Buch *Kulturpessimismus als politische Gefahr*

(1963) beschreibt Fritz Stern die fatale ideologische Dynamik, die von einer derartigen Bewusstseinslage ausgehen kann.

So illusorisch auch das Vorhaben, mit Festspielen aus der Routine des Theaterbetriebs ausscheren zu können, zunächst erscheinen mochte, passte es doch in diese Zeit. Von wirklicher Bedeutung aber wurde diese Idee und dessen ideologische Grundierung erst durch die dominante Rolle, die Max Reinhardt als Regisseur und global agierender Theaterunternehmer in den ersten Jahrzehnten des 20. Jahrhunderts spielte. Reinhardt war einer der engagiertesten Förderer von Theaterfestspielen am Beginn des 20. Jahrhunderts. Für ihn hatte Theater vor allem das Ziel, die Menschen in eine Sphäre des »Schönen und des Erhabenen« (M. Reinhardt) zu versetzen und die Verunsicherungen des Alltags zu überspielen. Mit Begriffen wie »Zuflucht für die Daheimgebliebenen«, »Heilstätte der Seele« oder »Lebensmittel für die Bedürftigen« beschrieb Reinhardt seine Vorstellung davon, was das Theater für die Menschen sein solle: nicht etwa »moralische Anstalt«. In diesem Sinne vermittelte das Theater keine Botschaft mehr, sondern ein exklusives Erlebnis, das auch nicht unter einer Vorstellung von »Bildung« subsumierbar war.

Für den bürgerlichen Menschen resultierte aus den Zeitverhältnissen eine neue Form der Individualisierung, die mit einem Verlust der Zugehörigkeit zu den die Zukunft gestaltenden Kräften der Gesellschaft verbunden war; auch eine Erfahrung der Vereinzelung, waren ihm doch die neuen Kollektive und deren Ideologien fremd. Das Festspieltheater versprach »Heilung« von dieser Erfahrung, versprach ein Gemeinschaftsgefühl in einem exklusiven Kunsterlebnis. Noch heute wird von der »Festspielgemeinde« gesprochen, wenn sich die Prominenz der Gesellschaft in Salzburg oder Bayreuth trifft.

Zum Psychogramm dieser Jahrhundertwende gehört auch, dass die Entdeckung des Traums als der intimsten, eigensten Erfahrungssphäre des Menschen in den Jahren um 1900 in Kreisen von Künstlern und Intellektuellen ein viel diskutiertes Thema war. Gegenüber der Wissenschaftsgläubigkeit am Ende des vergangenen Jahrhunderts hatten nun – inspiriert von Nietzsches Verdikt über dieses »sokratisch-apollinische« Zeitalter – das Entgrenzende des »Dionysischen« und die Kritik an rationalen Lebensentwürfen und Welterklärungen Konjunktur. Dies galt auch für den Traum als einer von allen Tabus befreiten Erfahrung, in der das Subjekt ganz bei sich ist. Sigmund Freud (1856-1939) hatte seine bereits Ende 1899 erschienene *Traumdeutung* im Titelblatt der Buchausgabe auf das Jahr 1900 vordatiert, um mit diesem epochalen Werk ein Zeichen für das neue Jahrhundert zu setzen. 1905 erschienen seine *Drei Abhandlungen zur Sexualtheorie,* die ein neues Bild vom Menschen entwarfen und den individuellen, unbewussten Triebstrukturen eine größere Bedeutung beimaßen als den in den Denkmustern des Positivismus noch unterstellten Determinanten von Milieu und Vererbung.

1899 war das Buch *Die Musik und die Inszenierung* des Schweizer Regisseurs, Musiktheoretikers und bekennenden Nietzsche- und Wagner-Verehrers Adolphe Appia (1862-1928) erschienen, in dem er für das Bühnenkunstwerk eine neue Grundlage entwarf. Appia erklärte die Inszenierung zum eigenständigen Kunstwerk: eigenständig gegenüber dem literarischen Drama, dessen Vergegenwärtigung auf der Bühne bislang als die eigentliche Aufgabe des Theaters angesehen wurde. Obwohl Appia in erster Linie die musikalische Inszenierung im Sinn hatte, war seine Vorstellung vom Bühnenkunstwerk doch grundsätzlicher Natur, generell auf Theater bezogen. Im Tänzer sah er den idealen Schauspieler, insofern nämlich, als sich dieser dem »Rhythmus« der Inszenierung und der »szenischen Atmosphäre« total unterwirft, – in einem »höchstmöglichen Grad von Entpersönlichung«. Für diese »Entpersönlichung« aber ist die Bereitschaft des Akteurs, sein »begriffliches Leben« aufzugeben, die Voraussetzung, – wie auch der Träumer sich dem in ihm »verborgenen Leben« hingibt. Der Traum nämlich, so Appia, gibt »mehr Aufschluss über die wesentlichen Wünsche unserer Persönlichkeit, als es die genaueste und feinste Analyse imstande wäre« und er ermöglicht mehr als das »begriffliche Leben«, den »in uns ruhenden Kräften eine gleiche Freiheit des Spiels«. Nur dann wird der Schauspieler – wie der Tänzer – im »fiktiven Milieu« des Bühnenkunstwerks ein Ausdrucksmittel unter anderen sein und gibt seine bevorzugte Stellung als Wortinterpret ab. In den Jahren um 1900 war dies die umfassendste theoretische Begründung einer antirealistischen Bühnenästhetik. (Vgl. M. Brauneck 1999, 770) Nur eine Anmerkung am Rande mag es sein, dass 1904 in München die »Traumtänzerin« Magdeleine G. mit ihren »Trance-Tänzen« auftrat und insbesondere Bühnenkünstler mit ihren Darbietungen faszinierte.

Der englische Theaterreformer Edward Gordon Craig (1872-1966), den Otto Brahm – offenbar in gänzlicher Verkennung von dessen Arbeitsweise – 1905 für eine Bühnenausstattung nach Berlin eingeladen hatte, entwarf in einem seiner Essays die Idee von einem *Theater der Zukunft* (1905), – Vorstellungen, die denen von Adolphe Appia in vielem ähnlich waren. In Craigs »Theater der Zukunft« würde nicht mehr der (lebendige) Schauspieler mit seinem individuellen Ausdrucksverhalten und seinem als Material für die Kunst – so Craig – »von Natur aus« untauglichen Körper, sondern die »Übermarionette« (E. G. Craig), eine reine Kunstfigur, die nichts mehr abbildet, also noch »über« der Marionette steht, der ideale Akteur sein. Craig schwebte eine nahezu vollständig mechanisierte Bühne vor, ein Projekt, an dem er später in seinem Theaterlaboratorium, der Arena Goldoni in Florenz, arbeitete. In den Theaterexperimenten am Bauhaus wurden derartigen Ideen Mitte der 1920er Jahre wieder aufgegriffen.

Mit dem von Appia und Craig entworfenen »Theater der Zukunft« kündigte sich eine der wesentlichsten Entwicklungen in der neueren Theatergeschichte an: die dominante Rolle des Regisseurs, die im letzten Drittel des 20. Jahrhunderts auch die Stellung des Theaters in der Gesellschaft neu bestimmen wird. In Craigs Theatervision ist der »Regisseur« der alles bestimmende Spielleiter, der perfekte Dirigent einer Theatermaschinerie, aber auch ein lebensphilosophischer Reformer. (Vgl. M. Brauneck 1999, 857 f) Mit Craigs und Appias Vorstellungen von der Eigenständigkeit des Bühnenkunstwerks gegenüber der dramatischen Dichtung wurde das Theater von seiner Rolle der Vergegenwärtigung des Dramas – als literarischem Genre – »befreit«; eine Verbindung, die seit dem 18. Jahrhundert nicht in Frage gestellt war. Wenngleich Craigs Vorstellungen eines »Theaters der Zukunft« noch weitgehend im Bereich des Experimentellen verblieben, so eröffnete sich dadurch letztlich doch eine weitgehende Ausweitung der Interpretationskompetenz des Regisseurs gegenüber dem literarischen Werk, soweit ein solches der Bühneninszenierung noch zu Grunde gelegt wird. Craigs legendäre *Hamlet*-Inszenierung 1912 an Stanislavskijs Moskauer Künstlertheater demonstrierte diesen eigenständigen Zugriff des Regisseurs auf die Interpretation des Stücks. Es war dies ein Schritt hin zu einer Subjektivierung der Inszenierungsarbeit, die bis dahin im dramatischen Text einen verbindlichen Bezugspunkt hatte. Es war Max Reinhardt, der dieser neuen Auffassung von der Aufgabe und den Möglichkeiten des Regisseurs zum Durchbruch verhalf, was allerdings keineswegs eine grenzenlose Ausweitung seiner Interpretationsfreiheit bedeutete. Dennoch wiesen seine Inszenierungen unverkennbar seine »Handschrift« auf, und dies galt nicht nur für die bühnenkünstlerische Umsetzung eines Stücks. Der Begriff »Reinhardt-Theater« wurde zu einem künstlerischen Markenzeichen für opulentes Schauspielertheater, das sich jeder Indienstnahme für irgendeine »Botschaft«, gar für ideologische oder politische Zwecke entzog. Reinhardts künstlerisches Credo lautete: »Es gibt immer nur einen Zweck des Theaters: das Theater selbst«.

Um 1900 war – wohl als Signatur dieser Zeit – eine Stimmung aufgekommen, die den Boden für irrationale weltanschauliche Konstrukte unterschiedlichster Art bereitete, in der Politik, in der Philosophie und in den unterschiedlichsten Konzepten und Projekten der Lebensreformer. Friedrich Nietzsches Philosophie wurde zur ideologischen Grundierung der meisten dieser Strömungen. Längst waren die aufklärerischen Ziele, die Lessing oder Schiller mit dem Theater verbunden hatten, aufgegeben, zu Gunsten eines mehr oder weniger diffusen subjektiven Erlebnisses, das das Bühnenkunstwerk im Zuschauer auslöst, – oder dem deutungsfreien Vergnügen an dessen Schaueffekten. Selbst Gerhart Hauptmann distanzierte sich zu dieser Zeit vehement von der Vorstellung, dass das Theater eine »Kanzel« sei.

Diese Richtung entsprach den Theatervorstellungen von Max Reinhardt. Bahnbrechende Inszenierungen, die im Publikum Furore machten, waren Oscar Wildes (1856-1900) *Salome* (1902) mit Tilla Durieux (1880-1971) in der Titelrolle, vor allem aber *Pelleas und Melisande* (1903) von Maurice Maeterlinck

(1862-1949). Das Werk dieses belgischen Symbolisten ist ein Stück, das nahezu ohne äußere Handlung auskommt. Die beiden Protagonisten bewegen sich, Marionetten gleich, wie in einer Traumwelt. In jedem ihrer Dialoge sind Liebe und Tod in virtuoser Verschlüsselung präsent. Es die Geschichte, ähnlich Wagners Oper *Tristan und Isolde*, einer ebenso schicksalhaften wie verbotenen Liebe. Die Bühne wird – wie Maeterlinck schreibt – zu einem »Tempel des Traums«. Es ist eine reine Kunstwelt, die er das »Androide-Theater« nennt.

Im selben Jahr fand unter der Regie von Max Reinhardt im Kleinen Theater zu Berlin die Uraufführung von Hugo von Hofmannsthals (1874-1929) *Elektra* statt mit Gertrud Eysoldt (1870-1950) als Elektra, die sich – wie keine Schauspielerin je zuvor – in das Chaos ihrer intimsten Gefühlswelt hineinspielte. Ein sensationeller Erfolg wurde Reinhardts Inszenierung (1905) von Shakespeares Stück *Ein Sommernachtstraum*. Erstmals in Berlin wurden dabei die Drehbühne, ebenso die gerade erst erfundenen beweglichen elektrischen Scheinwerfer eingesetzt. Ernst Stern (1876-1954) hatte eine Bühne aus echten Birken gebaut. 1906 inszenierte Reinhardt Ibsens *Gespenster* an den Kammerspielen des Deutschen Theaters, kurz darauf Frank Wedekinds (1864-1918) »Kindertragödie« *Frühlings Erwachen*. Für alle diese Inszenierungen hatte er prominente bildende Künstler für die Ausstattung engagiert, darunter Lovis Corinth und Edvard Munch.

Reinhardt, der inzwischen das Deutsche Theater gekauft hatte und als kleine, exquisit ausgestattete Bühne die Kammerspiele des Deutschen Theaters hatte einrichten lassen, war zu dieser Zeit unstrittig der erfolgreichste und innovativste deutsche Regisseur, der durch seine Gastspiele auch im Ausland Triumphe feierte. Deutlich war längst auch geworden, dass in den Jahren um 1905 das deutsche Theater eine neue Richtung eingeschlagen hatte. Generell fand eine Art Retheatralisierung statt, eine Besinnung auf die genuinen Mittel des Theaters.

Eine zweite Richtung, die sich um 1904/05 ebenfalls programmatisch vom Naturalismus und allen anderen Realismus-Entwicklungen des 19. Jahrhunderts absetzte, verzichtete auf Illusionseffekte und setzte auf Stilisierung und Abstraktion. Das Düsseldorfer Schauspielhaus, das Luise Dumont zusammen mit dem Regisseur Gustav Lindemann (1872-1960) 1904 gegründet hatte, stand für diese neue »Stilkunst«. In diesem Zusammenhang waren auch diverse Architekturdebatten ausgelöst worden, diese galten geradezu als die »Kristallisationspunkte« (P.-B. Schaul) der »Stildiskussion«. Funktionalität war das neue Stichwort.

Bei der von vielen Seiten erhobenen Forderung nach einem »Reformtheater« ging es nicht nur um eine neue Bühnenästhetik, nicht nur die von allen kritisierte Verstrickung des Theaters in die Geschäftsinteressen ihrer Betreiber, sondern auch um die Forderung nach einem reformierten Theaterbau. Einig waren sich dabei alle Diskutanten, dass dieser Bau kein »Luxustheater«

sein solle. Auch dafür kamen Vorschläge von Peter Behrens. Für ihn war das Theater ein »offener Spiegel der Gesellschaft und seiner Kultur« (1900, 17). Bei den Diskussionen um eine Reform des Theaterbaus ging es zum einen um das Konzept eines »Volkstheaters«, das ein eher schmuckloses Gebäude für ein Massenpublikum sein sollte, zum andern um Entwurfsideen für ein intimes »Künstlertheater«. Für den ersten Bautypus kam es vor allem darauf an, nicht nur eine große Anzahl von Zuschauerplätzen zu schaffen, sondern diese auch so anzuordnen, dass die Sicht auf die Bühne von allen Plätzen aus mehr oder weniger gleich gut sein sollte. Dafür schien sich als Vorbild das antike Amphitheater anzubieten, wobei die Bautheoretiker dieser Jahre ein eher unrealistisches Bild vom antiken Theaterbau hatten. Die große Zahl an Zuschauerplätzen war auch mit der Hoffnung verbunden, dass – in Folge der Größe dieser Häuser – niedrigere Eintrittspreise zu erwarten seien und dadurch der Theaterbesuch auch für eine breite Masse des Volkes möglich sein würde. Hinter derartigen Theaterbau-Projekten stand zumeist auch eine volkspädagogische Intention im Sinne konservativer Sozialreformen. Theaterbauten dieser Art sollten auch keinerlei Hierarchien in der Platzanordnung vorsehen, wie dies für das höfisch-aristokratische Theater aber auch für die neuen Prunkbauten des von allen Seiten einhellig diskreditierten »Geschäftstheaters« typisch war. Der zweite Bautypus – ein Kammerspiel-Theater – sah eine wesentlich geringere Platzzahl für die Zuschauer vor. Das Bühnengeschehen sollte sich möglichst nahe vor den Zuschauern abspielen. Diese sollten unmittelbar Teil haben können am Spiel mit den intimsten psychologischen Nuancen, in denen der Schauspieler die verborgensten Seelenwinkel seiner Figur bloß legte. Strindberg hatte mit dem »Intima Theater«, das er 1907 zusammen mit dem Regisseur August Falck in Stockholm gegründet hatte, die wohl bekannteste Bühne dieser Art eröffnet. Es war dies offenbar der adäquate »Schauplatz«, an dem sich Strindberg an seinem Lebensthema, dem »Kampf der Geschlechter«, künstlerisch abarbeiten konnte.

Beispielhaft für diese Theaterrichtung waren auch die Entwürfe für das Münchner Künstlertheater, die der Architekt Max Littmann entwickelt hatte. Es sollte ein Theater für nur 624 Zuschauer sein, mit einer amphitheatralen Anordnung der Sitzplätze und einer für experimentelle Regie-Konzepte geeigneten Bühnenanlage, architektonisch klar und von exquisiter Ausstattung. Das in Berlin von dem Verein Freie Volksbühne in Auftrag gegebene Theater am Bülowplatz war ein typisches Gebäude im Sinne des ersten Bautypus, eines »Volkstheaters«. Architekt war Oskar Kaufmann. Das Theater hatte etwa 2000 Zuschauerplätze und drei Ränge. In den 1960er Jahren wurde die Zahl der Zuschauerplätze um mehr als die Hälfte reduziert.

Insgesamt profitierte der Theaterbau vom Bauboom der Jahrzehnte von 1870 bis 1900. (Vgl. M. Mauerstein 1924, 698 f) In diesem Zeitraum verdreifachte sich die Zahl der Theater in Deutschland von etwa 200 auf 600.

Diese Entwicklung setzte sich fort bis zum Kriegsbeginn 1914. Anfangs war ein Grund dafür die vermehrte Anzahl an Theaterunternehmen, die infolge der 1871 für das gesamte Deutsche Reichsgebiet eingeführten Gewerbefreiheit gegründet wurden, schließlich aber vornehmlich auch deswegen, weil sich seit dem Ende des 19. Jahrhunderts die Kommunen stärker ihrer Theater annahmen als in den Jahrzehnten zuvor. Die Zunahme der staatlichen und kommunalen Förderung der Theater war eine Folge der »kulturpolitisch hochgespielten Beanspruchung der Schaubühne als Institution der Volksbildung. In dieser Hinsicht nahm das Theater in Deutschland eine Sonderstellung ein gegenüber allen anderen europäischen Ländern.« (M. Brauneck 1999, 625) Im *Theateradressbuch* von 1911 sind 500 ständige Bühnen und 100 Tourneetheater verzeichnet. »Gegenüber der Zeit unmittelbar vor der Reichsgründung 1871 bedeutete dies eine Verdoppelung der Zahl der Theater in Deutschland.« (M. Brauneck 2003, 242) In den Jahren von 1900 bis 1912 »wurden in 38 Städten Deutschlands entweder von den Gemeinden selbst oder wenigstens unter deren Mitwirkung neue Theater errichtet«. (H. Zielske 1971, 268) Insgesamt existierten 1913/14 mindestens 463 Theater im gesamten Deutschen Reichsgebiet. (Vgl. E. Schöndienst 1979, 229) Diese Zählungen berücksichtigen auch, dass in den angegeben Zeiträumen zahlreiche kleinere Theater immer wieder auch ihren Spielbetrieb einstellen mussten.

Die Dynamik im Bau von Theatern stand nicht zuletzt auch im Zusammenhang mit einer von den verschiedensten parteipolitischen Richtungen intensiv geführten Diskussion zur Rolle des Theaters im Kultur- und Bildungsgefüge der Gesellschaft. Worüber dabei unstrittig Konsens bestand, war der eklatante Reformbedarf des deutschen Theaterwesens. Dass der Theaterbesuch im Bildungskanon des Bürgertums fest etabliert war, war zumindest seit dem späten 18. Jahrhundert unumstritten. Durch die Weimarer Klassiker erhielt der Bildungsbegriff zudem eine elitäre Note, die den »Gebildeten« gegenüber dem »gemeinen Volk« einen exklusiven Status verlieh. Das Theater verlor allerdings im Laufe des 19. Jahrhunderts diese herausgehobene Bedeutung als Bildungseinrichtung. Zu sehr widersprach die Realität des Theaterbetriebs, die pragmatischen Gegebenheiten – einschließlich der Zensur – beim Transfer der dramatischen Dichtung auf die Bühne einer derartigen Sonderstellung. Der Verwirklichung »höherer Zwecke« stand vor allem auch die bis dahin beispiellose Durchdringung des Theaterwesens von ökonomischen Interessen entgegen. Hinzu kam bald auch die mehr oder weniger erzwungene technische Nachrüstung der Theater (Gaslicht, Elektrifizierung, Drehbühne etc.) und Verbesserungen im Sicherheitsbereich (Eiserner Vorhang), wodurch die Kosten für die Theaterbetriebe beträchtlich in die Höhe getrieben und private Unternehmer mitunter zur Schließung ihrer Theater gezwungen wurden. Auch die Eintrittskarten für die Theater verteuerten sich in diesem Zusammenhang.

Diese Veränderungen betrafen auch die Hoftheater, an denen längst kein »höfisches Theater« mehr stattfand.

Die um 1900 geführten Debatten um eine Reform des Theaterwesens waren nicht zuletzt auch ausgelöst durch das Aufkommen einer politisch selbstbewusster auftretenden Arbeiterschaft. Deren Wortführer begannen um 1880 auch kulturelle Ansprüche für die moderne Arbeiterschaft einzuklagen. Die Volksbühnen-Bewegung ging dabei voran. In zahlreichen programmatischen Schriften wurde die Teilhabe der Arbeiterschaft am kulturellen Leben als ein Aspekt der »sozialen Frage« behandelt. Da dies nicht ohne Vermittlung möglich sein würde, veranstaltete der Verein Freie Volksbühne Vorträge und rief sogenannte »Arbeiterdebattierklubs« ins Leben, die die »bürgerliche Kunst« einem Arbeiterpublikum nahebringen sollten. Schließlich ging es auch darum: die »Culturmission des Theaters auf den Arbeiterstand« auszuweiten, um den Bildungsstand »im Volke« zu heben. Dass dabei das Theater eine besondere Stellung einnahm, wurde vorausgesetzt. Es ging also nicht darum, auf der Bühne politische Interessen der Arbeiterbewegung zu artikulieren, etwa die sozialen Verhältnisse anzuprangern und Forderungen nach deren Veränderung vorzutragen. An dieser Frage hatte sich ein Streit innerhalb der Funktionäre der Volksbühnen-Bewegung entzündet, was letztlich zu deren Spaltung führte. Die konservative Seite sah im Theater eine »soziale Wohlfahrtsanstalt«, – so hieß es in der *Deutschen Bauzeitung*. Für die Vertreter der Volksbühnen-Bewegung ging es letztlich darum, Kunst und Theater von jedweder »Tendenz« frei zuhalten, deren Autonomieanspruch durchzusetzen. Auch der klassische Bildungsbegriff, der dieser Diskussion zu Grunde lag, neutralisierte das Theater gegenüber der Sphäre des Politischen.

Das vorübergehende Ende bürgerlicher Theaterkultur

Fundamentalkritik an der Wilhelminischen Gesellschaft, – Kunstverweigerung und Kunstfreiheit, die Kommunalisierung der Theater und politisches Theater

Das 1871 gegründete deutsche Kaiserreich war ein autoritärer Ordnungsstaat, dessen Funktionieren auf einer obrigkeitshörigen Beamtenschaft beruhte und dessen Träger das auf der Wahrung seines Besitzstands beharrende Großbürgertum war. Die offiziellen Repräsentanten dieses Staats gehörten überwiegend der alten Aristokratie an. Otto von Bismarck hatte von einem »Bündnis zwischen Rittergut und Hochofen« gesprochen. In den Jahren vor Beginn des Ersten Weltkriegs wähnten sich die Führungseliten des Wilhelminischen Staats auf dem Höhepunkt ihrer Macht. Die Gesellschaft jedoch schien auseinander zu brechen in Folge der enormen sozialen und politischen Spannungen im Inneren. Ursachen dafür waren die Gegensätze zwischen der Dynamik eines modernen Industriestaats, der rasanten Politisierung der sozialistischen Arbeiterbewegung – auch unter dem Einfluss der politischen Entwicklungen in Russland – und dem starren Ordnungsgefüge von Staat und Gesellschaft, das von der Reichsregierung mit allen Mitteln aufrecht erhalten wurde. Für das Theaterwesen war die in den Händen der örtlichen Polizeibehörden liegende Zensur das wirkungsvollste Instrument obrigkeitsstaatlicher Kommunikationskontrolle. Ein das Staatsgefüge insgesamt durchdringender militanter Nationalismus, verbunden mit einem ökonomischen Überlegenheitsgefühl innerhalb der europäischen Staaten waren letztlich auch Ursachen für den – von vielen Zeitgenossen vorhergesehenen, von manchen Patrioten sehnlichst erwarteten – Ausbruch des Ersten Weltkriegs. Dieser Krieg endete für das Deutsche Kaiserreich mit einer militärischen Niederlage von katastrophalem Ausmaß. Zudem führte die Revolution im November 1918 zum Zusammenbruch des gesellschaftlichen Gefüges des Deutschen Reichs. Der Kaiser dankte ab und floh nach Holland. Im Hinblick auf die politische Situation in Europa bedeutete das Ende dieses Kriegs auch das Ende der drei noch existierenden Kaiserreiche: Deutschland, Österreich-Ungarn und Russland.

In den unmittelbaren Nachkriegsjahren kam es in Deutschland zu bürgerkriegsähnlichen Auseinandersetzungen, zu einer in dieser Form in der neueren Geschichte noch nie da gewesenen Hungerkatastrophe in der Bevölkerung, zu Inflation, Wirtschaftskrisen und Massenarbeitslosigkeit, zu permanentem Wechsel der Regierungen, letztlich zum Aufstieg der Nationalsozialisten und zur Machtübernahme Adolf Hitlers im März 1933.

Nach der November-Revolution war die Gründung der Republik von Weimar 1919 ein Versuch, im Deutschen Reich erstmals eine demokratische Verfassung zu etablieren. Das Kaiserreich war zwar offiziell abgeschafft, der autoritäre Geist des Wilhelminismus aber lebte in Staat und Gesellschaft weiter. So blieb auch das Theater in quasi in obrigkeitlicher Überwachung, obwohl die neue Verfassung (seit 1919) keine Zensur mehr vorsah.

Noch im letzten Jahrzehnt des 19. Jahrhunderts lagen die Anfänge der Bühnenarbeiten von Frank Wedekind (1864-1918). Mit seinen Stücken *Frühlings Erwachen* (1891/92) und der Tragödie um die »Kindfrau« Lulu (1895 *Der Erdgeist*, 1902 *Die Büchse der Pandora*) war er der deutsche Schriftsteller, dessen Werke weitaus am häufigsten den Zensor herausforderten. Aus dem Blickwinkel des Außenseiters – fasziniert vom Leben in der Pariser Bohème, wohin Wedekind aus Ekel vor dem Philistertum im Wilhelminischen Deutschland »emigriert« war – entwarf er in diesen frühen Stücken die Utopie eines autarken, unangepassten Lebens, das sich durch keinerlei gesellschaftliche Konventionen einschränken lässt, allein der Natur folgend. Für die in festen Konventionen gebundene Wilhelminische Gesellschaft war dies die größtmögliche Provokation, denn es ging in diesen Stücken nicht um individuelle Verfehlungen oder um Kritik an Missständen in der Gesellschaft. Vielmehr war der Impuls dieser Stücke eine Fundamentalkritik am Kern des Selbstverständnisses der bürgerlichen Gesellschaft, an deren Sinnkonstruktionen: um die Demontage – so Wedekind – von »logisch unhaltbaren Begriffen wie Liebe, Treue, Dankbarkeit«. (n. G. Seehaus, 1981, 65)

In *Frühlings Erwachen* erzählt Wedekind vom Hineinwachsen einer Gruppe von Jugendlichen in die Erwachsenenwelt, um das erste Entdecken ihrer Sexualität; er erzählt von den pädagogischen Versuchen, – im Elternhaus, in der Schule und in der »Korrektionsanstalt« – damit umzugehen; schließlich von den Jugendlichen, aus den Konventionen, in die sie Eltern und Schule hineinzuzwängen versuchen, auszubrechen, diesen sich anzupassen oder daran zu zerbrechen. Es geht um die vierzehnjährige Wendla Bergmann, um Melchior Gabor, Hänschen Rilow und Moritz Stiefel, um Ilse, Thea und Martha, um Robert, Georg, Otto, den infantilen Lämmermeier und um die fünf Jungen in der »Korrektionsanstalt«. Für ein Theater war es schier unmöglich, ein Ensemble mit derart vielen jugendlichen Darstellern aufzubringen. Gewidmet war das Stück dem »Vermummten Herrn«, der am Ende des Stücks auftritt. Erzählt wird: Wie Wendla, die, ohne es so recht mitzubekommen von Melchior geschwängert, von der Mutter zur Abtreibung gezwungen wird und an diesem illegalen Eingriff stirbt; von Moritz Stiefel, dessen Vater die ungenügenden Leistungen des Sohnes in der Schule als unerträgliche Schande empfindet, der deswegen zum Selbstmörder wird; von Ilse, die sich am Rande der Gesellschaft einrichtet und die sich vorstellen kann, ein Leben als Freudenmädchen zu führen und von Hänschen, der die Doppelmoral der Gesellschaft durchschaut und es versteht, diese zu seinem Vorteil zu nutzten. Melchior Gabor aber bricht in ein freies, autarkes Leben auf. In der surrealen Friedhofsszene am Ende des Stücks führt ihn der Vermummte Herr in die Welt der Starken ein, die aber auch die der Skrupellosen ist. Dieser Vermummte Herr ist »der personifizierte elan vital«, das »Symbol einer Lebenstotalität«. (G. Seehaus, 1981, 58) Darum vor allem geht es in dem Stück. Weder der naiv fürsorglichen Mutter Wendlas, die nichts anderes tut, als das, was ihr selbst widerfahren ist, noch der liberal-aufgeklärten Frau Gabor, die sich allerdings gegen ihren autoritären Gatten nicht durchzusetzen vermag, lässt sich in dem Stück ein Vorwurf herleiten. Schule und »Korrektionsanstalt« dagegen sind grotesk überzeichnet. Die Berufsvereinigung der Lehrer protestierte nachdrücklich gegen das Stück. Vor allem aber griff der Zensor in die Substanz des Stückes ein, als Max Reinhardt 1906 die Freigabe von *Frühlings Erwachen* für eine öffentliche Aufführung an seinen Berliner Kammerspielen beantragte. Wedekind war zu dieser Zeit den Ordnungsbehörden als »Skandalautor« längst bekannt und war berüchtigt, nicht zuletzt wegen seiner Mitarbeit an der satirischen Zeitschrift *Simplicissimus,* seinen Auftritten im Kabarett »Elf Scharfrichter« und seiner Verurteilung samt siebenmonatiger Festungshaft wegen Majestätsbeleidigung (1899). Zudem war 1898 in der »Litterarischen Gesellschaft« in Leipzig in einer geschlossenen Aufführung *Erdgeist* uraufgeführt worden. 1904 wurde die Buchfassung des Stücks beschlagnahmt; Verleger und Autor wegen Verbreitung unzüchtiger Schriften zunächst angeklagt, letztlich aber frei gesprochen.

Für *Frühlings Erwachen* bestand der Zensor auf zahlreichen Streichungen, unter anderem der Szene in der *»Korrektionsanstalt«* (III,4) und der Szene *Im Weinberg* (III,6). Der Monolog des Hänschen Rilow (II,3) sollte so stark gekürzt werden, dass Wedekind und Reinhardt auf diese Szene ganz verzichteten. Auch die grotesken Namen der Lehrer (III,1) mussten geändert werden. Die Tendenz der Zensur war eindeutig. In dem Stück sollte es nicht mehr um einen Lebensentwurf gehen, der die Grundwerte der Gesellschaft prinzipiell in Frage stellt, sondern um drei »verstehbare Ausnahmefälle« und um das »Zusammentreffen unglücklicher Zufälle«. (Vgl. G. Seehaus 1981, 53) Damit aber war das Stück verharmlost und in die Form einer von der Zensur zu tolerierenden Kritik am Fehlverhalten einzelner gebracht.

Die für Berlin freigegebene Fassung wurde 205 mal wiederholt und blieb 20 Jahre im Repertoire. »*Frühlings Erwachen* wurde das meist gespielte Stück der Reinhardt-Bühnen.« (G. Seehaus 1981, 48) Bis 1908 erschien die Buchfassung in 22 Auflagen.

Hatte Wedekind *Frühlings Erwachen* in knapp einem Jahr in München niedergeschrieben, so zogen sich die Arbeiten an der Lulu-Tragödie nahezu zwölf Jahre hin. Von *Der Erdgeist* hatte die Uraufführung 1898 stattgefunden. Der zweite Teil der Tragödie, *Die Büchse der Pandora*, wurde erst 1904 im Intimen Theater in Nürnberg uraufgeführt. Eine Buchfassung erschien ebenfalls 1904, wurde aber sogleich von der Staatsanwaltschaft beschlagnahmt.

Der Erdgeist ist eine stark bearbeitete Neufassung der ersten drei Akte einer unveröffentlichten Urfassung von *Die Büchse der Pandora/Eine Monstretragödie* und erschien als Buch erstmals 1894. »Wegen der deutschen Zensurverhältnisse« lehnte der Verleger den Druck der beiden folgenden Akte ab. (Vgl. G. Seehaus 1981, 61) Dem Stück ist ein »Prolog« voran gestellt, der die Atmosphäre der Zirkuswelt aufkommen lässt: Ein ebenso vitaler wie brutaler Auftritt eines mit der Hetzpeitsche knallenden Tierbändigers steckt den atmosphärischen Rahmen ab, in dem sich die Geschichte der Lulu abspielen wird. Es scheint dies die Atmosphäre jener Welt der geschmeidigen »Körperkünstler« zu sein, des Kabaretts, der Bohème und der »Kokottchen [...] die Geld mit der gleichen Anmut wie Blumen entgegennehmen« (F. Wedekind), – jener »Halbwelt« also, die den Dichter in seinen Pariser Jahren so fasziniert hatte. Das Thema dieser »Tragödie in vier Aufzügen« ist im »Prolog« sogleich vorgegeben: Der Mensch ist das »wilde, schöne Tier«.

Im Mittelpunkt des episodenhaften Geschehens steht Lulu: die Verkörperung einer freien, nur ihrer Natur folgenden jungen Frau von faszinierend-verspielter, sinnlich-erotischer Ausstrahlung, an der alle moralischen und gesellschaftlichen Konventionen abprallen; eine naturhafte Existenz jenseits von Gut und Böse, vergleichbar der Vorstellungswelt des Vermummten Herrn in *Frühlings Erwachen*. In diesem Stück aber ist Lulu zum Mythos überhöht, ist das »Weib« schlechthin. Ein Dr. Schön, der Lulu am entschiedensten verfallen ist, nennt sie beim ersten Zusammentreffen eine »Teufelsschönheit«, später einen »Würgengel«, am Ende einen »Henkerstrick«. Der Maler Schwarz, in dessen Atelier sich die Eingangsszene des Stücks abspielt, klagt, dass es ihm nicht gelingen würde, dieses »Engelskind« zum Stillhalten zu bewegen. Offenbar widerspricht eine derartige Haltung Lulus nur schwer fassbarer Natur, die sich – wie der Verlauf des Stückes zeigt – auch jeder Bindung verweigert. Der »steinalte«, zudem impotente Medizinalrat Dr. Goll hatte bei Schwarz ein Porträt der Lulu in Auftrag gegeben. Ihn trifft der Schlag, als er Lulu in einer verfänglichen Situation mit Schwarz, der dieser Situation letztlich auch nicht gewachsen ist, überrascht. Wie alle Männer in diesem Stück, die in Lulu das Objekt ihrer Begierde sehen, projiziert auch Schwarz, ein naiv-idealistischer

Bohèmien, der Lulu auch heiratet, seine Vorstellungen von Liebe und Glück in dieses »Weib«. Allerdings verkennt er dabei – wie alle diese Männer zu spät – deren »unverfügbare Subjekthaftigkeit«. (G. Seehaus 1981, 63) Schwarz begeht schließlich Selbstmord. Das Stück gleicht einem Totentanz jener Männer, die sich mit Lulu einlassen. Am Ende erschießt Lulu ihre wohl einzige Liebe, den Dr. Schön. Wie aus dem Nichts taucht Schigolch auf, eine rätselhafte Figur, die zu Lulu ein fürsorgliches aber auch ein distanziertes Verhältnis hat und – als einziger – unbeschadet wieder abtritt. Der Gräfin Geschwitz wird Wedekind erst im zweiten Teil der Tragödie zu klarem Profil verhelfen. Sie wird darin eine Art Hauptfigur sein.

Das Stück *Die Büchse der Pandora* beginnt ebenfalls mit einem »Prolog«, nun in einer Buchhandlung, in dem auf die Zensurverhältnisse in Deutschland angespielt wird. Auch im weiteren Verlauf des Stücks wird mehrfach auf zeitgenössische Literaturentwicklungen eingegangen. Das eigentliche Geschehen beginnt in einem »prachtvollen Saal« (in Deutschland). Lulu ist der Mittelpunkt einer illustren Gesellschaft, der aber auch so proletenhafte Typen wie der Kunstturner Rodrigo und der skurrile Schigolch angehören. Lulu ist auf der Flucht und wird von der Polizei gesucht. Sie war des Mordes an Dr. Schön angeklagt, wurde aber von der Gräfin Geschwitz aus dem Gefängnis befreit. Die lesbische Gräfin ist Lulu verfallen und wird bis zu deren mörderischem Ende an ihrer Seite stehen. Noch einmal findet Lulu (nun in Paris) unter den Männern ein Opfer, das sie zu Grunde richtet: Es ist Alwa, der Sohn ihres ermordeten Ehemanns. Zugleich wird sie erpresst: Entweder, sie ist bereit, sich in ein Bordell in Kairo verkaufen zu lassen, oder man verrät ihren Aufenthalt der Polizei. Immer mehr gerät Lulu nun ins Milieu von Spekulanten und zwielichtigen Gestalten, die aber durchwegs der »besseren Gesellschaft« angehören. In London, der letzten Station auf ihrer Flucht, ist Lulu in jeder Hinsicht am Ende: Äußerlich völlig heruntergekommen, lebt sie als Straßendirne in einer maroden Dachkammer, in der sich ihre Kunden die Klinke in die Hand geben. Der letzte ihrer Freier ist Jack, der legendäre Frauenmörder von London, der zunächst die Geschwitz ersticht, die sich nach ihrem fehlgeschlagenen Selbstmordversuch entschlossen hatte, dieses Milieu und Lulu zu verlassen, ein Studium der Rechtswissenschaften zu beginnen, um dann für die Rechte der Frauen zu kämpfen; schließlich tötet er – hinter einem Verschlag – auch Lulu, die zuvor noch mit einer zersplitterten Flasche auf ihn losgegangen war. Mit diesem turbulenten, aber ebenso grotesken wie trivialen Finale endet das Stück. Der Mythos Lulu, die Hoffnung auf eine Verbindung von »Schönheit und Vitalität«, zerbrach an der »Macht des Faktischen, die sich in der bestehenden Gesellschaft manifestierte«. (G. Seehaus 1981, 69)

Den Weg zurück in die bürgerliche Gesellschaft, für den sich am Ende auch die Gräfin von Geschwitz entschieden hatte, ging letztlich auch Frank Wedekind. Er provozierte diese Gesellschaft zwar weiterhin als radikaler Moralist und lebensphilosophischer Ideologe, konnte aber das bürgerliche Publikum seiner Zeit mit seinen Stücken nie davon überzeugen, dass die Unerbittlichkeit des Daseinskampfes in dieser Gesellschaft in deren Wesen angelegt ist. Zu seinem 50. Geburtstag 1914 feierten ihn die bekanntesten, fortschrittlichen Künstler und Intellektuellen, von Thomas Mann bis Max Liebermann.

Als Wedekind 1918 starb, war er als Bühnenautor durchaus in den Theaterbetrieb seiner Zeit integriert. Der junge Brecht schrieb in einem Nachruf, dass »seine Persönlichkeit sein größtes Werk« gewesen sei. Unstrittig war Wedekind – als Moralist zwar verkannt – zu der Symbolfigur schlechthin geworden für die Gängelung künstlerischer Arbeit durch die Zensur in der Spätzeit des wilhelminischen Staats.

Mit dem Artikel 118 der Weimarer Verfassung war die Zensur offiziell abgeschafft. Die weiterhin sehr restriktive Praxis der Konzessionsvergabe durch die lokalen Polizeibehörden hatte allerdings zensurähnlichen Charakter. Sie kam zur Geltung bei der Beantragung der Übernahme einer Theaterdirektion. Da es im Bereich der Privattheater jedoch relativ häufig zu einem Wechsel in der Direktion kam, auch zu Neugründungen, war dieser restriktive Umgang der Polizei mit der Konzessionsvergabe keineswegs unerheblich. So war es weiterhin der Polizei überlassen, zu entscheiden, ob durch eine Theateraufführung die »öffentliche Sicherheit und Ordnung« gestört würden, was bei der hoch politisierten Atmosphäre des kulturellen Lebens in der Weimarer Republik der Willkür Tür und Tor öffnete. Außerdem wurden für die Theater weitgehende neue Bau- und Sicherheitsvorschriften eingeführt, deren Umsetzung so manchen Theaterdirektor in finanzielle Bedrängnis brachte. Es war offenkundig, dass die zahlreichen Varietétheater und die Kabarett-Bühnen, ebenso Bühnen, die sich mehr oder weniger parteipolitisch engagierten, unter der besonderen Aufsicht der Sicherheitsbehörden standen. Zumeist reichte nur der Verdacht aus, dass eine Bühne oder eine Aufführung gegen eine der vielen Auflagen verstoßen könnte, um das Theater zu schließen oder eine Aufführung zu verbieten. So war in der Weimarer Republik letztlich eine Situation entstanden, in der – obwohl die Verfassung keine Zensur vorsah – der lokalen Polizei zureichend Möglichkeiten eingeräumt waren, »präventiv« in den Theaterbetrieb einzugreifen.

Mit der Entwicklung des Kinos war dem Theater in den ersten Jahrzehnten des 20. Jahrhunderts allerdings eine nicht unbeträchtliche Konkurrenz erwachsen, und zwar auf jenem Terrain, auf dem das Theater bislang weitgehend eine Art Monopolstellung für sich beanspruchen konnte, dem Bereich der »Abendunterhaltung« auf den unterschiedlichsten Ebenen des künstlerischen Niveaus. In Theaterkreisen sprach man bald von der »Kinogefahr«. Letztlich aber ging es um Marktanteile im Unterhaltungsgeschäft. Existierten um 1900 im deutschen Reichsgebiet nur etwa 30 Lichtspielhäuser, so hatte sich diese Zahl bis zum Jahre 1910 auf circa 480 erhöht. Die Zahl der Theaterbesucher ging im selben Zeitraum um die Hälfte zurück. 1912 veröffentlichte der Deutsche Bühnenverein eine Denkschrift, die unter anderem forderte, dass die Betreiber von Kinos stärker besteuert werden, dass die Gewerbeämter bei der Genehmigung neuer Lichtspielhäuser äußerst restriktiv vorgehen sollten und dass den Bühnenangehörigen und den Theaterautoren die Kooperation mit der Filmwirtschaft untersagt werden sollte. Der Film möge sich – so der Deutsche Bühnenverein – allein der »wissenschaftlichen Volksaufklärung« widmen, mit Lehrfilmen wie *Die Entstehung des Schmetterlings* oder *Die Nordlandfahrt Kaiser Wilhelms II.* Vor allem die Volksschullehrer polemisierten gegen die »Verbrecherschule« des Kinos und beanspruchten eine Art Oberaufsicht über die Kinoprogramme. (Vgl. T. R. Knops 1989, 129 f) Der Bereich der »dramatischen Kunst« sollte ausschließlich den Bühnen vorbehalten bleiben, eine Forderung, die sich vor allem gegen den Hang des Kinos zum Melodrama – ein Schwerpunkt im Spielplan vieler Theater – richtete. Ein Dorn im Auge der Theaterdirektoren war auch die Umsiedelung der Kino-Betriebe aus den Cafés und Kneipen der Vorstädte ins Zentrum der Städte, mit oftmals luxuriös ausgestatteten Lichtspielhäusern, zudem mit Namen wie »Lessing-Theater«. In diesem Zusammenhang veränderte sich auch die Struktur der Kinobesucher, die sich in den Anfängen des Kinos vor allem aus der Unterschicht rekrutierte.

Eine besondere Konfliktsphäre ergab sich durch die Abwerbung prominenter Bühnenstars durch die Filmwirtschaft. Mit der Aufstellung einer »schwarzen Liste« wollte der Deutsche Bühnenverein diesem »Übel« der »Amerikanisierung« – wie es hieß – des deutschen Theaterwesens entgegen wirken. Wer auf dieser Liste stand, sollte fünf Jahre lang an keinem Theater, das dem Bühnenverein angehörte, ein Engagement erhalten. (Vgl. M. Brauneck 2003, 248 f) Es war ganz offensichtlich, dass in diesem neuen Nebeneinander von Kino und Theater auf dem Unterhaltungssektor ein beträchtlicher Klärungsbedarf hinsichtlich der arbeitsrechtlichen Verhältnisse entstanden war. Auch erhielt die sich in den frühen Zwanziger Jahren noch zuspitzende Polemik gegen das Kino eine ausgesprochen nationalistische, anti-amerikanische Tendenz, da etwa 90 Prozent der Kinoangebote ausländische, überwiegend amerikanische Produktionen waren. Als Affront gegenüber der deutschen Theaterkultur wurde in diesem Zusammenhang auch die von Seiten einiger Filmproduzenten erhobene Forderung gewertet, dass deutsche Theaterschauspieler angehalten werden sollten, sich die »gestikulativen Fähigkeiten« ihrer ausländischen Kollegen anzutrainieren. Dass durch das Aufkommen des Kinos nicht nur eine äußerst folgenreiche Verschiebungen nur im Unterhaltungswesen stattfand, macht die enorme Zahl soziologischer und kulturkritischer Studien deutlich, die in den 1920/30er Jahren erschienen sind, in denen es darum ging, den Film ins europäischen Kultur- und Kunstverständnis zu integrieren, oder aber ihn als typisch »amerikanisch« und dem europäischen Kulturverständnis als »wesensfremd« zu klassifizieren. So schrieb der ungarische Philosoph Béla Balázs in seiner *Kunstphilosophie des Films*, es hätte sich – auch wenn die kinematographische Technik in Frankreich entwickelt wurde – der Film im »Schatten der konservativen Académie Française, der historischen Galerien des Louvre und der alten Comédie Française (in der man Corneille und Racine noch so deklamiert, wie zu deren Lebzeiten)« nie zu einer Kunst entwickeln können. (B. Balázs 1973, 155) In Deutschland war es vor allem der expressionistische Film und die zahlreichen Statements expressionistischer Literaten, die der Anerkennung dieses neuen Mediums – als Kunst – zum Durchbruch verhalfen. (Vgl. R. Kurtz 1926, 1 f) Eine wesentliche Rolle spielte in diesem Zusammenhang auch der sowjetische Film, der inzwischen weltweit gefeiert wurde.

Wenngleich sich das Theater durch die wachsende Bedeutung, die dem Film in diesen Jahrzehnten zukam, in eine gewisse Defensive gedrängt sah, war es auf Grund der Aktivitäten der Genossenschaft deutscher Bühnenangehöriger bereits zu Beginn der Weimarer Republik zu deutlichen Verbesserungen der sozialen Lage der am Theater Beschäftigten, vornehmlich der Schauspieler und der Schauspielerinnen gekommen. 1919 trat der »Normalvertrag Solo« in Kraft, der eine Mindestgage festlegte und alle arbeitsrechtlichen Belange der Bühnenangehörigen regelte, darunter das Recht auf Beschäftigung, die Festlegung auf ein sogenanntes »Kunstfach«, Urlaubs- und Krankengeld, die Dauer der Beschäftigung und die Lieferung der Kostüme durch den Theaterbetreiber. Geregelt war auch die Schlichtung von arbeitsrechtlichen Auseinandersetzungen. (Vgl. D. Ruckhaberle u.a. 1977, 691 f) Die Rechte der Bühnenautoren, für die bislang keinerlei Schutzrechte existierten, wurde in diesem Zusammenhang durch eine Verfügung des Reichsarbeitsministeriums geregelt.

Die für das Theaterwesen insgesamt wichtigste Neuerung war aber unstrittig die Kommunalisierung nahezu aller (in der Regel verpachteten, oftmals in sehr sanierungsbedürftigem Zustand befindlichen) Theater, deren Umwandlung in städtische oder staatliche Regiebetriebe. Bereits 1912 war im *Preußischen Verwaltungsblatt* darauf hingewiesen worden, dass das Pachtsystem aus ökonomischen Gründen letztlich »nicht mehr tragfähig« sei, und »die Städte [...] die Verwaltung ihrer Theater auf Gedeih und Verderb, wohl oder übel, selbst in die Hand nehmen müssen«. (n. D. Ruckhaberle u.a. 1977, 691) Dabei könnten Universitätsstädte und Gemeinden mit einer »gehobeneren« Bevölkerungsstruktur und »größerem Fremdenverkehr« anders verfahren als Städte mit »überwiegender Arbeiterbevölkerung«. Letztere sollten die »Verstaatlichung« ihrer Bühnen nicht nur aus ökonomischen, sondern auch aus sozialen Gründen schneller vorantreiben.

Letztlich aber wurde die Kommunalisierung der Theater nur sehr langsam umgesetzt, da sich in vielen Fällen die Enteignungsverhandlungen mit den Hoftheaterverwaltungen jahrelang hinzogen. Erst 1928/29 war dieser Prozess weitgehend abgeschlossen. Laut dem *Jahrbuch des Deutschen Bühnenvereins* konnten in dieser Spielzeit 129 Theater im gesamten Reichsgebiet den Status der Gemeinnützigkeit beanspruchen. (Vgl. M. Brauneck 2003, 252) Dass dabei die Finanzierung der Theater durch die Kommunen mitunter noch recht willkürlich erfolgte, darauf verwies die prominente Düsseldorfer Theaterdirektorin Luise Dumont: Es würden dabei – so Dumont – öffentliche Gelder »verschleudert«, da der größte Teil der nun hoch subventionierten Bühnen »nicht in der Lage [sei], den Anforderungen an eine künstlerische Arbeit zu genügen und auch nur ein einziges Kunstwerk zur Reife kommen zu lassen«. Stattdessen würde eine Konzentration der Finanzmittel (gemeint war wohl eine selektive Vergabe an einige »Musterbühnen« statt einer generellen Subventionierung nach dem »Gießkannenprinzip«) dazu beitragen, die »Schauspieler zu disziplinierten und zu künstlerisch ernsten Arbeitern zu erziehen, die sie heute zu großen Teilen noch nicht sind«. (n. K. Otten 1962, 50) Offenbar existierte noch zu dieser Zeit Anlass für derartige Bemerkungen. Luise Dumont weist zudem darauf hin, dass den deutschen Theatern durch diese Regelung nun weitaus »größere Mittel als in irgendeinem anderen Land der Erde« zur Verfügung stünden.

Die Kommunalisierung hatte auch hinsichtlich der Aufsicht über die Theater weitgehende Folgen. Für die kommunalisierten Theater waren nun die Kultusministerien bzw. die Verwaltungen der Kommunen – letztlich damit die politischen Parteien – zuständig. Dies betraf die Besetzung der Intendantenposten, die Kontrolle über das Haushaltsbudget und den Spielplan. Die in der Spielzeit 1928/29 noch existierenden 65 Privattheater – 30 davon allein in Berlin – blieben wirtschaftlich und in der künstlerischen Leitung unabhängig. Diese Theater unterstanden jedoch weiterhin der Aufsicht durch die Gewerbeämter und der lokalen Polizeibehörden.

Ein Reichstheatergesetz kam in der Weimarer Republik nicht zustande, sondern wurde erst im Mai 1934 von der NS-Regierung erlassen. (Vgl. F. Herterich 1937, 29 f)

So hatte sich die Situation der Theater im beginnenden 20. Jahrhundert – bis 1919 – hinsichtlich der Zensurverhältnisse zunächst grundsätzlich nicht verändert. Die Kommunalisierung war – als Tendenz bereits im Laufe des 19. Jahrhunderts angelegt, seit 1848 vielfach gefordert – fortgeschritten. Allerdings hatten die meisten Städte wie auch die Höfe ihre Theater an private Betreiber verpachtet, die diese Bühnen nahezu ausschließlich nach ökonomischen Gesichtspunkten führten. Für Stücke der Klassiker und »ernste« zeitgenössische Dramen galten die wenigen – insgesamt 19 im gesamten Reichsgebiet – der noch verbliebenen Hoftheater als »zuständig«.

Mit Beginn des Kriegs 1914 war die Zensurpraxis enorm verschärft und der Theaterbetrieb durch zusätzliche restriktive Massnahmen reglementiert worden. So etwa wurde 1915 eine Verordnung erlassen, die ein generelles Aufführungsverbot von Stücken verfügte, deren Autoren sogenannten »Feindstaaten« angehörten. 1916 wurden allein in Berlin »116 Stücke für eine öffentliche Aufführung nicht freigegeben. Verglichen mit der Vorkriegszeit war dies eine völlig atypische Zahl.« (M. Brauneck 2003, 243) Kurzfristige Einberufungen von Schauspielern zum Kriegsdienst ließen an einigen Theatern die Spielpläne zusammenbrechen. Aus diesem Grund musste etwa die Hälfte aller Theater schließen. 1917 sollten alle Theater wegen des Mangels an Kohle geschlossen werden, wozu es aber letztlich nicht kam. Für Soldaten und Arbeiter in Rüstungsbetrieben mussten die Theater Sondervorstellungen ansetzen. Am »Nationaltag der deutschen Bühnen« wurde alle Gagen und sonstigen Einnahmen der Theater dem Roten Kreuz gestiftet. (Vgl. M. Brauneck 2003, 247) Stücke, wie die satirischen Lustspiele von Carl Sternheim (1878-1942), die das Philistertum der Wilhelminischen Gesellschaft aufs Korn nahmen, verschwanden nahezu ganz aus den Spielplänen, ebenso solche, die gesellschaftskritische oder gar pazifistische Tendenzen erkennen ließen. Auch für die Stücke von Frank Wedekind bestand ein fast vollständiges Aufführungsverbot. Wie sehr die Theaterleitungen jedoch solche Restriktionen zu umgehen wussten, macht eine Einwendung von Max Reinhardt deutlich, der entgegen dem ursprünglichen Aufführungsverbot von Sternheims Stück *Die Hose* dessen Uraufführung an seinen Kammerspielen 1911 durchsetzte. Der Zensor hatte das Stück für »sittlich anstößig« gehalten und eine öffentliche Aufführung verboten. Luise Maske, der Gattin des Theobald Maske, eines Spießers von monströsem Ausmaß, rutschte in Anwesenheit des Königs und zudem »auf offener Straße«, ihre Unterhose herunter. Reinhardt brachte das Stück unter dem abgemilderten Titel *Der Riese* dennoch heraus. Dem Berliner Polizeipräsidenten hatte er in einem Brief versichert, dass der Dichter keineswegs einen Eklat auslösen wolle, sondern dass es sich »bei der Hose um ein Symbol des spießbürgerlichen Philistertums [handeln würde], das, an realen Dingen [eben der Hose] haftend, dem zum Geistigen drängenden Manneshirn den Flug hemmt. In demselben Augenblick, da der Gedankenaustausch mit Männern seine volle geistige Superiorität wiedergewinnt, fällt gewissermaßen die Hose [symbolisch], d.h. das Philistertum wird überwunden.« (n. H. Fetting 1974, 103) Die Spitzfindigkeit dieser Argumentation liegt auf der Hand.

Nur einige der expressionistischen Dramen wurden in den letzten Kriegsjahren für öffentliche Aufführungen frei gegeben. Insgesamt waren es Stücke, in denen gegen den Krieg, den »Ungeist« der Zeit und das autoritäre System der Gesellschaft, dessen Symbolfiguren die »Väter« waren, protestiert wurde. Die junge Generation expressionistischer Literaten rief zu »Wandlung« und zum »Aufbruch« auf, suchte den »neuen Menschen«. Die »Menschheit« – nicht mehr die »Seele« des einzelnen, wie noch bei Max Reinhardts »Traumtheater« – war der Horizont, auf den hin diese Idealisten ihre Theatervisionen entwarfen. Ein »Theater der Zukunft« sollte es sein. Die meisten dieser Stücke, deren dramaturgische Bauweise äußerst unterschiedlich war – für einige war

Strindbergs »Stationendrama« eine Art Vorbild –, waren in ihrem Protest zwar von hohem sprachlichen Pathos, in ihren Inhalten aber so abstrakt, dass die Zensur im letzten Kriegsjahr offenbar wenig Anlass sah, öffentliche Aufführungen zu verbieten. Es war, wie Felix Emmel diese Stücke 1924 genannt hatte: »ekstatisches Theater«. Was die jungen expressionistischen Autoren allerdings einforderten, war eine grundlegende Erneuerung des deutschen Theaters. Sie protestierten – so kommentierte Karl Otten (1962, 45 f) noch 1924 das expressionistische Theater – gegen die »grauenhafte« Verkommenheit und Erstarrung des deutschen Theaters.

Erfolgreichster Bühnenautor dieser Jahrzehnte war Georg Kaiser (1878-1945), dessen Stücke auch international aufgeführt wurden. Erst die Nationalsozialisten diffamierten ihn als »Kulturbolschewisten« und verboten die Aufführung seiner Dramen.

Max Reinhardt allerdings zelebrierte in den ersten zwei Jahrzehnten des 20. Jahrhunderts »Welttheater« auf hohem künstlerischen Niveau, feierte mit seinen Shakespeare-Zyklen überragende Erfolge und experimentierte zugleich mit neuen Formen des Festspiel- und des Monumentaltheaters. 1917 kam es unter seiner Verantwortung zur Gründung der »Aktiengesellschaft Deutsches Nationaltheater«, die im Jahr darauf den von dem Architekten Hans Poelzig umgebauten Zirkus Schumann zu einem Großraumtheater übernahm. Der Begriff »Nationaltheater« war längst ein bedeutungsleeres Etikett geworden. Reinhardt war während der gesamten Zeit seines Schaffens »der exponierteste Repräsentant einer spätbürgerlichen Theaterkultur« (M. Brauneck 2003, 256 f), die den »gebildeten«, und wie es hieß, den »gehobenen« Kreisen der Gesellschaft durch die Teilhabe daran ein distinktives Gemeinschaftsgefühl verschaffte. Für Reinhardts Vision einer Theaterkunst, die ihren Sinn in sich selbst trägt, waren seine großen Klassikerinszenierungen das eigentliche Inspirationszentrum. Er wusste sich darin im Einklang mit dem Bildungsverständnis und der Geschmackskultur des traditionsbewussten konservativen Bürgertums und bediente auch dessen Repräsentationsinteressen. Eine Zeitlang hatte Reinhardt in monumentalen Großrauminszenierungen vor Tausenden von Zuschauern in »zahlreichen Städten Europas, von Stockholm bis Budapest, von Moskau bis London« (H. Huesmann 1983, 23) eine künstlerische Herausforderung der besonderen Art gesehen. Er verstand diese Aufführungen vor einem Massenpublikum als »Volkstheater«. Auch gelang es ihm lange Zeit, die aus dem 19. Jahrhundert überkommene Verbindung von Geschäft und Kunst durchzuhalten, ohne Abstriche in der künstlerischen Arbeit eingehen zu müssen. Letztlich aber geriet auch er mit seinem Theaterkonzern – wie zahlreiche andere Theaterunternehmer in diesen Jahren – in die Turbulenzen der Wirtschaftskrisen nach 1918, die um 1930 im Chaos einer Weltwirtschaftskrise aber auch durch die Terroraktionen der Nationalsozialisten zum Zerfall der staatlichen Ordnung führten. Auch hatten die antisemitischen Hetzkampagnen gegen Reinhardt, jüdische Schauspieler und die angeblich von Juden betriebene »Vertrustung« des deutschen Theaterwesens ein Ausmaß angenommen, das ihn 1933 zwang, seinen Lebensmittelpunkt nach Österreich zu verlegen. In Wien war das Theater in der Josefstadt längst schon seine neue künstlerische Heimat geworden. Bereits 1924 hatte er die Direktion dieses Theaters übernommen. Schloss Leopoldskron bei Salzburg, das er 1918 erworben hatte, wurde seitdem für ihn – wie sein Theater auch – zu einer »Heilstätte der Seele«. Dort konnte er seinen Traum eines großbürgerlich-aristokratischen Lebensstils verwirklichen. Auf Leopoldskron waren für ihn Theater und Leben eins. Die Salzburger Festspiele waren seine letzte große Bühne in Europa. 1938 emigrierte Max Reinhardt in die USA. In einem Brief an den NS-Propagandaminister Goebbels übergab er das Deutsche Theater in Berlin, das er als sein Lebenswerk ansah, »dem Nationalvermögen des deutschen Volkes«.

Als Künstler hatte Reinhardt sich stets geweigert, mit seinen Inszenierungen auf die politischen und sozialen Verwerfungen der Zeitverhältnisse einzugehen, gar Partei zu ergreifen. Dass er diese Probleme aber dennoch wahrnahm und – nicht zuletzt wohl auch aus unternehmerischem Kalkül und leidvollen persönlichen Erfahrungen – dem zeitgenössischen Drama, das diese Verhältnisse zum Thema machte, mit zum Durchbruch verhalf, zeigte die Einrichtung einer Matinee-Bühne am Deutschen Theater, seinem Berliner »Flaggschiff«, und wenige Jahre später der »Jungen Bühne«, die ebenfalls zum Deutschen Theater gehörte. Die Inszenierungen zeitgenössischer Stücke an diesen Nebenbühnen überließ er jedoch fast ausnahmslos anderen Regisseuren. Der Berliner Theaterkritiker Herbert Jhering schrieb über die »Junge Bühne«, dass diese »der Verkommenheit der Berliner Theaterverhältnisse endlich eine Tat entgegengestellt« habe. (Vgl. M. Brauneck 2003, 259) Unstrittig wurde dies auch als ein Affront gegen Max Reinhardt wahrgenommen.

Es war eine junge Generation von Autoren und Regisseuren, die mit ihren Arbeiten unmissverständlich deutlich machten, dass sich Max Reinhardts glanzvollen Theaterfeste und mit diesen auch die Konventionen und Rituale bürgerlicher Theaterkultur überlebt hatten, dass Theater stattdessen – dafür kämpften sie – zu einem öffentlichen Forum der weltanschaulichen und politischen Auseinandersetzungen werden sollte. Im Umkreis dieser Diskussionen wurde auch der Begriff der »Tendenz«, der im theoretischen Begründungsgefüge eines idealistischen Kunstbegriffs lange hin als ein den Kunstwert minderndes Merkmal galt, von dieser negativen Konnotation befreit. (Vgl. M. Brauneck 1974, 176 f) Damit freilich schien die Instrumentalisierung des Theaters als Mittel der Agitation und parteipolitischen Propaganda legitimiert zu sein. Es war Max Reinhardts Grundüberzeugung gewesen, das Theater vor solchen Zwecksetzungen frei zu halten.

Nach der Abschaffung der Zensur kam es – nicht zuletzt unter dem Einfluss der Theaterentwicklungen in der Sowjetunion und der immer mehr eskalierenden politischen Auseinandersetzungen in Deutschland – erstmals in der Geschichte des deutschen Theaters zur Entstehung eines breiten Spektrums politischen Theaters, »Zeittheaters«, wie es auch hieß. Auch proletarische Laientheatergruppen engagierten sich in diesen Auseinandersetzungen. Deren Aktivitäten verblieben aber weitgehend im proletarischen Milieu.

Wichtigster Exponent des politischen Theaters in der Zeit der Weimarer Republik war Erwin Piscator (1853-1966). Anfangs war für ihn die Entscheidung, Theater in der parteipolitischen Agitation einzusetzen und dabei auf Formen der ästhetischen Transformation weitgehend zu verzichten, eine »Grenzüberschreitung«, der sich Piscator durchaus bewusst war: »Wir verbannten,« so Piscator 1921 noch unter dem Einfluss der Berliner Dadaisten, »das Wort Kunst radikal aus unserem Programm, unsere Stücke waren Aufrufe, mit denen wir in das aktuelle Geschehen eingreifen und Politik treiben wollten.« (n. M. Brauneck 2003, 407) Es ging ihm also um die Unterscheidung seiner Theaterarbeit gegenüber einer Kunsttradition, die die Realität nicht abbildet, wie sie in Wirklichkeit ist – so Piscator – sondern mit Hilfe eines symbolischen Codes in eine Art Modell transformiert. Stattdessen erhob Piscators Theater den Anspruch, die »Wahrheit« unvermittelt – ohne symbolische, modellhafte Transformationen – zu zeigen: Durch die Projektion von Statistiken und Dokumenten und das Einspielen dokumentarischer Filmsequenzen schien ihm dies gesichert zu sein. Im politischen Kontext – konkret war es der »Klassenkampf« – war eine These vorgegeben, mit der sich der Regisseur identifizierte. Das Theater erbrachte dafür quasi die »Beweise« und mobilisierte eine revolutionäre Stimmung im Publikum. In seinen späteren Aufzeichnungen *Das Politische Theater* (1929) weicht Piscator von dieser frühen Position allerdings ab. Anlässlich einer Aufführung (1925) der Revue *Trotz alledem!* hieß es nun: »Tausende füllten am Abend der Aufführung das Große Schauspielhaus. Jeder verfügbare Platz war besetzt, alle Treppen, Korridore, Zugänge zum Bersten voll [...] eine unerhörte Bereitschaft dem Theater gegenüber war spürbar, wie sie nur im Proletariat zu finden ist [...]. Das Theater war für sie zur Wirklichkeit geworden und sehr bald war es nicht mehr: Bühne gegen Zuschauerraum, sondern ein einziger großer Versammlungssaal, ein einziges großes Schlachtfeld, eine einzige große Demonstration. Diese Einheit war es, die an dem Abend endgültig den Beweis erbrachte für die Agitationskraft des politischen Theaters.« Was Piscator nun aber auch feststellen musste, war, dass »die stärkste politisch-propagandistische Wirkung auf der Linie der stärksten künstlerischen Gestaltung lag«. (1929, 75)

Diese starke Wirkung von Piscators Theater auf ein Massenpublikum veranlasste auch den NS-Propagandaminister Goebbels dem Regisseur, der Deutschland verlassen hatte, ein Angebot zu machen, zurück zu kommen, um seine Theaterarbeit in den Dienst der NS-Propaganda zu stellen. Überbringer dieses Angebots (vermutlich 1936 in Moskau) war der damals schon hoch betagte englische Regisseur und Theaterreformer Edward Gordon Craig. Piscator, der 1939 endgültig in die USA emigrierte, lehnte dieses Ansinnen freilich ab. 1930 hatte er allerdings einem Gespräch mit Goebbels in Rundfunk, das Arnolt Bronnen vermittelt hatte, zugestimmt. (Vgl. M. Brauneck u. P. Sterz 1986, 427 f u. 431) Thema dieses Gesprächs war: »Nationale oder internationale Kunst«.

Piscators politisches Theater wurde – zumindest von einem bürgerlichen Publikum – entgegen aller anfänglichen Abgrenzungsrhetorik des Regisseurs – als »Kunst« wahrgenommen, wie immer dieses Publikum zu den Inhalten des Piscator-Theaters stand. Ein proletarisches Publikum freilich wird in diesen Inszenierungen weniger von der Originalität des Regisseurs – als Künstler – als vielmehr von der politischen Botschaft beeindruckt gewesen sein. Piscator war es zudem gelungen, die Botschaft seiner Inszenierungen mit sensationellen, stets aber auch unterhaltsamen Bühneneffekten zu verbinden: gemeinsame Gesänge mit dem Publikum, »Negermusik«, Karikaturen, Bilder von Raufereien der Parlamentarier etc. Vor allem stellte Piscator zwischen dem Publikum, das während der Aufführung das Bühnengeschehen lautstark kommentierte, und der Bühne einen unmittelbaren Kontakt her. Bühnentechnische Neuerungen (Projektionen, Laufbänder, Globusbühne etc.), ebenso die für den Zeitgeist typischen Aktualisierungen klassischer oder zeitgenössischer Stücke wurden von der bürgerlichen Kritik jedoch als mehr oder weniger spektakuläre Erfindungen bzw. künstlerische »Einfälle« des Regisseurs wahrgenommen. Dass eine Inszenierung von Erwin Piscator, dessen politisches Engagement für die Kommunistische Partei in dieser Zeit eindeutig war, je einen »bürgerlichen« Zuschauer zum Kommunismus »bekehrt« hätte, ist jedoch wenig wahrscheinlich. Dass das von den Parolen der Kommunistischen Partei überzeugte proletarische Publikum durch Piscators Inszenierungen in seiner Einstellung bestärkt wurde, »Perspektiven und Informationen für den Klassenkampf« – so ein Kommentar in der *Roten Fahne* – erhalten würde, davon ist freilich auszugehen. In den Besprechungen des Piscator-Theaters in der *Roten Fahne*, dem Zentralorgan der KPD, wurde auf diesen Zwiespalt – einer gewissen Offenheit und Mehrdeutigkeit des künstlerischen Experiments einerseits und der notwendigen Eindeutigkeit der politischen Botschaft andererseits – mehrfach hingewiesen. (Vgl. M. Brauneck 1973, 273 f)

Auch das Theater von Bertolt Brecht (1898-1956) entwickelte sich im politischen Klima dieser Jahre, durchaus aber im Gegensatz zu Piscators Überwältigungstheater. Stücke wie *Baal* (1918), *Trommeln in der Nacht* (1919) oder *Im Dickicht der Städte* (1923) provozierten durch ihr vitalistisches Pathos, mit dem der Autor elementare Grundwerte der bürgerlichen Gesellschaft auf ihren materialistischen Kern hin reduzierte – noch ohne das Instrumentarium marxistischer Gesellschaftsanalyse. Zudem attackierte Brecht in seinen frühen Notizen zum Theater das Rezeptionsverhalten des bürgerlichen Theaterpublikums. Er empfahl, der Zuschauer möge doch auch im Theater jene lässig-sachliche Haltung einnehmen, wie sie bei Sportveranstaltungen üblich ist. Er solle das »Rätselraten« um die Bedeutung der Stücke, die ohnehin nur ein Produkt der Ästhetik sei, aufgeben und stattdessen »rauchen«, sich zurücklehnen und beobachten. Auch in seinen späteren theoretischen Ausführungen zum Theater war Brecht einer der wenigen deutschen Theaterautoren, die, wenn sie über das Theater sprachen, darauf bestanden, dass der Zuschauer stets auch »Spaß« und »Vergnügen« – auch im politischen Theater – erwarten würde, denn dies veranlasse ihn letztlich, ins Theater zu gehen.

1918 war auch der Dadaismus in Deutschland angekommen. (Vgl. R. Meyer u.a. 1973, 190) Die Dadaisten proklamierten – in der Art eines Rundumschlags – eine fundamentale Kritik an der Kunst schlechthin, auch am zeitgenössischen Expressionismus. Verworfen wurden vor allem jene Rezeptionsgepflogenheiten, wie sie in öffentlichen Institutionen, den Theatern und den Museen, üblich waren, vor allem jedwede politische Parteinahme der Kunst; vor allem ihr Einsatz zur Kriegspropaganda. Es war eine Attacke, die an Radikalität nicht zu überbieten war. Dennoch nennt Christoph Schmidt den Dadaismus zu Recht den »Urknall der Moderne«. (SZ 2016, Nr 30) Im Sinne der Dadaisten ist es allein der Künstler, der durch seine »Setzung« bestimmt, was Kunst ist oder was sie nicht ist, unabhängig von allen Dogmen, Regeln und Standards. Weltanschaulich vertraten die Dadaisten ein Konglomerat von Anarchismus, Lebensreform, Spiritualismus und Pazifismus. Bei allen Differenzen innerhalb der Gruppe einte sie vor allem eines, ihr Feindbild: der Bürger. Mit dessen Kultur und Zivilisation galt es radikal zu brechen. Im Ausbruch des Kriegs 1914, für den sich auch so viele Künstler und Intellektuelle begeistert hatten, sahen sie den »geistigen Bankrott des Abendlands« (Ch. Schmidt 2016).

Dada wollte keine neue Kunstrichtung sein, sondern propagierte die Freisetzung einer Kreativität, wie sie in jedem Menschen angelegt sei und alle jene Grenzen niederreißt, die die Kunst vom Leben trennt. Sie verwarfen deswegen auch alle »symbolischen Codes« (M. Mittelmeier 2016), die einer Künstlerpersönlichkeit eine exklusive Stellung eingeräumt hätten. Dass »jeder Mensch ein Künstler« sei – diese These sollte Joseph Beuys etwa 50 Jahre später bei der Kasseler Documenta verkünden. Was immer die Dadaisten produzierten oder »performativ« darboten, nannte der Dadaist Richard Huelsenbeck (1892-1974) »Antikunst«. Diese würde »ein neues Denken [...] eine neue Freiheit« ermöglichen, auf keinen Fall »Kunst für die Ewigkeit« sein. (Vgl. H. Richter 1970, 7 f) Vor allem würde sich diese »Antikunst« auch jedweder Verwertung entziehen, sich aber auch jeder Deutung und jeder Suche nach einem Sinn verweigern. Der inszenierte Un-sinn war ein Prinzip der gesamten Richtung, ebenso der Zufall.

Beim Ausbruch des Ersten Weltkriegs war zunächst Zürich ein Zufluchtsort pazifistischer Intellektueller und Künstler, die aus ganz Europa ins Schweizer Exil kamen. Die Schweiz war neutral und hatte als erstes europäisches Land die Pressfreiheit und das Asylrecht in ihrer Verfassung verankert. Treffpunkt der Exilanten war eine kleine Kneipe, die Holländische Meierei in der Spiegelgasse 1 im Zürcher Vergnügungs- und Künstlerviertel. Der Münchner Dramaturg Hugo Ball (1886-1927) und dessen Lebensgefährtin Emmy Hennings (1885-1948) waren dort die ersten deutschen Exilanten und versuchten, sich mit Klavierstücken (Ball) und Chansons (Hennings) über Wasser zu halten. (Vgl. K. Riha 1980, 14 f) Auch setzten sie durch, dass die Holländische Meierei zum »Cabaret Voltaire« umbenannt und als Künstlerkneipe am 5. Februar 1916 neu eröffnet wurde. Unter den Gästen war vermutlich auch der russische Emigrant Wladimir Iljitsch Uljanow (1870-1924), der sich Lenin nannte und ebenfalls in der Spiegelgasse wohnte. Als wenige Tage darauf der Berliner Medizinstudent Richard Huelsenbeck in Zürich eintraf, brachte er einen neuen »Rhythmus« in den bis dahin eher konventionellen Kabarett-Betrieb von Ball und Hennings. Dies war die eigentliche Entstehung von Dada. Um die Urheberschaft des Namens entzündete sich später ein skurriler Streit. 1918, nach dem Ende des Kriegs, löste sich die Zürcher Gruppe auf. Zurück in Berlin, nahm Huelsenbeck Kontakt mit radikalen kommunistischen Gruppierungen auf und etablierte eine neue durch die Revolutionsereignisse in Deutschland extrem politisierte deutsche Dada-Gruppe, die sich seit 1919 als »bolschewistische Opposition« (R. Meyer) verstand. In der Öffentlichkeit trat die Gruppe um Huelsenbeck, Franz Jung, Raoul Hausmann, die Brüder Herzfelde, George Grosz, Otto Dix, Hannah Hoech, Johannes Baader und Walter Mehring durch Manifeste, eine Flut von Flugblättern und Pamphleten und sogenannten Soireen hervor. (Vgl. R. Meyer u.a. 1973, 215 f) Spektakulärstes Ereignis war die »Erste Internationale Dada-Messe« 1920 in der Berliner Kunsthandlung von Otto Burchard. Die »Messe« war ein Affront gegen den Militarismus als der Staatsideologie des Wilhelminischen Kaiserreichs, – »das uns so weit gebracht hat«. Dieser Zusatz war ein Hinweis auf das verheerende Elend, das in der deutschen Bevölkerung in den ersten Nachkriegsjahren herrschte. (Vgl. H. Richter 1970, 137 f) An der Decke hing die Attrappe eines ausgestopften deutschen Offiziers mit einem Schweinskopf und dem Plakat mit der Aufschrift »Von der Revolution erhängt«. Die Polizei griff ein, und die »Dada-Messe« hatte für einige ihrer Akteure ein gerichtliches Nachspiel.

In Deutschland endet der Dadaismus etwa im Jahre 1920. An sich war es eine internationale Bewegung mit Zentren auch in Paris und New York. Dada Berlin agierte mit anarchistisch verspielten Aktionen in der politische Szene. In Hannover wird Dada mit dem Werk von Kurt Schnitters in Zusammenhang gebracht.

Mit einem gewissen Recht wird die Dada-Bewegung als Wegbereiter für einige künstlerische Richtungen, die in den 1960/70er Jahren aufkamen, angesehen: die Performance Art, das Happening, Fluxus und die Aktionskunst, durchweg Richtungen und Positionen, für die die Grenzen zwischen den Kunstbereichen, aber auch zwischen der Kunst und »dem Leben« obsolet waren.

Die Jahre der Weimarer Republik werden zu Recht auch als die »Roaring Twenties« bezeichnet, etwas euphemistisch auch als die »Goldenen Zwanziger Jahre«. Trotz allem sozialen Elend und den extremen politischen Turbulenzen entstand gegen Ende des Jahrzehnts ein bis dahin nie da gewesener Vergnügungsbetrieb mit Berlin als dem Zentrum in Deutschland. Entstanden war ein als »modern« geltendes Lebensgefühl, das auf das Zusammenbrechen der »alten« gesellschaftlichen Ordnung und der gegenwärtigen sozialen Misere mit einer beispiellosen Vitalität und Kreativität reagierte. Einerseits hatte die Verfassung von Weimar ein neues Freiheitsgefühl entstehen lassen, zum andern vermittelte die Präsenz der USA in Europa neue Leitbilder und eine neue Form von Modernität. Nicht nur das Kino, der Jazz und das Boxen, auch die amerikanische »Girlkultur« – so der Titel einer Studie von Fritz Giese aus dem Jahre 1925 – veränderten die sozialen Rollenbilder. Die Vergnügungskultur, die Musik und die Mode und wirkten weit in die Alltagskultur der Menschen hinein. Es entstand eine Form populärer Kultur, eine großstädtische Bohème einerseits, andererseits aber auch eine neue Massenkultur, deren einziger Zweck die Unterhaltung war und die auch den mittleren Schichten der Gesellschaft – *Die Angestellten. Aus dem neuesten Deutschland, 1930* (S. Kracauer) – ein Gefühl kultureller Teilhabe suggerierte. Das Kino aber auch das Theater bedienten mit allen seinen Genres, dem Schauspiel, der Oper, der Revue und dem Kabarett, diesen Vergnügungsbetrieb.

Zwar nur eine Marginalie im Theaterwesen dieser Jahre war die Theaterarbeit am Bauhaus, für den Aufbruchselan dieser Jahre jedoch war die Programmatik des Bauhauses überaus symptomatisch. In der Theaterabteilung wurde Grundlagenforschung betrieben, die die Theaterarbeit mit keinerlei Zwecksetzungen verband. Dies galt auch für das Verhältnis von Theater und dramatischer Dichtung. Vielmehr war »der Mensch im Raum« und dessen Bewegungsrepertoire das Thema, um das es ging; später auch um das Spiel mit bewegtem Licht und mechanischen Spielanlagen. Das Bauhaus war die deutsche Variante der internationalen Avantgarde-Bewegungen, der es um die Wahrung künstlerischer Autonomie ging, vor allem aber auch um »moderne« Lebensgestaltung. Ihren Beitrag zur Neugestaltung der Gesellschaft sahen die Bauhäusler nicht in politischen Parolen, sondern in der Hinführung der Menschen zu einem »Neuen Sehen«. Die Einheit von Leben, Handwerk und Kunst war die alles überformende Vision des Bauhauses in seiner Gründungsphase. Dennoch wurde das Bauhaus seit seinem Bestehen als »kommunistisch verseucht« diffamiert. Die legendären Bauhausfeste waren für die Bauhäusler Anlass, ihre Tänze und Masken, zusammen mit den Darbietungen der legendären Jazzkapelle als kleine »Gesamtkunstwerke« zu arrangieren, dazu gehörten auch Witz und Clownerien. Seit der Übersiedlung des Bauhauses von Weimar, wo diese »Lehranstalt« 1919 von Walter Gropius (1883-1969) gegründet worden war, nach Dessau im Jahre 1924, war Oskar Schlemmer (1888-1943), der rührigste Betreiber der Bauhaus-Bühne und einer ihrer prominentesten Tänzer. Gropius war seit 1919 auch Vorsitzender des »Arbeitsrats für Kunst«, einem Zusammenschluss von Literaten, bildenden Künstlern und Architekten nach dem Vorbild der Arbeiter- und Soldatenräte. Die Mitarbeit an der Gestaltung eines »Neuen Deutschlands« war das erklärte politische Ziel dieser Räte. Für den »Arbeitsrat für Kunst« hieß das: die »Demokratisierung von Kunst und Architektur«. Beides sollte der breiten Masse des Volkes nahe gebracht werden. Letztlich also war es ein Vorhaben, das den alten Volksbildungsgedanken der Sozialdemokratie den neuen politischen Gegebenheiten angepasst hatte. Der Forderung nach einem »Theater der Zukunft« entsprach in der Programmatik dieser Gruppe die Forderung nach einem »Bau der Zukunft«. Schlemmers Weggang vom Bauhaus im Jahre 1929 war vor allem dadurch motiviert, dass er sich weigerte, dem Drängen der Studenten nachzugeben, sich mit seiner Theaterarbeit in den aktuellen politischen Auseinandersetzungen zu positionieren. Mit dem Versuch, ein Art Konstruktivismus des Tanzes – er nannte es »tänzerische Mathematik« – zu entwickeln, vertrat Schlemmer eine Richtung, die in völligem Gegensatz zu der extremen Politisierung des Kulturbetriebs dieser Jahre stand.

Theater in den Jahren der NS-Diktatur

»Gleichschaltung« im Kulturbereich und der Versuch, das Theater zu ideologischer Indoktrination und Propaganda zu nutzen

Mit der Machtübernahme der Nationalsozialisten 1933 endete der Versuch, in Deutschland erstmals eine Demokratie zu etablieren, in Terror und politischem Chaos. Damit war auch das Ende aller künstlerischen experimentellen Arbeiten eingeleitet. Zahlreiche Künstler verließen Deutschland, andere gerieten in die Folterkammern der Faschisten. Ihre Kunst wurde als »entartet« diffamiert. Fast gleichzeitig mit der Machtübernahme wurde der gesamte Kulturbetrieb im Deutschen Reich von Gegnern des Regimes »gesäubert« und in wenigen Wochen »gleichgeschaltet«. Mit dem Theatergesetz von 1934 wurden alle deutschen Theater dem Ministerium für Volksaufklärung und Propaganda, mit Joseph Goebbels an der Spitze, unterstellt. Ausnahmen waren die Preußischen Staatstheater, für die der Ministerpräsident von Preußen, Hermann Göring, zuständig war. Prominentestes Theater, das unter Görings Aufsicht stand, war das Preußische Staatstheater Berlin. Dessen Intendant (seit 1934), später Generalintendant, war der, schließlich auch zum Staatsrat ernannte, Schauspieler und Regisseur Gustaf Gründgens (1899-1963). Diesem gelang es, den Spielplan des Staatstheaters von allzu platten Propagandastücken frei zu halten. Zugleich feierte Gründgens als Schauspieler und Regisseur Triumphe mit grandiosen »werktreuen« Inszenierungen klassischer Werke. Dem Ausland gegenüber diente er freilich als Garant für das kulturelle Renommee des NS-Staats. Immer wieder gelang es ihm allerdings auch, verfolgten Bühnenangehörigen auf seiner »Insel« – wie das Staatstheater deswegen auch genannt wurde – einen gewissen Schutzraum zu bieten. Nach Kriegsbeginn (1939) wurde die Politik der »Säuberung« und Verfolgung jüdischer und oppositioneller Bühnenkünstler auch in den von der deutschen Armee besetzten Ländern umgesetzt. Eine Sparte für sich war die sogenannte »Truppenbetreuung« durch

Auftritte prominenter Bühnen- und Kabarettstars in sicheren Abschnitten des Kriegsgebiets.

Die Spielpläne der dem Propagandaministerium unterstellten Bühnen mussten der Theaterabteilung dieses Ministeriums vorgelegt werden, die als Zensurbehörde fungierte. Leiter dieser Abteilung war in den 1930er Jahren der Reichsdramaturg Reiner Schlösser, der auch Präsident der Reichstheaterkammer war. In diese Kammer wurden alle bestehenden Verbände aus dem Theaterbereich – darunter auch der Deutsche Bühnenverein, die Genossenschaft Deutscher Bühnenangehöriger und der Volksbühnen-Verein – zwangsweise eingegliedert. Die Mitgliedschaft in der Reichstheaterkammer war die Voraussetzung für die Ausübung einer Berufstätigkeit im Theatergewerbe. Damit war eine bürokratisch-behördliche Struktur und eine entsprechende Kontrollinstanz geschaffen, die aus der Sicht der NS-Regierung die ideologische Gleichschaltung des gesamten Theaterwesens zu gewährleisten schien. In der Theater- wie in der Filmbranche artikulierte sich allerdings kein nennenswerter Widerstand gegen das NS-Regime.

Eine anfangs ideologisch hoch gespielte Neuerung in der NS-Theaterpolitik war die Gründung sogenannter Thingspiele. Für diese wurden im gesamten Reichsgebiet in landschaftlich exponierten Lagen arenaartige Theaterbauten für Freilichtaufführungen für ein Massenpublikum errichtet. Der Begriff »Thingspiele« war vom germanischen Brauchtum hergeleitet und fügte sich in die ideologisch-rassistische Vorstellungswelt der NS-Regierung ein. Mit diesen Spielen sollte eine völkisch-nationale Theaterkultur begründet werden. Auch gehörte es zur Strategie der NS-Propaganda-Maschinerie, durch die Inszenierung großer Massenveranstaltungen, wie sie etwa auch anlässlich der Reichsparteitage in Szene gesetzt wurden, das Bild einer Volks- und Schicksalsgemeinschaft zu suggerieren unter dem Motto: »Ein Volk, ein Reich, ein Führer«. Walter Benjamin sprach in diesem Zusammenhang von einer fatalen »Ästhetisierung des Politischen«.

Der Mangel an geeigneten Stücken für die Thingspiele aber auch das Desinteresse des Publikums an derartigen Theateraufführungen waren schließlich der Anlass dafür, dass dieser Spielbetrieb im Sande verlief. Längst auch hatte das Propagandaministerium den Film als das zur Indoktrination der Bevölkerung sehr viel geeignetere Medium entdeckt. Zudem war – aus Sicht des Propagandaministeriums – die weitgehend zentralisierte Filmproduktion besser zu kontrollieren als die vielen über das gesamte Reichsgebiet hin verstreut liegenden Theaterbetriebe. Deren Spielbetrieb – wie auch der Film – hatte zum einen den Zweck, die »Helden« der NS-Bewegung und der nationalen Geschichte zu feiern, zum anderen, vor allem in den Kriegsjahren, Durchhalteparolen zu verbreiten, aber auch mit Unterhaltungsfilmen dem Publikum eine heile Welt vorzugaukeln. Klassische Dramen waren immer wieder Highlights in den Spielplänen der Theater. Diese waren zwar politisch »unbedenklich«, wenngleich die Freiheitsforderung des Marquis von Posa in Schillers *Don Carlos* oder der Tyrannenmord im *Tell* gelegentlich Beifall im Publikum auslösten.

Während der Kriegsjahre war die Aufführung von Stücken von Autoren aus »Feindstaaten« generell verboten. Seit 1935 existierte ein jüdischer Kulturbund mit mehr als 30 Organisationen in deutschen Städten mit etwa 70 000 Mitgliedern. Der Kulturbund entstand als Selbsthilfeorganisation jüdischer Künstler, denen generell die Ausübung ihres Berufs verboten war. Der »Kulturbund Deutscher Juden« wurde bis etwa 1941 geduldet, unterstand jedoch während der gesamten Zeit seines Bestehens der Kontrolle durch das NS-Kulturministerium.

Wie sehr durch die NS-Theater- und Kulturpolitik das deutsche Publikum von Werken der eigenen Tradition, zudem von künstlerischen Entwicklungen anderer Länder abgeschottet war, wurde erst deutlich durch den enormen kulturellen »Nachholbedarf« nach 1945.

Theater in den ersten Nachkriegsjahren

Versuche einer Neupositionierung des Theaters als Sinn stiftende Institution in den beiden deutschen Staaten

Mit dem Ende des Kriegs war zwar nicht die »Stunde Null« angebrochen, wohl aber war es eine »Stunde des Theaters«. Obwohl mehr als die Hälfte der staatlichen und privaten Theater im gesamten Reichsgebiet durch Kriegseinwirkungen zerstört oder stark beschädigt waren, im Osten Deutschlands mehr als im Westen, kam der Spielbetrieb nach 1945 im gesamten Reichsgebiet verhältnismäßig rasch wieder in Gang. (Vgl. M. Brauneck 2007, 202 f) Bereits 20 Tage nach der bedingungslosen Kapitulation des deutschen Heeres wurde am Berliner Renaissance-Theater der – noch in den letzten Kriegsmonaten einstudierte – populäre Schwank *Der Raub der Sabinerinnen* von Franz und Paul von Schönthan aufgeführt. Bis zum Jahresende 1945 waren in der amerikanischen Besatzungszone 42, im Herbst 1947 im gesamten Reichsgebiet schon insgesamt 419 Bühnen wieder spielbereit. (Vgl. G. Rühle 1991, 73) Ein westdeutsches Privattheater, die von Ida Ehre (1900-1989) neu gegründeten Hamburger Kammerspiele, brachten in der Regie von Wolfgang Liebeneiner (1905-1087) das bewegendste Zeitstück dieser frühen Nachkriegsjahre, im November 1947, heraus: Wolfgang Borcherts (1921-1947) spätexpressionistisches Heimkehrer- und Antikriegsstück *Draußen vor der Tür*. Am Schicksal eines traumatisierten Kriegsheimkehrers zeigte das Stück, wie schwer es war, sich in einem Leben nach dem Krieg wieder zurecht zu finden. Eine Aufführung des Stücks, das zunächst als Hörspiel gesendet worden war, war in der Sowjetischen Besatzungszone verboten. Es galt als »defätistisch« und »larmoyant«. Auch Aufführungen von Carl Zuckmayers (1896-1977) Erfolgsstück *Des Teufels General* und der Dramen von Jean Anouilh (1910-1987), einem der viel gespielten – allerdings auch einer gewissen Nähe zu den französischen Kollaborateuren verdächtigten – französischen Bühnenautoren dieser Jahre, waren in der SBZ verboten. Bei dem Zuckmayer-Stück befürchteten die Kulturfunktionäre der SED eine Heroisierung der NS-Vergangenheit. Die intellektualistische Ironisierung von Mythos und Geschichte in den Dramen von Anouilh passte nicht ins Geschichtsbild der SED-Ideologen und wurde als »banal« hingestellt. Das in diesen ersten Jahren nach 1945 an den Bühnen der DDR am häufigsten aufgeführte Stück war *Die russische Frage* des Stalin-Preisträgers Konstantin M. Simonov (1915-1974). Es war ein antiamerikanisches Propagandastück.

Günther Rühles Darstellung (2014) des *Theaters in Deutschland 1945-1966* beschreibt eindrucksvoll den aus heutiger Sicht kaum vorstellbaren Enthusiasmus, mit dem weite Kreise der Deutschen auf das von der Gängelung durch die NS-Diktatur »befreite« Theater reagierten – vor allem in den westlichen Besatzungszonen –, obwohl es weitgehend dieselben Schauspieler, Regisseure und Theaterleiter waren, die den Theaterbetrieb wieder in Gang brachten, die auch in den Jahren der NS-Diktatur im Theaterwesen in gleicher oder ähnlicher Funktion tätig waren. In der Bevölkerung war die Bereitschaft groß, das Theaterwesen generell als unpolitische Sphäre zu betrachten. Es war offenbar die »Kultur«, deren Befreiung in vielen der offiziellen Erklärungen gefeiert wurde. Im *Theater-Almanach 1946/47* hieß es, dass die deutsche »Kulturleistung« die einzige Sprache sei, »in der wir Deutsche uns auf lange Zeit hin der Welt wieder verständlich machen können, und mit der wir uns zukünftig der Familie der Völker von neuem wieder einzuordnen vermögen«. (n. M. Brauneck 2007, 196) Das mag aus der Sicht dieser Jahre tatsächlich so empfunden worden sein. Die »Verteidigung der Kultur« – nicht das Zustandekommen einer dezidiert politischen Stellungnahme gegen den Hitlerfaschismus – war auch der einzige gemeinsame Nenner gewesen, auf den sich der Internationale Schriftstellerkongress 1935 in Paris, ein Kongress der aus Nazi-Deutschland geflohenen Schriftsteller und Künstler der verschiedenste politischen und weltanschaulichen Lager, hatte einigen können. Aus diesem Blickwinkel schien das NS-Regime vor allem die »deutsche Kultur« beschädigt zu haben. Im Tenor ähnlich, ging es auch in den Verlautbarungen der Kulturfunktionäre in der sowjetischen Besatzungszone um »Kultur« und »Humanismus«, allerdings mit einem gravierenden Unterschied. Die SED erklärte unmittelbar nach dem Kriegsende den sozialistischen Teil Deutschlands, die SBZ, zur einzig legitimen »Erbin« der »fortschrittlichen humanistischen Tradition Deutschlands« und beanspruchte, die deutsche »Kulturnation« allein zu vertreten. Einig waren sich die Theaterleiter in West und Ost allerdings darin, dass es vor allem die Werke der deutschen Klassiker wären, die deutsche Kultur am überzeugendsten repräsentieren würden. Stücke wie Lessings Toleranzdrama *Nathan der Weise*, Goethes *Iphigenie* und der erste Teil des *Faust* wurden an prominenten deutschen Bühnen in Ost und West geradezu bekenntnishaft aufgeführt.

Bald aber wurde deutlich, das sich das Theater in Westdeutschland – seit 1949 war es die Bundesrepublik Deutschland (BRD) – langfristig in eine andere Richtung entwickeln würde als das Theater in der von den Sowjets besetzten Zone, die sich wenig später, ebenfalls 1949, als zweiter deutscher Staat, als DDR, konstituierte. Politisch war Deutschland seitdem geteilt. Seit Anfang der

1950er Jahre entwickelten sich auch das Theater immer weiter auseinander. Der Bau der Berliner Mauer im August 1961 trennte schließlich nicht nur die Stadt Berlin, sondern auch das deutsche Theater endgültig. Schon 1952 war am II. Parteitag der SED – der Sozialistischen Einheitspartei Deutschlands, die aus einer erzwungenen Zusammenlegung der SPD und der KPD 1946 als neue Staatspartei entstanden war – der Beschluss zum »Aufbau des Sozialismus in der DDR« verkündet worden. Längst auch hatte der Kalte Krieg die Welt in zwei unterschiedliche ideologische Blöcke geteilt, die sich hoch aufgerüstet gegenüber standen. 1947 rief der amerikanische General Lucius Clay zum ideologischen »Kreuzzug gegen den Kommunismus« auf. Etwa zur gleichen Zeit hieß es in einer Erklärung der sowjetischen Militäradministration in der DDR, dass »breite Kreise der Bevölkerung für die offizielle kulturpolitische Linie zu mobilisieren« seien und »Kulturpolitik frühzeitig in den Dienst der ideologischen Absicherung gesamtpolitischer Maßnahmen genommen werden« müsse. (Vgl. A. Schiller 1998, 65) Damit waren in der DDR auch die Theater in die Pflicht genommen, beizutragen zur Festigung der im Aufbau begriffenen kommunistischen Diktatur. Es wurde – in Analogie zur offiziellen sowjetischen Kulturpolitik – eine Kampagne gegen alle künstlerischen Ansätze eingeleitet, die als »formalistisch« gebrandmarkt wurden. Bemerkenswert war allerdings auch, dass einige der sowjetischen Kulturoffiziere eine beachtliche Kenntnis – auch Respekt und Bewunderung – des klassischen deutschen Theaters besaßen, – anders als ihre amerikanischen Kollegen, die mit Theater zumeist die Broadway-Produktionen im Sinn hatten. Die Vorstellung, dass das Theater eine herausragende erzieherische Funktion habe, war ein Essential traditioneller europäischer, damit auch russischer Kulturtradition, – eine Vorstellung, die auch der neue Sowjetstaat für seine Propaganda zu nutzen wusste. Dabei galt stets das literarische Drama als der eigentliche Träger weltanschaulicher, ideologischer und politischer Botschaften. Die vehemente Ablehnung jedweder avantgardistischer – im Jargon der Kulturfunktionäre »formalistischer« – Experimente war vornehmlich der autoritären erzieherischen Zwecksetzung des Theaters geschuldet, die eindeutige Aussagen erforderte. Anders als für die von den westlichen Alliierten besetzten Teile Deutschlands war für die von den Sowjets besetzte Zone bereits vor Ende des Kriegs die kulturpolitische Neuordnung – von einer Gruppe kommunistischer Emigranten in Moskau – vorbereitet worden. So war auch das Theater in der DDR über die gesamte Zeit der Geltung dieser kulturpolitischen Vorstellungen hin »Autorentheater«. Dabei hatte der Dramaturg – weniger der Regisseur – die Aufgabe, den ideologisch-weltanschaulichen Gehalt der Stücke für eine Aufführung herauszuarbeiten. Die von der Regierung der DDR verfügte Bodenreform, später die Zwangskollektivierung der Landwirtschaft waren die ersten tiefgreifenden gesellschaftspolitischen Maßnahmen beim »Umbau« der Gesellschaft in einen sozialistischen »Arbeiter- und Bauernstaat«, für die die Theater um

Verständnis bei der Bevölkerung werben sollten. Ein Stück wie Heiner Müllers (1929-1995) Komödie *Die Umsiedlerin oder Das Leben auf dem Lande*, das auch die Widersprüche dieser Maßnahmen thematisierte, wurde nur wenige Tage nach der Uraufführung von der Parteiführung abgesetzt.

Bei allen Unterschieden der politischen Standpunkte der Siegermächte stimmten beide Seiten, Ost und West, in einem überein, nämlich in der Unterstellung eines hohen Erziehungswerts des Theaters. Diese Vorstellung hatten sich auch die West-Alliierten mit ihrem »Reeducation-Project«, einem theaterpolitischen Programm zur ideologischen »Umerziehung« der Deutschen, zu eigen gemacht. Eine Kommission der US-Regierung hatte in Washington eine Liste erstellt, die überwiegend Unterhaltungsstücke im Stil der Broadway-Komödien enthielt, die den Intendanten deutscher und österreichischer Theater zur Aufführung empfohlen wurden. Politische und sozialkritische Themen sollten strikt vermieden werden. Letztlich aber entschieden die Intendanten eigenverantwortlich über das Repertoire ihrer Theater. Im *Theater-Almanach 1946/47* hiess es freilich: »Das alte Theater der Unterhaltung und der Bildung, wie es auch durch das ›Dritte Reich‹ keine Unterbrechung erfahren hatte, lief weiter.« (n. M. Brauneck 2007, 204) Eines der häufig aufgeführten Stücke an den westdeutschen Theatern dieser Jahre – im Sinne der »Reeducation« – war Thornton Wilders (1897-1975) *Wir sind noch einmal davon gekommen*. In der Spielzeit 1945/46 kamen in der Bundesrepublik von diesem Stück 675 Aufführungen zustande, bis 1948 hatten 481.000 Deutsche Wilders Stück gesehen. In den Schulen wurde es zur Pflichtlektüre. Wilder war eine Art Kulturbotschafter der Amerikaner und auch zuständig für das »Reeducation«-Programm, soweit es das Theater betraf. Schon in den Jahren der Weimarer Republik hatte Wilder Deutschland besucht. Letztlich aber war dieses Programm zum Scheitern verurteilt. Die Menschen, die nach dem Ende des Kriegs mit der Bewältigung der elementaren Notwendigkeiten des alltäglichen Lebens befasst waren, erwarteten vom Theater eher Vergnügen, neue Lebensfreude und zeitweiliges Vergessen ihrer Alltagssorgen, – mehr als die Versprechungen des American Way of Life –, denn auch dies war eine der Absichten, die die Amerikaner mit der »Umerziehung« der Deutschen in ihrem Einflussbereich verbanden. Die Theaterfunktionäre dagegen sprachen in den beiden deutschen Staaten von den »sittlichen Aufgaben des Theaters«, von »neuem Humanismus«, der wieder eine Eigenschaft der Deutschen werden müsse.

Mit der Währungsreform 1948 kam es in der BRD zu einem eklatanten Einbruch der Zuschauerzahlen im Theater und zu einer Welle von Theaterschließungen. Von etwa 280 registrierten Bühnen im Jahre 1947 existierten 1955 nur noch 155 Bühnen. (Vgl. G. Rühle 1991, 76) Die Menschen hielten sich offenbar zurück, das neue Geld, für das es nun alles Lebensnotwendige und lange Entbehrtes zu kaufen gab, für einen Theaterbesuch auszugeben.

In den 1950er Jahren bestimmten im Theater der BRD prominente Intendanten, von denen viele auch während des NS-Regimes führende Positionen im deutschen Theater inne hatten, die Richtung, in die sich das Theater entwickeln sollte. Es war »Intendantentheater« in den Jahren der Kanzlerschaft von Konrad Adenauer (1876-1967): konservativ, Experimenten ebenso abgeneigt wie auch die Politik, künstlerisch aber auf hohem Niveau, gänzlich unpolitisch. Manche Kritiker nannten diese 50er Jahre – wie die ganze Republik – »restaurativ«. Die maßgeblichen Intendanten waren: Hans Schalla (1904-1983) in Bochum; Heinz Hilpert (1890-1967), der in der NS-Zeit die Reinhardt-Bühnen in Berlin und Wien geleitet hatte, in Zürich, Frankfurt, Konstanz und schließlich in Göttingen; Karl Heinz Stroux (1908-1983) in Düsseldorf, Hans Schweikart (1895-1975) an den Münchner Kammerspielen; Boleslaw Barlog (1906-1999) in Berlin, zunächst am Schlosspark-Theater, dann am Schiller-Theater, Hans Lietzau (1913-1991) am Staatsschauspiel in München; Oskar Fritz Schuh (1904-1984) in Berlin, seit 1959 Generalintendant der Bühnen der Stadt Köln; schließlich die einflussreichste Persönlichkeit im Theater der BRD, Gustaf Gründgens in Düsseldorf, seit 1956 am Deutschen Schauspielhaus in Hamburg. Harry Buckwitz (1904-1987), der Generalintendant der Städtischen Bühnen Frankfurt, war einer der wenigen Theaterleiter in der Bundesrepublik, der sich dem Aufführungsboykott der Stücke von Bertolt Brecht – einer Folge des Kalten Kriegs – verweigerte.

Der Intendant des Darmstädter Landestheaters Gustav Rudolf Sellner (1905-1990), der 1955 die 5. *Darmstädter Gespräche: Über das Theater* organisiert hatte, erklärte bei dieser Tagung, die Aufgabe des zeitgenössischen Theaters sei die »Suche nach dem Wesen des Menschen«. Dessen »wahres Bild« sei in der NS-Zeit verloren gegangen. (Vgl. M. Brauneck 2007, 226) Oskar Fritz Schuh sprach in einer Grundsatzrede davon, dass die Bühne ein »geistiger Raum« sei, in dem »jenseits von Geschichte und Politik über Fragen der menschlichen Existenz« nachgedacht werden müsse. Es ging in Darmstadt also um Grundsatzfragen, um »Wesentliches«, um den »metaphysischen Kern«, letztlich auch darum, dem Theater wieder die Stellung einer moralischen Instanz zu verschaffen und jede Nähe zur Politik zu vermeiden. Der Schweizer Autor Friedrich Dürrenmatt (1921-1990) hatte zuvor in einer Rede vor Dramaturgen die These aufgestellt, dass die »heutige Welt« – er nannte sie »ein Rätsel an Unheil, das hingenommen werden muss, vor dem es jedoch kein Kapitulieren geben darf« – so »gesichtslos« und »abstrakt« wäre, dass sie auf der Bühne nur noch als Komödie »gestaltbar« sei. Bertolt Brecht, der in Darmstadt nicht anwesend war, hatte eine schriftliche »Botschaft« – es war eine Antwort auf eine zuvor schon veröffentlichte Rundfrage Dürrenmatts – verlesen lassen. Brecht meinte, dass die »heutige Welt« im Theater nur dann »abgebildet« werden könne, wenn sie – im Sinne der materialistischen Dialektik – als »veränderbar« dargestellt werde. Beide Thesen wurden in Darmstadt kontrovers diskutiert, ebenso das Verhältnis der Kunst zur Politik. Dabei war eine Verständigung zwischen den Vertretern des Theaters in der BRD und denen der Theater der DDR, die an diesen »Darmstädter Gesprächen« ebenfalls teilnahmen, auf Grund der entgegengesetzten ideologischen Standpunkte nicht mehr möglich. Dass das Theater sich in den Dienst der Politik stellen müsse, war für die Vertreter der DDR selbstverständlich. Die westdeutschen Teilnehmer an diesen *Gesprächen* schlossen eine solche Indienstnahme des Theaters, eigentlich der gesamten Sphäre der Kultur, prinzipiell aus – nicht zuletzt mit dem Hinweis auf die Erfahrungen in der NS-Zeit. Auch ging es den westdeutschen Vertretern darum, das Theater in einem demokratischen Staatswesen, das sich als »Kulturstaat« verstand, politisch neutral zu positionieren. Einhellig herrschte in diesem Kreis die Vorstellung vor, dass es im Theater um »wesentliche Fragen« gehen sollte, nicht um Politisches.

Vor allem war es Gustaf Gründgens, der Generalintendant der Städtischen Bühnen Düsseldorf und Präsident des Deutschen Bühnenvereins, der am entschiedensten und mit der stärksten Reputation ausgestattet, die Position vertrat, dass das Theater aus allem Politischen rauszuhalten sei. Er nannte die Bühne ein »Planquadrat«, ein Terrain, auf dem allein nach den Regeln des Theaters agiert werde. Das im Oktober 1952 veröffentlichte *Düsseldorfer Manifest* trug diese Position mit Entschiedenheit vor. Es war ein Plädoyer für »werktreues« Arbeiten und eine Absage an alle »Stilexperimente«. »Werktreue« wurde zu einer Frage des »künstlerischen Gewissens« erklärt. Damit aber rückte das literarische Werk, wie es der Dichter geschaffen hatte, ins Zentrum des Theaters. Es war dies letztlich eine Position, die alle jene Entwicklungen wieder zurücknahm, die das Bühnenkunstwerk geöffnet hatten für eine Aneignung des literarischen Werks aus zeitgeschichtlichen, durchaus auch subjektiven Erfahrungen heraus, wie sie der Regisseur durch seine Sicht auf das literarische Werk einzubringen vermochte. Es deutete sich zu dieser Zeit bereits an, dass das Wort »Regietheater« zu einem »Kampfwort« aller Traditionalisten werden würde, als Gegenbegriff zur Forderung nach »Werktreue«.

Gründgens, der nach kurzer Internierungszeit durch die Sowjets im Mai 1946 am Deutschen Theater im Ostsektor von Berlin erstmals wieder als Schauspieler auf der Bühne stand – in der Rolle des Christian Maske in Sternheims Komödie *Der Snob* – wurde vom Publikum mit frenetischem Jubel begrüßt, noch bevor er ein Wort gesagt hatte. In seiner Hamburger Intendanz war die Inszenierung der beiden Teile von Goethes *Faust* (1957 und 1958) ein Welterfolg. Gründgens war zu dieser Zeit der prominenteste Repräsentant der Bundesrepublik als demokratisch verfasster »Kulturstaat«, der in die westliche Wertegemeinschaft eingegliedert war.

In den 1950er Jahren ging es in der Politik der BRD wie in der kulturellen Sphäre um ideologische Standortbestimmung, um die Demonstration von Bündnistreue. Die Bundesrepublik Deutschland hatte sich im Kalten Krieg eindeutig auf Seiten der »freiheitlichen westlichen Welt« positioniert und nahm eine Art Frontstellung gegenüber dem Kommunismus ein. Schließlich grenzte die BRD unmittelbar an den Ostblock, an die politische Einflusssphäre der Sowjetunion. 1955 wurde Westdeutschland Mitglied der NATO, 1956 wurde die Kommunistische Partei in der BRD verboten. Weniger die Auseinandersetzung mit Personen und Denkweisen der faschistischen Vergangenheit, die es freilich zu »bewältigen« galt, als vielmehr die Abwehr des als Bedrohung »des Westens« empfundenen Kommunismus war die Leitlinie allen politischen Handelns. Zudem verdrängte das »Wirtschaftswunder« dieser 50er Jahre alle Fragen, die das neu gewonnene Selbstbewusstsein der BRD irritiert hätten, aus dem öffentlichen Bewusstsein. Die Fußball-Weltmeisterschaft 1954 unter dem Bundestrainer Sepp Herberger (1897-1973), später als »Wunder von Bern« stilisiert, wurde zum Symbol eines ganz auf die Gegenwart fixierten neuen Selbstbewusstseins der BRD.

Im Jahre 1955 trat die DDR dem Warschauer Pakt bei. Damit waren die beiden deutschen Staaten in die beiden sich feindlich gegenüber stehenden ideologischen und militärischen Bündnisblöcke integriert. Später wurde die Berliner Mauer zu einem Symbol dieser Spaltung.

Auf das Fragen nach dem »Wesentlichen«, nach dem »Bild vom Menschen«, war das Theater der 1950er Jahre in der BRD also eingeschworen. Bereits in den ersten Nachkriegsjahren war der die Philosophie des Existenzialismus von Jean-Paul Sartre (1905-1980) unter den westdeutschen Intellektuellen und Künstlern geradezu eine Modeerscheinung geworden. Sartres Stücke, die diese Philosophie illustrierten, hatten Konjunktur auf den Bühnen der BRD. Ähnlich war nun in den fünfziger Jahren die Bereitschaft groß, das scheinbar philosophisch grundierte »Theater des Absurden« in die Spielpläne aufzunehmen. Fast gleichzeitig mit dem Ursprungsland dieser neuen Theaterrichtung, Frankreich, wurden – neben deutschen Klassikern – die Stücke von Samuel Beckett (1906-198) und Eugène Ionesco (1912-1994) auf den Bühnen der BRD bemerkenswert häufig aufgeführt. Von Ionesco kamen sogar einige Stücke als Uraufführungen heraus, denen sich die Intendanten Stroux, Lietzau und Sellner als Regisseure an ihren Theatern annahmen. Die Erkenntnisse, die dabei gewonnen wurden, liefen allerdings zumeist auf Unverbindliches, auf »schwer zu Fassendes« hinaus – eine Standardformulierung aller Beckett-Interpretationen. Zugleich aber war das »absurde Theater« auch ein Fest für Komödianten, die in diesen Rollen brillierten. Ähnliches gilt für die Stücke von Jean Genet (1910-1986). Auch von diesem Autor kamen in der BRD in der Regie von Hans Lietzau 1961 Uraufführungen heraus. Dass diese Stücke auf deutschen Bühnen so häufig aufgeführt und in der einschlägigen Öffentlichkeit ambitioniert diskutiert wurden, war wohl auch dem Bestreben geschuldet, an die Tradition der internationalen Avantgarde, in deren Tradition dieses neue Theater gesehen wurde, wieder anzuknüpfen; eine Tradition, die 1933 abrupt abgebrochen wurde.

Ein Projekt solcher »Nachholarbeit« war erklärtermaßen auch die 1955 von Arnold Bode (1900-1977) in seiner Heimatstadt Kassel gegründete Documenta. Es war eine Überblicksschau zur bildenden Kunst, die der deutschen Öffentlichkeit ermöglichen sollte, die Entwicklungen der modernen westlichen Kunst kennen zu lernen, wieder »Anschluss« zu finden nach der Verfemung der Moderne durch die Kulturpolitik des NS-Regimes, – fernab der nationalen deutschen Kunstzentren, mitten in der Provinz, als Anhängsel der Bundesgartenschau vom selben Jahr.

Das Theater mag in den 1950er Jahren eine bemerkenswerte künstlerische Perfektion, auch eine entsprechende Reputation als kulturelle Institution erreicht haben, dennoch brachte der prominente Berliner Theaterkritiker Friedrich Luft (1911-1990) den Zustand des bundesdeutschen Theaters in diesem Jahrzehnt auf den Nenner: »Volle Häuser, geistige Leere«. »Illustrationen der Dramengeschichte!« lautete ein anderes Urteil. (Vgl. M. Brauneck 2007, 252) Den Blick auf die deutsche NS-Vergangenheit zu werfen, weigerte sich das Theater dieser Jahre entschieden. Damit aber befand es sich im Einklang mit den gesellschaftlichen Eliten in der Wirtschaft, in der Politik und in der Justiz, von denen so mancher an diese Vergangenheit nicht erinnert werden wollte.

Einer der ersten, der Unruhe stiftete im Theater der »Adenauer-Republik«, war der aus der Emigration in den USA zurückgekehrte Schauspieler und Regisseur Fritz Kortner (1892-1970). Seine Inszenierung von Schillers *Don Carlos* im Dezember 1950 am Berliner Hebbel-Theater löste »den ersten großen Theaterskandal nach dem Kriege aus«. (Vgl. K. Völker 1993, 236) Kortner, der das bundesdeutsche Theater 1948 als »erbarmungswürdig provinziell mit geringen Ausnahmen« beschrieben hatte (n. K. Völker 1993, 183), hatte eine Sicht auf Schillers Tragödie inszeniert, die sich konsequent auf die Erfahrungen mit der NS-Diktatur einließ, auch auf die psychischen Beschädigungen der Menschen, die dieses Regime verursacht hatte. Der Gegensatz zum Theater von Gustaf Gründgens war offensichtlich. »Werktreue« – Gründgens' künstlerisches Credo – bezeichnet er einmal als »Faulheit«. (n. J. Kaiser 2009, 9) Kortners Inszenierungen galten als »sperrig«. Auf eine geradezu radikale Weise nahm er die Dichter beim Wort. Seine »Helden« – so auch der Marquis von Posa in Schillers Tragödie – waren »gebrochen«, nicht »strahlend«, »besorgniserregend gezeichnet von ihrer Zeit, mit der sie hadern«. (K. Völker 1993, 358) Die katholische Kirche, repräsentiert in der Figur des in Kortners Inszenierung des *Don Carlos* gnomenhaft missgestalteten Grossinquisitors, erschien als hässliches, totalitäres System. Entgegen den traditionellen Schiller-Interpretationen vermied diese Inszenierung auch die Hervorhebung jedweder Herrscherwürde, die den alternden König Philipp II. stets zu fast mythisch-tragischer Größe überhöht hatte, – wie etwa auch Gründgens in seinem letzten Bühnenauftritt in dieser Rolle. Kortner schrieb dazu in seiner Autobiographie *Aller Tage Abend* (1959, 491): »Unter allen Einwänden gegen meine Inszenierungen war die gegen die Darstellung des Helden am leidenschaftlichsten. Wahrscheinlich hat die von mir inspirierte Darstellung gegen den herrschenden Begriff vom Heroischen verstoßen«. (n. M. Brauneck 2007, 236 f) Eine Inszenierung wie diese musste den Geist dieser Zeit – Kortner sprach vom »Ungeist« – provozieren.

Aufbruch im Theater der BRD in den 1960/70er Jahren

Dokumentartheater, »Bremer Stil«, »Kultur für alle«, Mitbestimmung im Theater, Freies Theater und das Jahrzehnt der Regisseure

Es sollte noch ein Jahrzehnt dauern, bis eine neue Generation von Autoren, Regisseuren und Theaterdirektoren an die Öffentlichkeit trat und im Theater der BRD jene Fragen stellte, denen diese Gesellschaft so lange ausgewichen war; die auch das Theater aus jener restaurativen Stagnation herausführten, die der Bundesrepublik als ganzes – als politische Befindlichkeit – immer wieder attestiert wurde.

Am Anfang dieses Aufbruchs stand erneut ein Rückkehrer aus der Emigration: Erwin Piscator, der populärste Regisseur des politischen Theaters in der Weimarer Republik. Als einstiger Kommunist war er in der BRD gebrandmarkt, in der DDR als »Formalist« unerwünscht. Nach einigen Arbeiten an verschiedenen Theatern der Bundesrepublik übernahm Piscator 1962 – noch im Theater am Kurfürstendamm – die erste Intendanz der neu errichteten Westberliner Freien Volksbühne. Programmatisch erklärte er, mit diesem Theater den Anschluss zu suchen an Schillers Wort von der Bühne als einer »moralischen Anstalt [...] jedoch in der Prägung dieses Jahrhunderts«. (E. Piscator 1968 II, 348)

Unmissverständlich erhielt die Freie Volksbühne damit einen politischen Auftrag. Im westdeutschen Theaterwesen war dies ein höchst umstrittenes Projekt, nicht weniger auch die Berufung Piscators als Intendant dieses exponierten Theaters – in der »Frontstadt« Berlin. Die »alte« Volksbühne, an der Piscator in den 1920er Jahren bereits gearbeitet hatte, lag im Ostteil der Stadt, in der DDR, und war durch Kriegseinwirkungen nahezu gänzlich zerstört worden. Ein Neuaufbau dieses Theaters fand in den Jahren 1952 bis 1954 statt.

Den künstlerischen Neuanfang im Theater der BRD aber leitete Kurt Hübner (1916-2013) ein. 1959 hatte er die Intendanz des bis dahin weitgehend unbedeutenden Ulmer Stadttheaters übernommen. Was ihm mit seinem jungen Ensemble vorschwebte, war – nach den Abstraktionen in der Kunst und im Theater der fünfziger Jahre – ein Theater der »Zeitgenossenschaft«. Hübner war auch einer der wenigen Theaterleiter in der BRD, die den Brecht-Boykott dieser Jahre nicht mitmachten. Vielmehr ließ er Peter Palitzsch (1918-2004), den einstigen Brecht-Assistenten und Mitglied des Berliner Ensembles, Anfang der sechziger Jahre drei Brecht-Stücke in Ulm inszenieren. Im Sinne seines Lehrers war Palitzsch davon überzeugt, dass »das Theater die Welt verändern [müsse], millimeterhaft, aber doch« (n. M. Brauneck 2007, 280) Dennoch war Hübner ein Theater der ideologischen Statements fremd. Mit Peter Zadek, dem Emigranten aus England, der 1958 erstmals wieder in Deutschland war, holte er einen Regisseur an das Ulmer Theater, der gegen jede politische oder ideologische Indienstnahme des Theaters immun war.

Mit diesen beiden Personalentscheidungen zeichnete sich ein Ende der Nachkriegsära im Theater der BRD ab. Auch in Frankfurt a.M. setzte Claus Peymann (geb. 1937), der 1966 als Oberspielleiter (bis 1969) ans Theater am Turm (TAT) verpflichtet wurde, mit der Uraufführung von Peter Handkes (geb. 1942) *Publikumsbeschimpfung* (1966) ebenfalls ein spektakuläres Zeichen dafür, dass eine neue Zeit im Theater der BRD angebrochen war.

1963 hatte Gustaf Gründgens die Intendanz des Deutschen Schauspielhauses in Hamburg niedergelegt und war kurz darauf verstorben. Im selben Jahr trat Konrad Adenauer vom Amt des Bundeskanzlers zurück.

Das Theater erhielt in diesen Jahren in den »publizistischen Auseinandersetzungen einen neuen Stellenwert«. (M. Brauneck 2007, 255 f) Das »Intendantentheater« der fünfziger Jahre geriet zunehmend in die Kritik. Es waren Debatten, bei denen es nicht nur um das Theater ging, sondern auch um den geistigen Zustand der Bundesrepublik. Die öffentliche Meinung war gespalten. Der Konflikt zwischen den Generationen, die Revolte der Jungen, die am Ende des Jahrzehnts eskalieren sollte, deutete sich bereits an. Die Gründung der Zeitschrift *Theater heute* im Jahre 1960 und das 1964 erstmals stattfindende Berliner Theatertreffen trugen wesentlich zu den Debatten um ein Gegenwartstheater bei.

Die innenpolitische Situation, desgleichen die intellektuelle und die kulturelle Atmosphäre der Bundesrepublik veränderten sich Anfang der 1960er Jahre von Grund auf. Freilich war zu dieser Zeit noch nicht wirklich absehbar, dass es ein Jahrzehnt der internationalen Protestbewegungen werden sollte. Erstmals aber waren nun in der bundesrepublikanischen Öffentlichkeit politische Ereignisse präsent, die weit über die Grenzen des Landes hinausgingen und bald auch auf den Straßen massenhafte Proteste auslösten: die Kriege der USA in Südostasien (Korea 1950-1953, in Viet Nam 1955-1975), die Verschärfung des Kalten Kriegs durch die Kuba-Krise (1962), die politischen Morde in den USA, von John F. Kennedy (1963) bis Martin Luther King Jr. (1965); schließlich die Niederschlagung des »Prager Frühlings« 1968 in der CSSR durch die Truppen des Warschauer Pakts. Weltweit protestierten junge Menschen gegen diese Politik. Stets auch war es ein Protest gegen die Leitbilder und die Moralvorstellungen der westlichen Industrie- und Konsumgesellschaften, gegen das »Establishment«, gegen Kapitalismus und Imperialismus, – und für die Befreiungsbewegungen in der Dritten Welt. Die neuen Idole der Demonstranten waren die Revolutionsführer in China und Mittelamerika: Mao Zedong, Hô Chi Minh, Fidel Castro und Che Guevara. Mitunter nahmen diese Protestaktionen aber auch phantasievolle, theatrale Züge an. Anknüpfungen an die Aktionen der Avantgarden des frühen 20. Jahrhunderts, vor allem der Dadaisten und der Futuristen, waren nicht zu übersehen. In der Bundesrepublik formierte sich Mitte der 1960er Jahre eine außerparlamentarische Opposition (APO) als radikal-sozialistische Gegenbewegung zur Politik der Großen Koalition, die seit 1966 die Bundesrepublik unter der Kanzlerschaft von Kurt Georg Kiesinger (1904-1988), dem seine NS-Vergangenheit nachhing, regierte. Bereits 1962 hatte die »Spiegel-Affaire« – noch unter der Kanzlerschaft von Konrad Adenauer – die Öffentlichkeit erregt und wurde als Angriff auf die Meinungsfreiheit wahrgenommen. Bei einer Demonstration gegen den Besuch des Schahs von Persien in Berlin im Juni 1967 wurde der Student Benno Ohnesorg erschossen. Im Jahr darauf fand auf offener Straße ein Mordanschlag auf den »Chefideologen« des Sozialistischen Deutschen Studentenbunds (SDS) Rudi Dutschke statt. Beides waren Wendepunkte in den Protestbewegungen auf deutschen Straßen und der Beginn einer Radikalisierung der Auseinandersetzungen auf Seiten der Demonstranten wie auf Seiten der Polizei. Zu Massenprotesten kam es im Mai 1968 gegen die von der Kiesinger-Regierung beschlossenen Notstandsgesetze, die die im Grundgesetz garantierten Freiheitsrechte der Bürger gravierend einzuschränken drohten. Demonstriert wurde immer wieder auch gegen die antikommunistischen Kampagnen der sogenannten »Springer-Presse«. In den Hörsälen protestierten die Studenten gegen die verkrusteten Strukturen an den Universitäten. In Paris löste der Protest der Studenten, mit dem sich die Gewerkschaft solidarisiert hatte, im Mai 1968 dramatische Straßenkämpfe aus. Zwischen 1963 und 1965 hatte am Schwurgericht in Frankfurt a.M. der sogenannte »Auschwitz-Prozess« stattgefunden. Nach dem Nürnberger Kriegsverbrecherprozess in den Jahren 1945/46 war es das in der BRD am meisten Aufsehen erregende Ereignis, das die Schuldfrage von Verbrechen aus der NS-Zeit ins öffentliche Bewusstsein rückte und in die Kommentare der Medien brachte.

In der kulturellen Sphäre dieses Jahrzehnts war es gleichermaßen zu einem Umbruch gekommen, der für den Rest des Jahrhunderts die Bundesrepublik – auch das Theater – verändern sollte. Erste Impulse dafür kamen aus den USA. So war bereits in den 1950er Jahren in New York ein Theaterkollektiv gegründet worden, das zum Inbegriff einer westlichen Kulturrevolution wurde: The Living Theatre. 1962 zeigte die Truppe von Julian Beck (1925-1985) und Judith Malina (1926- 2015) erstmals ihre Arbeiten auch in der BRD. 1968 hatte The Living Theatre seinen Skandalauftritt beim Theaterfestival in Avignon, wo sie ihre Produktion *Paradise Now* zeigte, die sich ursprünglich über die gesamte Stadt hin ausbreiten sollte, was der Bürgermeister von Avignon allerdings verhinderte. Daraufhin verkündete das New Yorker Theaterkollektiv vor seiner Abreise ihr radikalstes, politisches Statement: »Revolutionär sein, heißt frei sein [...] das wahre Theater ist der Kampf Che Guevaras in Bolivien und der Aufstand der Studenten in Paris«. Kunst und Leben wurden in eins gesetzt; eine alte Forderung aller Avantgardisten. Die Gruppe selbst zelebrierte diese Einheit in ihrem Protest gegen den American Way of Life.

Auch die schon Mitte der 1950er Jahre in den USA und in England aufkommende Pop Art war eine Revolte gegen den guten Geschmack und die kulturellen Standards des Establishments. Hatten die Anfänge der Protestbewegungen in den 1950er Jahren – in England etwa waren es die »Angry Young Men«, in den USA Filme wie *Denn sie wissen nicht, was sie tun* mit James Dean in der Hauptrolle – noch keine dezidiert politische Stoßkraft, sondern waren Ausdruck einer Frustration, deren Gewaltpotential sich jedoch schon andeutete, so verbreiteten sich in den 1960er Jahren von den kalifornischen Universitäten aus die theoretischen Stichworte für eine politisch motivierte Kulturrevolution, die mit epochalem Anspruch auftrat: eine marxistisch begründete Fundamentalkritik an den westlichen Industriegesellschaften und deren Kulturbetrieb.

1960 trat eine Liverpooler Rock-Band im Indra-Club in Hamburg erstmals unter dem Namen »The Beatles« auf. Im September 1965 gaben die Rolling Stones ihr erstes Konzert in Deutschland, in Münster. Am Ende dieses turbulenten Jahrzehnts kamen im August 1969 beim Musikfestival in Woodstock/USA mehr als 500.000 junge Menschen zusammen und feierten den Frieden, die Musik und die Liebe. »Fuck the System« war ihre Antwort auf alles, was sie Establishment oder das »System« nannten. Letztlich war es eine große Freiheitsvision, die diese jungen Menschen bewegte. In ihrer Musik – aber auch in den Phantasiewelten ihrer Drogenträume – konnten sie dieses Freiheitsgefühl ausleben.

In den USA und in England entstand eine neue, unabhängige Theaterszene, die sich außerhalb des traditionellen theaterkulturellen Gefüges konstituierte. In den USA hieß das vor allem außerhalb des Broadway; zunächst »Off-Broadway«, dann rückte die Szene noch weiter auf Distanz: »Off-Off-Broadway«. Diese Theatergruppen verfolgten andere Ziele als der etablierte, hoch kommerzielle Theaterbetrieb. Sie hatten ihr eigenes (ein junges) Publikum, erfanden eine neue Ästhetik und erprobten kollektive Arbeitsweisen. Die meisten Gruppen dieser Theaterbewegung solidarisierten sich mit den Protestbewegungen dieser Jahre und waren auf eine mehr oder weniger dogmatische Weise politisch »links«. In der BRD setzte die Entwicklung eines unabhängigen, »freien« Theaters erst gegen Ende des Jahrzehnts ein. Anders als in den angelsächsischen Theaterkulturen gab es in Deutschland – ebenso in der Sowjetunion – bereits seit den 1920/30er Jahren eine starke Tradition des politischen Theaters. In England war Joan Littlewoods (1914-2002) Theatre Workshop (gegr. 1945) ein nahezu singuläres Unternehmen, das politisches Theater in einer unterhaltsamen Form mit Kabarett und Revue verband. Littlewoods Überzeugung war, dass »das Publikum hat keine Lust hat, im Namen der Kunst zu leiden«. (n. J. Kaiser 2009, 9)

Anfang der sechziger Jahre kam in der BRD mit dem Dokumentartheater ein in dieser Form nahezu ausschließlich deutsches Genre auf die Bühnen. Es waren Stücke, die sich »dokumentarisch« mit den Verbrechen in der NS-Zeit, dem Problem der atomaren Kriegsführung und dem Krieg der USA in Viet Nam auseinandersetzten. In Rolf Hochhuths (geb. 1931) »christlichem Trauerspiel« – so der Untertitel – *Der Stellvertreter* (1963) ging es um das Verhalten von Papst Pius XII. zur Verfolgung der Juden und legte in einem Anhang der Buchausgabe des fünfaktigen Stücks Dokumente vor, die die historische Wahrheit dieser Ereignisse beweisen sollten. Die Aufführung löste einen unerhörten Skandal aus und wurde in der Öffentlichkeit leidenschaftlich diskutiert. Erstmals war – auf der Grundlage von Dokumenten – die fragwürdige Haltung der katholischen Kirche zur Judenverfolgung und zum NS-Regime thematisiert worden. Für die Freie Volksbühne in Westberlin, an der Piscator die Uraufführung des Stücks inszeniert hatte (noch im Theater am Kurfürstendamm), war diese Aufführung ein enormer Erfolg, ebenso in vielen anderen westeuropäischen Theatern. »Im ersten Jahrzehnt nach der Uraufführung wurde das Stück an mehr als 60 Bühnen in 26 Ländern inszeniert.« (M. Brauneck 2007, 263)

Dass es im Theater um historische Ereignisse oder Personen geht, war keineswegs neu. Das europäische Theater kennt derartige Stücke seit seinem Beginn in der Antike. Im Dokumentartheater der 1960er Jahre aber war die deutsche Zeitgeschichte das Thema, die Verstrickung in die NS-Verbrechen bzw. moralische Grundsatzfragen, die in der Öffentlichkeit dieser Jahre eine leidenschaftlich und kontrovers geführte Diskussion ausgelöst hatten. Das Dokumentartheater nahm Stellung, war parteilich, setzte auf die Überzeugungskraft von Dokumenten und darauf, dass der Theaterzuschauer, damit konfrontiert, nicht in das »Nur-Ästhetische«, wie Piscator es formuliert hatte (1968 II, 324), ausweichen könne. Dem Theater sollte auf diese Weise eine neue Qualität zuwachsen: öffentliches Forum zu sein in der Diskussion um das Problem der moralischen Verantwortung einer Gesellschaft.

Als »offene Uraufführung« kam am 24. Oktober 1965 *Die Ermittlung* (1965) von Peter Weiss (1916-1982) an 17 europäischen Bühnen zur gleichen Zeit heraus. Peter Weiss, der 1933 aus Deutschland nach Schweden emigriert war, hatte das Stück in elf »Gesänge« gegliedert und ein »Oratorium« genannt. Weiss hatte sich für ein hochartifizielles Strukturprinzip entschieden, das Dantes *Göttlicher Komödie* (1307 bis 1321) nachempfunden war, – wohl auch, um zu dieser brisanten Thematik eine gewisse poetische Distanz herzustellen. Seiner *Ermittlung* hatte Weiss die Protokolle des Frankfurter »Auschwitz-Prozesses« zugrunde gelegt. Im Programmheft – eigentlich sollte es eine »Kampfschrift« (E. Piscator) sein – zur Aufführung an der Freien Volksbühne, schrieb Piscator, der in Westberlin auch die Uraufführung dieses Stücks inszeniert hatte, dass jeder Zuschauer für sich seine moralische Verantwortung festlegen und darüber entscheiden solle, ob er sich in der Rolle eines Zeugen, als Angeklagter oder als Geschworener sieht – »angesichts der Fakten«, die das Stück vorlegt. In einem Kommentar, den Piscator als seine *Nach-Ermittlung* (E. Piscator 1968 II, 326 f) überschrieben hatte, berichtet er über die Reaktionen auf diese Aufführung: über das Verhalten des Publikums während der Aufführung, über die zahlreichen Briefe an ihn, über Zustimmung und Schmähungen und über die Äußerungen der Kritiker in den Medien. Vor allem in den »publizierten Reaktionen« auf das Stück, das sich – anders als Hochhuths *Stellvertreter* – nicht gegen das Verhalten einer einzelnen Person, des Papstes, richtet, sondern das Verhalten einer ganzen Nation auf ihre moralische Schuld hin zur Diskussion stellt, sahen sich Autor und Regisseur mit Angriffen von äußerster Aggressivität konfrontiert. Auch wurde der »Kunstwert« des Stückes immer wieder problematisiert. Nun sei aber *Die Ermittlung* ohnehin kein gewöhnliches »Stück«, wie Piscator selbst schrieb (1968 II, 324), sondern ein Ritual der »erschütterndsten und sinnlosesten Passion der Weltgeschichte. Nicht mehr die Furcht vor den Göttern, sondern die Furcht des Menschen vor sich selbst wird hier zum Kulterlebnis.« Mit diesem Stück – so Piscator – sei das Theater wieder zur »moralischen Anstalt« geworden.

Einen Skandal, der sich zwar vornehmlich in der Theatersphäre aber auch in der medialen Öffentlichkeit abspielte, war die Uraufführung von Peter Weiss' Stück *Viet Nam Diskurs* (1968) auf der Werkraumbühne der Münchner Kammerspiele. Regie führte Peter Stein (geb. 1937). Der reguläre Titel dieses Dokumentarstücks, der weitgehend schon dessen Tendenz signalisiert, lautet: *Diskurs über die Vorgeschichte und den Verlauf des lang andauernden Befreiungskrieges in Viet Nam als Beispiel für die Notwendigkeit des bewaffneten Kampfes der Unterdrückten gegen die Unterdrücker sowie die Versuche der Vereinigten Staaten von Amerika die Grundlage der Revolution zu vernichten.* Am Ende der Münchner Aufführung rief ein Schauspieler das Publikum auf, Geld zu spenden für den Kauf von Waffen für die vietnamesische Befreiungsbewegung, den Vietcong. Die Aufführung wurde nur noch dreimal wiederholt, dann aber wegen dieses Aufrufs von der Intendanz abgesetzt. Der Regisseur wurde entlassen. Peter Stein ging nach einem kurzen Engagement als Regisseur in Zürich an das Schauspielhaus in Bremen. Kurt Hübner hatte gerufen.

Von Peter Weiss war bereits 1964 am Berliner Schiller-Theater die Uraufführung – in der Regie von Konrad Swinarski (1929-1975) – des auf den europäischen Bühnen weitaus erfolgreichsten seiner Stücke heraus gekommen: *Die Verfolgung und Ermordung des Jean Paul Marat, dargestellt durch die Schauspielgruppe des Hospizes zu Charenton unter Anleitung des Herrn de Sade*. Weiss lässt darin die beiden Gegenspieler, Marat und de Sade, über den Sinn von Revolutionen diskutieren. Das überaus bühnenwirksame Stück, das noch im Jahr der deutschen Uraufführung an sieben ausländischen Bühnen aufgeführt wurde (vgl. M. Brauneck 2007, 264), kann als eine Art theoretischer Diskurs zu den Dokumentarstücken angesehen werden. Über die Zeit seiner Entstehung hinaus wird das Stück noch heute aufgeführt.

Auch die Uraufführung von Heinar Kipphardts (1922-1982) Stück *In der Sache J. Robert Oppenheimer* (1964) inszenierte Piscator an der Freien Volksbühne in Westberlin. Grundlage dieses Dokumentarstücks war das Protokoll der Verhandlung, die die US-Regierung gegen den Physiker und Leiter des amerikanischen Atombomben-Entwicklungsprogramms Robert Oppenheimer geführt hatte. In dieser Verhandlung sollte geprüft werden, ob Oppenheimer wegen seiner früheren Kontakte zu Kreisen, die mit den Kommunisten sympathisierten, ein Sicherheitsrisiko für die USA darstellen würde. Oppenheimer plädierte im Verlauf der Verhandlung dafür, dass für einen Wissenschaftler die moralische Verantwortung »gegenüber der Menschheit« stets den Vorrang haben müsse vor seiner Loyalität gegenüber dem Staat, für den er arbeitet. Sein Gegenspieler, der Atomphysiker Edward Teller, ein leidenschaftlicher Befürworter der amerikanischen Rüstungspolitik, wies die Berufung Oppenheimers auf »moralische« Motive seines Handelns zurück. Sie würden für einen Wissenschaftler nicht gelten. Dieser sei in seiner Arbeit ausschließlich dem wissenschaftlichen Fortschritt verpflichtet. In Piscators Inszenierung spielte sich die »Verhandlung« weitgehend als realistische Theaterszene ab, während gleichzeitig dokumentarische Filmprojektionen im Hintergrund der Bühne die verheerenden Auswirkungen atomarer Kriegsführung zeigten, außerdem Szenen aus einem Verhör Oppenheimers durch Beamte des FBI. Wieder war die Aufführungen des Stücks ein enormer Erfolg weit über Berlin hinaus. »Das Stück wurde in der Spielzeit 1964/65 an 25 deutschen Bühnen aufgeführt.« (M. Brauneck 2007, 263)

Nach den sechziger Jahren verschwand das dokumentarische Theater nahezu gänzlich von den Spielplänen der deutschen Theater. Offensichtlich war der außerordentliche Erfolg dieser Form des politischen Theaters in hohem Maße dem Kontext aktueller öffentlicher Diskussionen geschuldet. Deren Themen wurden – quer durch die Generationen – in der Öffentlichkeit kontrovers diskutiert und drohten, die Gesellschaft der BRD zu spalten. So wurden auch die Stücke des dokumentarischen Theaters anders rezensiert als üblicherweise Theateraufführungen. Stets ging es auch um die Bewertung der einschlägigen historischen Ereignisse, letztlich immer wieder um die Schuldfrage. Die Parteinahme des Dokumentartheaters bei der Aufarbeitung der NS-Verbrechen war eindeutig; ebenso eindeutig aber war die Position, die es einnahm, hinsichtlich der moralischen Verantwortung der Wissenschaftler im Zusammenhang mit einer militärischen Nutzung der Atomspaltung. Keineswegs ging es um »objektive« Geschichtsschreibung. Das Dokumentartheater verstand sich als Akteur in einer kritischen Öffentlichkeit. Darin lag seine Stärke aber auch seine Schwäche. Seine Stärke war die Eindringlichkeit und Faszination der Bühnenpräsentation und die vermeintliche Authentizität dieser Stücke, ihres Zeitbezugs, die nicht nur eine erfundene Parabel – wie etwa Max Frischs *Biedermann und die Brandstifter* (1958) oder *Andorra* (1961) – auf die Bühne brachten. Seine Schwäche aber war die Abhängigkeit von der Dynamik einer außerhalb des Theaters in der Öffentlichkeit geführten Diskussion, nicht weniger auch der Verzicht auf jene Erkenntnismöglichkeiten, die eine zum Modell verdichtete Fiktion immerhin zu bieten vermag, über die zeitgeschichtliche Aktualität hinaus.

Dass das Theater mit seinem Bezug auf Dokumente »die Gefilde des Nur-Ästhetischen« verlassen würde, war eine Illusion. Transferiert doch die Bühne jedwedes Geschehen auf jenen Brettern- »die die Welt bedeuten« – in eine Sphäre des Spiels, der Imagination, im besten Fall auch der Kunst. In der *Ermittlung* standen nicht die wirklichen Angeklagten auf der Bühne, sondern Schauspieler, die die Rollen dieser Angeklagten spielten. Dennoch hatte sich das Theater wie kaum je zuvor in die öffentliche Diskussion um die Auseinandersetzung der Deutschen mit der NS-Vergangenheit eingemischt, hat mit journalistischen Mitteln und Methoden der Geschichtsforschung einen wichtigen Beitrag zu dieser Auseinandersetzung geleistet.

Von Beginn an sah das Dokumentartheater seine Funktion auch darin, die Berichterstattung in den Medien, vor allem in der »Springer-Presse«, der ein tendenziöser Umgang mit den politischen Vorgängen und den Protesten der Studenten und des SDS unterstellt wurde, zu korrigieren.

Anders als Piscator in Berlin setzte Kurt Hübner bereits in seiner Intendanz in Ulm auf ein Theater ohne direkte politische Stellungnahme, – auf ein Theater für ein junges Publikum. Auch in Bremen verfolgte er diese Richtung weiter. Hübner hatte dort Peter Zadek (1926- 2009) zu seinem Schauspieldirektor gemacht und damit ein Zeichen gesetzt. Schon in Ulm hatte Zadek, der 1958 aus dem englischen Exil zurück gekehrt war, mit seiner ersten Inszenierung, Shakespeares Stück *Der Kaufmann von Venedig* (1961), Furore gemacht. Kein anderer Regisseur hätte es zu dieser Zeit gewagt, von dem Juden Shylock ein so unsympathisches Bild auf der Bühne zu präsentieren. Günther Rühle (2014, 813) sprach im Zusammenhang einer späteren Inszenierung dieses Stücks davon, dass »für Zadek Shylock ein potentieller Mörder« sei. Am meisten Aufsehen und Streit in der Ulmer Stadtverwaltung aber erregte Zadeks Inszenierung (1961) von Brendan Behans (1923-1964) Stück *Die Geisel*. Es war ein furioses Statement für ein »anarchisches Volkstheater« (M. Brauneck 2007, 273), das – wie Zadek in seiner Autobiographie (1998, 302) später schrieb – »gegen alles rebellierte«. Die Inszenierung verletzte alle im Theater noch geltenden Tabus. Der Ulmer Stadtrat erwog die Absetzung des Stücks.

In Bremen waren Zadeks Shakespeare-Inszenierungen, *Held Henry* (1964, nach *Heinrich IV.*) und *Maß für Maß* (1967), sehr freie Auseinandersetzungen mit diesen Dramen. *Held Henry* sollte ein Antikriegsstück sein. In Zadeks Autobiographie heißt es, dass es letztlich doch eher »eine Modenschau mit Kriegsausrüstungen« gewesen sei. In *Maß für Maß* ließ er seine Schauspieler das Triebleben der Shakespeare'schen Figuren exzessiv ausleben. Wilfried Minks hatte um die Bühne einen Rahmen aus Glühbirnen gelegt, der dem Treiben der Akteure den Charakter einer Spielbuden-Veranstaltung verlieh. In Schillers *Räuber* (1966) agierten die Schauspieler vor einem riesigen Comic von Roy Lichtenstein, dem damals bekanntesten amerikanische Pop Art-Künstler.

Seine wichtigste Inszenierung in Bremen aber war *Frühlings Erwachen* (1965) von Frank Wedekind. Es war eine beklemmend genaue Studie der psychologischen Befindlichkeiten junger Menschen. Deren Spiel fand auf einer nahezu leeren Bühne statt. Einziges Requisit war ein riesiges, verschiebbares Foto der englischen Schauspielerin Rita Tushingham, eines Teenager-Idols aus dem Film *Bitterer Honig*.

Peter Zadek verließ 1967 das Bremer Theater und übernahm einige Jahre später die Intendanz des Schauspieltheaters in Bochum.

Zadeks Arbeitsweise war neu im Theater der Bundesrepublik. In einem Interview meinte er, dass er den deutschen Schauspielern erst beibringen musste, »wie man aus einem Glas trinkt, dass es aussieht, dass man aus einem Glas trinkt – und nicht eine Kunstaktion macht.« Und: Der deutsche Schauspieler würde von einem Stuhl nicht einfach aufstehen: »[...] er erhebt sich«. (n. O. Ortolani 1998, 135 f) Zadeks Theater, das immer wieder auch Elemente der Revue und des Kabaretts einsetzte, brachte eine neue Leichtigkeit ins deutsche Theater, aber auch eine Art des genauen Hinsehens, eine Kühle und Sachlichkeit gerade auch in Szenen von großer Emotionalität; – kurzum: eine Spielweise, wie sie für das englische Theater typisch ist. Zadek entlastete das Theater offenbar von jener Bedeutsamkeit, von jener Schwere und jenem Pathos, wohl eben von dem »Mehr«, das man in Deutschland vermeintlich vom Theater erwartet. Es war ein Affront gegen das deutsche Bildungstheater. Andererseits aber boten ihm die deutschen Stadttheater sehr viel bessere Arbeitsbedingungen als die Privattheater in England. Zadek empfand dies geradezu als eine »herrliche Befreiung«. (P. Zadek 1998, 242) Bereits in Ulm hatte er ein junges Ensemble vorgefunden, das sich auf seine Spielweise einzulassen bereit war, und er hatte in Wilfried Minks einen kongenialen Bühnenbildner an der Seite.

Zusammen mit Peter Stein, der 1968 als Regisseur ans Bremer Theater gekommen war, und Wilfried Minks (1930-2018) entwickelte das Bremer Ensemble, dem unter anderen Bruno Ganz (geb. 1941), Edith Clever (geb. 1940), Hannelore Hoger (geb. 1939) und Jutta Lampe angehörten, den legendären »Bremer Stil«. Es war eine Art Realismus, der die Künstlichkeit des Theaters in forcierter Manier ausstellte. Henning Rischbieter (1927-2013), einer der einflussreichsten Theaterkritiker in der BRD und Mitbegründer der Zeitschrift *Theater heute*, bezeichnete diesen Stil als »Hyper-Realismus«.

Stein verließ das Bremer Theater 1970 und übernahm die künstlerische Leitung der Schaubühne am Halleschen Ufer in Berlin, eines Privattheaters, das der Berliner Senat jedoch hoch subventionierte. Seine letzte Inszenierung in Bremen war Goethes Tragödie *Torquato Tasso* im März 1969. Es ging in dieser Inszenierung um den Widerspruch zwischen den Erwartungen der Gesellschaft vom Theater und dem Anspruch des Künstlers auf freie Selbstverwirklichung. Letztlich war es ein Statement des Regisseurs auch hinsichtlich der politischen Wirkungslosigkeit des Theaters. Es war ein Affront allen gegenüber die glaubten, mit dem Theater politisch etwas bewirken oder die Menschen erziehen zu können. Für die Bremer *Tasso*-Inszenierung hatte Wilfried Minks das Bühnenbild geschaffen. Bruno Ganz spielte die Titelrolle. Begleitumstände dieser Inszenierung waren – im Geiste dieser turbulenten Jahre – heftige Diskussionen im Ensemble und in der Öffentlichkeit zur gesellschaftlichen Funktion der deutschen Stadttheater. Auch um die Stellung der Intendanten ging es. (Vgl. M. Brauneck 2007, 278 f)

Hübner, der auch selbst inszenierte, gelang es immer wieder, Talente an sich und an sein Theater zu binden. So engagierte er zwei junge Regisseure, mit denen er seinen Kurs fortsetzen konnte: Klaus Michael Grüber (1941-2008), der als Assistent von Giorgio Strehler am Piccolo Teatro di Milano gearbeitet hatte, und Rainer Werner Fassbinder (1945-1982), der in München das »antiteater« betrieb und für *Katzelmacher* soeben mit dem deutschen Filmpreis ausgezeichnet worden war. Beide Regisseure trugen durch ihre hoch artifiziellen, aus der Regie – weniger aus den Stücken – entwickelten Inszenierungen wesentlich dazu bei, dass in diesen Jahren »Regietheater« zu einer Kategorie wurde, um die eine Art Kulturkampf um das Theater ausbrach. Es waren insbesondere Inszenierungen von Grüber – so etwa Shakespeares *Sturm* (1969) – und von Fassbinder – die Auftragsarbeit *Bremer Freiheit* (1971) – die in ihrer Radikalität, mit der die Regisseure mit den herkömmlichen Theatermitteln samt den Texten umgingen, Skandale nicht nur auslösten, sondern wohl auch provozierten. Im Streit mit dem Bremer Senat verließ Hübner 1973 das Bremer Theater und übernahm die Direktion der Freien Volksbühne in Westberlin.

Peter Palitzsch, der als Gastregisseur auch in Bremen inszeniert hatte, war 1966 Schauspieldirektor am Württembergischen Staatstheater in Stuttgart geworden. Er hatte an diesem Theater schon in den 1950er Jahren als Regisseur gearbeitet. Unter anderem brachte er dort die Uraufführung von Brechts Stück *Der unaufhaltsame Aufstieg des Arturo Ui* (1958) heraus. Für Palitzsch, der wegen des Baus der Berliner Mauer im August 1961 mit dem DDR-Regime gebrochen hatte, war die Theaterarbeit eine Frage der »Haltung«. Im Sinne seines Lehrers Brecht war für ihn das »klare Verstehen des Stücks« das eigentliche Ziel der Regie-Arbeit. Theater war für ihn zwar keine »moralische Anstalt«, aber es sollte den Menschen helfen, ihre Lebenssituation besser zu verstehen. Dabei war es für ihn keine Frage, dass der Sozialismus die politische Theorie sei, die den Weg in eine besserer Welt, als die gegenwärtige es ist, weisen würde. Seine »Herkunft von Brecht« (P. Palitzsch) war für ihn zum künstlerischen Credo geworden. In diesem Sinne war er auch angetreten, das Stuttgarter Staatstheater zu führen. Seine wichtigste Inszenierung an dieser Bühne war ein monumentales, auf mehrere Spielzeiten hin angelegtes Projekt: *Krieg der Rosen*, Shakespeares mehrteiliges Historienwerk. Die vier Stücke brachte Palitzsch zwischen 1967 bis 1970 heraus. Die »Mechanismen der Macht« freizulegen, darum ging es dem Regisseur in dieser Dramenfolge. Der Bezug zur politischen Situation der Bundesrepublik schien ihm offensichtlich zu sein: Es war die »Unfähigkeit, aus der geschichtlichen Situation zu lernen«. (n. M. Brauneck 2007, 285) Auch wurde unter Palitzsch, der sich mehrfach auch zum politischen Zeitgeschehen äußerte, das Schauspieltheater in Stuttgart zu einer Bühne für deutsche Gegenwartsdramatik. Bemerkenswerteste Inszenierung in diesem Zusammenhang war 1968 die Uraufführung von Tankret Dorsts (1915-2017) Stück *Toller*. Ein Mitbestimmungsmodell, das Palitzsch im Sinne einer Demokratisierung der Theaterleitung für das Württembergische Staatstheater anstrebte, konnte auf der politischen Ebene nicht durchgesetzt werden.

Palitzsch verließ Stuttgart und übernahm 1972 den Vorsitz in einem Dreierdirektorium am Schauspielhaus in Frankfurt a.M. In dem Frankfurter Kulturpolitiker Hilmar Hofmann hatte er einen engagierten Mitstreiter bei der Einführung eines Mitbestimmungsmodells. In der ideologisch getönten Sprache dieser Jahre ging es dabei um die »Demokratisierung der Produktionsverhältnisse« und um die Unterstellung, dass ein Kollektiv stets »produktiver« sei als ein einzelner. Auch sei die Führung eines Theaters durch nur einen künstlerisch Verantwortlichen ein nicht mehr zeitgemäßes Modell für die Leitung eines Theaterbetriebs. Bereits 1970 war ein Versuch Hoffmanns, ein solches Modell für das Frankfurter Theater durchzusetzen, am politischen Widerstand gescheitert. Eingeführt wurde die Mitbestimmung allerdings am Theater am Turm (TAT), dem der Frankfurter Senat den Status einer – auch in dieser Hinsicht – Experimentierbühne eingeräumt hatte.

Ein Großteil des Frankfurter Publikums ging den Weg, den Palitzsch vorgegeben hatte, allerdings nicht mit. Mit der Übernahme seiner Intendanz kam die Befürchtung auf, nun ein »Theater der Belehrung« erwarten zu müssen. Mehr als 4000 Abonnenten kündigten ihren Vertrag. Mit der ersten Inszenierung des neuen Intendanten sahen viele ihre Befürchtungen bestätigt. Aufgeführt wurde *Lear* von Edward Bond. Es waren vor allem die Gewaltszenen des Stücks, obwohl sie Palitzsch »mit äußerst kritischer Distanz« (B. Henrichs) inszeniert hatte, die massenhaft Proteste im Publikums auslösten. Vollends überfordert war das Frankfurter Publikum, als in der Regie von Hans Neuenfels (geb. 1941) Shakespeares Stück *Troilus und Cressida* (1972) aufgeführt wurde. Zu einem völligen Eklat kam es schließlich anlässlich von dessen Inszenierung der *Medea* von Euripides (1976). Die Titelrolle spiele Elisabeth Trissenaar (geb. 1944) mit feministischem Furor. Ein Publikumserfolg wurde diese Inszenierung aber dennoch. Heftigste Publikumsproteste löste auch Michael Grübers Inszenierung von Brechts frühem Stück *Im Dickicht der Städte* (1973) aus. Es waren Inszenierungen wie diese, die die Diskussion um das sogenannte »Regietheater« immer wieder hoch kochen ließen. Mit dem Weggang von Peter Palitzsch aus Frankfurt (1980) wurde auch das Mitbestimmungsstatut am Schauspielhaus wieder abgeschafft.

In Stuttgart war mit Beginn der Spielzeit 1974/75 Claus Peymann der Nachfolger von Palitzsch in der Direktion der Schauspielabteilung geworden. Peymanns Amtsantritt war begleitet von politischen Turbulenzen. Befürchtet waren »extremistische Tendenzen« und eine bedenkliche Politisierung in der Führung des Staatstheaters. (Vgl. M. Brauneck 2007, 339)

Schon in seiner Funktion als Oberspielleiter am TAT in Frankfurt war Peymanns Engagement für den österreichischen Autor Peter Handke (geb. 1942) offenkundig. Zu einer ebenso intensiven Zusammenarbeit kam es mit Thomas Bernhardt (1931-1989), von dessen Stück *Ein Fest für Boris* (1970) er am Deutschen Schauspielhaus in Hamburg die Uraufführung herausgebracht hatte. An den Salzburger Festspielen folgte die Uraufführung von *Der Ignorant und der Wahnsinnige* (1972), schließlich am Wiener Burgtheater *Die Jagdgesellschaft* (1974). In Stuttgart war *Minetti* (1977), mit Bernhard Minetti (1905-1998) in der Titelrolle, ebenfalls eine Uraufführung, einer der Höhepunkte in Peymanns Intendanz.

In Stuttgart scharte Claus Peymann, der allerdings keinerlei Ambitionen hatte, an seinem Theater ein Mitbestimmungsmodell einzuführen, einen festen Stamm an Mitarbeitern um sich, die ihm später bei seinem Weggang nach Bochum nahezu geschlossen folgten. Neben Vera Sturm war Hermann Beil (geb. 1941) sein Dramaturg und blieb es über viele Jahre hin bis zu Peymanns Ausscheiden von seiner letzten Intendanz, dem Theater am Schiffbauerdamm in Berlin 2017; dazu das Ensemble: Branko Samarovski (geb. 1939), Gert Voss (1941-2014), Martin Schwab (geb. 1937), Traugott Buhre (1929-2009) und Martin Lütge (1943-2017), Therese Affolter (geb. 1951), Lore Brunner (1950-2002) und vor allem Kirsten Dene (geb. 1943); die Bühnenbildner Achim Freyer (geb. 1934), Karl Kneidl (geb. 1940) und Karl-Ernst Herrmann (geb. 1936).

Peymann ist ein Regisseur, der dem Werk des Dichters einen hohen Grad an Verbindlichkeit einräumt. In seinem Stuttgarter Spielplan waren klassische Dramen und Stücke zeitgenössischer Autoren gleichermaßen vertreten. Von den »Klassikern« waren seine Inszenierungen von Schillers Stück *Die Räuber* (1975), Kleists Schauspiel *Das Käthchen von Heilbronn* (1975), Goethes *Iphigenie* (1977) und der beiden Teile von Goethes *Faust* (1977) unstrittig Höhepunkte. Einen politischen Skandal löste die Absicht aus, das Stück *Bambule* von Ulrike Meinhof aufzuführen, eine szenisch ausgearbeitete Recherche über die Zustände in einem Fürsorgeheim für junge Mädchen. Das Vorhaben kam durch die Intervention des Generalintendanten des Württemberger Staatstheaters nicht zustande. Ulrike Meinhof hatte kurz zuvor im Gefängnis Stammheim Selbstmord begangen. Wenig später ermordete die RAF den Bankier Jürgen Ponto und den Präsidenten der Bundesvereinigung der Deutschen Arbeitgeberverbände Hanns Martin Schleyer. Ein Brief an Peymann, mit der Bitte um Spenden für eine Zahnbehandlung inhaftierter Terroristen, den Peymann im Theater aushängte, ließ die politisch extrem angespannte Situation am Staatstheater vollends eskalieren. Dem Schauspieldirektor wurde deutlich gemacht, dass die Staatsregierung an einer Verlängerung seines Vertrags kein Interesse habe. Peymann setzte nun mit den Mitteln des Theaters zu einer Art Gegenwehr an. Neben Inszenierungen mehrerer Stücke von Bertolt Brecht brachte er den anarchistischen Schwank *Bezahlt wird nicht* (1978) von Dario Fo (1926-2016) – lange Jahre im italienischen Theater der Unruhestifter par excellence – heraus und löste damit eine Aufführungsfolge weiterer Stücke von Fo an bundesdeutschen Theatern aus. Er selbst inszenierte die Uraufführung von Thomas Bernhards Stück *Vor dem Ruhestand* (1979). Es war quasi sein »Abschiedsgeschenk« an das Stuttgarter Publikum. In Bernhards Stück feiert ein ehemaliger stellvertretender KZ-Kommandant (in dieser Rolle Traugott Buhre) den Geburtstag des einstigen SS-Führers Heinrich Himmler. In der Bundesrepublik hatte der Protagonist dieses Stücks eine beachtliche politische Karriere gemacht. Durch die Medien ging zu dieser Zeit die Nachricht, dass der Württembergische Ministerpräsident Filbinger unter dem NS-Regime Richter bei der Kriegsmarine war. Die Parallelen zu Bernhards Stück waren kaum zu übersehen. Filbinger ist im Jahr darauf zurückgetreten.

1979 verließ Peymann Stuttgart. Beim Theaterpublikum der Stadt hatte er sich einen hervorragenden Ruf erarbeitet. Er übernahm noch im selben Jahr die Intendanz am Schauspiel Bochum als Nachfolger von Peter Zadek. Peymanns Nachfolger in Stuttgart wurde der ehemalige Piscator-Assistent Hansgünther Heyme (geb. 1935). Im Gegensatz zu Claus Peymann war Heyme ein typischer Vertreter des in diesen Jahren heiß umstrittenen »Regietheaters«, jedoch – ganz im Sinne seines Lehrers Erwin Piscator und wie Peymann auch –, ein engagierter Verfechter eines politischen Aufklärungstheater. Für Heyme war das Theater »subventionierte Opposition« (H. Heyme). Er blieb bis 1985 in

Stuttgart. Von 1990 bis 2003 war Hansgünther Heyme künstlerischer Leiter der Ruhrfestspiele in Recklinghausen.

Dass in den 1960/70er Jahren von einigen der großer Staatstheater der Bundesrepublik politische Botschaften ausgingen, durchweg im Sinne einer Kritik an der Bonner Republik und einigen ihrer Repräsentanten, war letztlich mit dem Namen und der politischen Haltung der Intendanten dieser Theater verbunden. Es waren durchweg prominente Theaterleiter und Regisseure wie Piscator, Palitzsch, Peymann oder auch Heyme und Jürgen Flimm (geb. 1941) in Köln, die sich in die öffentlichen Debatten einmischten und sich und »ihre« Theater in den politischen Auseinandersetzungen dieser Jahre eindeutig positionierten. Es waren die Überzeugungen dieser Intendanten, die die Institution Theater zum Forum ihrer politischen Ansichten machten. Dass diese Bühnen administrativ und durch die Zuweisung der Subventionen von der politischen Sphäre aber letztlich abhängig waren, gehörte zu den Widersprüchen dieser Situation. Letztlich ging es um Verträge, um Hierarchien innerhalb der Theaterbetriebe und gegenüber der Kulturadministration oder um die Schließung von Theatern auf Grund von haushaltspolitischem Entscheidungen. Dies waren die Grenzen der Wirksamkeit der Institution Theater – im Gefüge des Systems der Stadt- und Staatstheater. Sich demgegenüber einen Freiraum zu schaffen, war in diesen Jahren das hauptsächlich vorgetragene Argument der Freien Szene.

Ein kurzer Rückblick auf die Anfänge dieses Jahrzehnts: In der BRD waren die frühen 1970er Jahre zwar noch vom Aufbruchselan der späten sechziger Jahre geprägt. Das Attentat palästinensischer Terroristen im September 1972 auf die israelische Mannschaft bei der Olympiade in München verdüsterte allerdings die Stimmung im Lande. Es war dies aber nur ein Vorgeschmack auf die Ereignisse am Ende des Jahrzehnts, auf den »deutschen Herbst« (1977), als die Terroraktionen und die Morde der RAF die Bundesrepublik beinahe ins Chaos stürzten.

Die Vision, die das New Yorker Theaterkollektiv The Living Theatre 1968 in Avignon verkündet hatte, klang zu Beginn dieser siebziger Jahre noch nach: »Paradise Now« hieß es. Willy Brandt war 1969 Bundeskanzler einer sozialliberalen Koalition geworden. Sein Bild vom Kniefall (1970) vor dem Mahnmal des Warschauer Ghettos war durch die internationale Presse gegangen. Brandts Aufruf »Mehr Demokratie wagen!« hatte das intellektuelle Klima in der BRD verändert. Eine offenere Gesellschaft schien möglich zu sein. Diese Erwartung erfasste vor allem auch die Künstler und Intellektuellen, die ein früherer Bundeskanzler einmal die »kleinen Pinscher« genannt hatte. Endlich kamen sie in einen Dialog mit den Regierenden. 1972 allerdings verfügt die Regierung Brandt den sogenannten Radikalenerlass, der eine Personenüberprüfung durch den Verfassungsschutz zur Folge hatte für alle, die eine Tätigkeit im Staatsdienst anstrebten oder bereits ausübten. In der Praxis – als

»Berufsverbot« – richtete sich diese höchst umstrittene Maßnahme überwiegend gegen »Linke«, gegen Mitglieder oder vermeintliche Sympathisanten der verbotenen Kommunistischen Partei.

Im westdeutschen Theaterwesen kam eine gewisse Bereitschaft auf, die bestehenden theaterkulturellen aber auch die betrieblichen Strukturen der Stadttheater zur Disposition zu stellen. Das deutsche Stadttheatersystem wurde hinsichtlich seiner Legitimation als bildungsbürgerliche Einrichtung in Frage gestellt. Der Frankfurter Kulturdezernent Hilmar Hoffmann (geb. 1925) engagierte sich für eine »Demokratisierung der Kultur«. 1979 erschien seine programmatische Schrift mit dem Titel *Kultur für alle*. Hoffmann initiierte auch das während der Intendanz von Peter Palitzsch praktizierte Mitbestimmungsmodell am Frankfurter Schauspielhaus, das 1981 vom Frankfurter Stadtsenat freilich wieder zurück genommen wurde. »Mitbestimmung« war in diesen 1970er Jahren geradezu zu einem »Zauberwort« im Theater geworden, das traditionell ja ein eher autoritär geführter Arbeitsbereich ist. Als Peter Stein 1970 die künstlerische Leitung der Schaubühne am Halleschen Ufer (seit 1981 am Lehniner Platz) in Berlin übernahm, war auch die Schaubühne als Kollektivtheater mit einer Mitbestimmungsverfassung konzipiert.

Diese siebziger Jahre wurden zu einem Jahrzehnt der Regisseure. Günther Rühle stellte rückblickend (1982) die Frage, ob etwa *Anarchie in der Regie* ausgebrochen sei. »Regietheater« wurde in diesem Jahrzehnt zu einem Begriff, an dem sich die Geister schieden. Massenhaft kündigten Abonnenten ihre Verträge mit den Theatern. Es ging um die – von den Gegnern des »Regietheaters« als beliebig diskreditierte »Ausweitung der Interpretationskompetenz« der Regisseure (Ch. Schmidt), und es kam die Frage auf, ob diese denn überhaupt noch an den Stücken interessiert seien oder nicht doch in erster Linie ihre eigenen Obsession auf die Bühnen brächten, am Publikum vorbei. Gründgens' Wort von der »Werktreue« war der Gegenbegriff dazu schlechthin, den alle Traditionalisten hoch hielten. Die eine Seite beklagte die vermeintliche Willkür der Regisseure im Umgang mit den Stücken, vor allem mit den Klassikern, andere bejubelten die mehr oder weniger originellen »Einfälle« der Regie und die eskapistischen Bilderwelten, die sich die Bühnenbildner einfallen ließen. Die Parteigänger des »Regietheaters« sahen darin eine Notwendigkeit, die »alten« Stücke den Menschen von heute nahe zu bringen. Unstrittig trug dies zur »Bebilderung« des Theaters bei, desgleichen zu dem Hang, Aufführungen durch das Einspielen gängiger Titel der Pop-Musik einen Charakter von Zeitgenossenschaft und Zeitgeist zu verleihen.

Im weitesten Sinn ging es darum auch in der 5. Documenta (1972), die Harald Szeemann (1933-2005) unter dem Titel *Befragung der Realität – Bilderwelten heute* kuratiert hatte. Die Absicht Szeemanns war es, die Kunst aus ihren musealen Zusammenhängen zu lösen und auch ein kunstfernes Publikum an zeitgenössische Kunst heranzuführen. Ein erweiterter Kunstbegriff, der im Prozess der künstlerischen Arbeit das Wesentliche der Kunst sieht, nicht im abgeschlossenen Werk, war Thema zahlreicher ästhetischer Diskurse. Die Dichotomie von Kunst und Nicht-Kunst wurde tendenziell gar aufgehoben zu Gunsten einer allgemeinen Vorstellung von Kreativität und Gestaltungswillen. Es sei ja doch »jeder Mensch ein Künstler«, erklärte Joseph Beuys in seinem »Büro für direkte Demokratie« auf dieser 5. Documenta. Performative Formate, die die Grenze zwischen den Akteuren und denen, die zuschauen, dem Publikum, verwischen, Fluxus und Happening, stellte Szeemann erstmals auf der Kassler Weltkunstschau vor.

Viele dieser Ideen, die quasi in der Luft lagen, prägten auch das Erscheinungsbild der zahlreichen Freien Theatergruppen, die in den 1970er Jahren wie Pilze aus dem Boden schossen. Es war eine jugendbewegte, optimistische Szene, in der man glaubte, dass das Theater die Welt und ihr Leben verändern könne, die aber auch allem »Bürgerlichen« alternative Lebensentwürfe entgegensetzte. In der BRD existierten in diesem Jahrzehnt etwa 400 Gruppen – zumeist sehr ambitionierte Amateure aber auch einige »Aussteiger« aus dem System der Stadttheater. Ihr Spielbetrieb fand außerhalb der Institutionen der Stadt- und Staatstheater statt, in Baulichkeiten, die ihrem ursprünglichen Zweck entfremdet waren. Vielfach waren es aufgelassene Fabriken; oft auch spielten die Gruppen auf der Straße oder in Parks, an Orten, an denen man Theater nicht erwartete. Es war eine überwiegend politisch »links« orientierte Szene, die vor allem eines verband: die Sehnsucht nach Unabhängigkeit und Freiheit, aber auch die Kritik an den bestehenden sozialen Verhältnissen. Es war eine Art Gegenkultur zu allem, was aus ihrer Sicht als »etabliert« galt, als »bürgerlich« oder »kapitalistisch« . Dazu zählte allerdings auch das deutsche Stadttheatersystem, samt dessen Arbeitsweise und dessen Repertoire.

Mitunter waren die Aktivitäten dieser Theatergruppen von Sozialarbeit kaum zu unterscheiden. Manche richteten ihre Arbeit von vorne herein auf ein Zielgruppen-Publikum aus; zumeist mit der Begründung, dass dessen Lebensverhältnisse auf den Bühnen der Stadttheater nicht vorkamen. Gespielt wurde deswegen auch in Altenheimen, in Gefängnissen, für Arbeiter vor den Fabriktoren und auf der Straße. Die Spielvorlagen wurden von den Gruppen zumeist kollektiv erarbeitet. Dass das Kollektiv kreativer sei als der einzelne, war ohnehin eine Grundüberzeugung der Freien Szene. Hinsichtlich der Form der Aufführung waren die Freien um Einfachheit und Nähe zu ihrem Publikum bemüht, was freilich auch ihren Möglichkeiten entsprach. In einer Publikation (D. Roberg, 1981) dieser Jahre waren die Intentionen dieser Szene von einem Insider auf den Punkt gebracht. Im Titel hieß es: *Theater muß wie Fußball sein.*

In der BRD war München ein frühes Zentrum der Freien Theaterbewegung, dann aber wurde es Westberlin. Internationale Vorbilder eines neuen – jedoch hoch professionellen – Theaters außerhalb der etablierten Institutionen waren unter anderem Jerzy Grotowski (1933-1999) mit seinem Theaterlaboratorium in Breslau und seinem Bekenntnis zu einem »armen Theater«; Peter Brook (geb. 1925) und seine international zusammenstellte Truppe, das Ensemble vom Centre International de Recherches Théâtrales in Paris; Eugenio Barbas (geb. 1936) Odin-Teatret in Dänemark, Ariane Mnouchkines (geb. 1939) Theaterkollektiv, das Théâtre du Soleil in Paris, und diverse Gruppen aus der US-amerikanischen Off-Off-Broadway-Szene und dem amerikanischen Arbeitertheater, die durch Europa tourten. In unzähligen Workshops stellten prominente Mitglieder dieser Theatertruppen seit den späten 1960er Jahren deren Schauspieltechniken vor. Für viele junge Menschen aus der Freien Szene waren diese Workshops eine Art Ausbildungsersatz. Am Festival »Theater der Nationen«, das Ivan Nagel, der Direktor des Internationalen Theaterinstituts Zentrum Bundesrepublik Deutschland, 1979 nach Hamburg gebracht hatte, präsentierte sich dieses »neue Theater« erstmals – neben den »Etablierten« – in der Vielfalt ihres kreativen Potentials.

Um die Mitte des Jahrzehnts (1976) war erstmals auch eine Produktion des amerikanischen Regisseurs Robert Wilson (geb. 1941) in der BRD, in Hamburg, zu sehen: *Einstein on the Beach*, nach der Uraufführung des Stücks in Avignon. Wilson ist ein Hauptvertreter des »postmodernen Theaters«: hybrider Bühnenstücke, von denen einige in Zusammenarbeit mit dem amerikanischen Komponisten Philip Glass (geb. 1937), später auch mit Heiner Müller (*Hamletmachine*, 1986) entstanden sind. Wilsons Inszenierungen sind, wie er selbst sagt, »Raum-Zeit-Konstruktionen« (vgl. M. Brauneck 2009, 300) und verweigern sich jedweder Bedeutungszuweisung. Wie kein anderer Regisseur hat Wilson mit seinen eskapistischen Bilderwelten und der extremen Verlangsamung des Bühnengeschehens die Sehgewohnheiten des Publikum irritiert. (Vgl. M. Brauneck 2009, 300 f) Was Wilson auf die Bühne brachte, war »kulinarisches Theater«, von exquisiter Ausstattung, unverbindlich in seiner Zeichenhaftigkeit, jedoch von hohem Unterhaltungswert. Wie kaum ein anderer Regisseur bediente Robert Wilson den Zeitgeist dieser späten 1970er und der 80er Jahre.

Am Ende dieses sehr bewegten Jahrzehnts war es zu einer resignativen Abkehr vom Politischen gekommen, wohl auch unter dem Eindruck des Terrors der RAF. Eindringlich dokumentiert der Film *Deutschland im Herbst* (1978) die zutiefst resignative Stimmung unter jenen, die zu Beginn der siebziger Jahre auf einen Aufbruch gehofft hatten. In der künstlerischen Sphäre entsprach eine »neue Subjektivität«, die auch den Zeitgeist der achtziger und der neunziger Jahre bestimmen sollte, diesem Stimmungsumschwung.

Peter Stein, Peter Zadek und Claus Peymann waren die führenden Regisseure und Theaterleiter, die – die Tendenzen dieser beiden Jahrzehnte auf sehr unterschiedliche Weise aufnehmend – das Bild des westdeutschen Theaters maßgeblich geprägt haben. Allerdings waren es »Theaterherren«, zumindest

Stein und Peymann, die ihre Bühnen mit beinahe autokratischem Anspruch führten und für sich die Rolle der Bewahrer großer werkbezogener Bühnenkunst beanspruchten.

Als Peter Stein nach Berlin ging, folgte ihm ein Teil des Bremer Ensembles, die »Stein-Truppe«. An sich sollte an diesem Theater ein kollektiver Arbeitsstil erprobt werden, dennoch blieb Stein die führende Persönlichkeit, der die Schaubühne letztlich aber auch ihre herausragende Stellung im europäischen Theater verdankte. Steins erste Inszenierung an dieser Bühne war Ibsens Drama *Peer Gynt* an zwei Abenden im Mai 1971. Karl-Ernst Herrmann (geb. 1936) schuf dazu den Bühnenraum, Dramaturg war der Schriftsteller Botho Strauß (geb. 1944). Von der Kritik wurde diese Inszenierung als epochales Ereignis gefeiert. Berlin schien wieder eine Theatermetropole von europäischem Rang zu werden. Es ging nicht mehr um Politik. In dieser Hinsicht hatte Stein bereits mit seiner letzten Arbeit in Bremen eindeutig Position bezogen.

Es folgten unter anderem die Inszenierungen von Kleists *Prinz Friedrich von Homburg* (1972), Maxim Gor'kijs *Sommergäste* (1972) und von Botho Strauß, dem wichtigsten »Gesellschaftschronisten der Bonner Republik der siebziger und achtziger Jahre«, wie Henning Rischbieter (1985, 476) ihn nannte: *Trilogie des Wiedersehens* (1978) und *Groß und Klein* (1978). Steins fast zehn Stunden dauernde Inszenierung der *Orestie des Aischylos* (1980), aber auch Ćechovs *Drei Schwestern* (1984) waren Höhepunkte in seiner Arbeit an der Schaubühne. Durchweg waren es exemplarische Inszenierungen auch dafür, dass die Regie, die künstlerische Arbeit, aus einer wissenschaftlich höchst ambitionierten Durchdringung der Stücke entwickelt wurde. Auch waren es Glanzpunkte exquisiter Schauspielkunst. Mit solchen Inszenierungen stellte sich Stein programmatisch allen Formen postmoderner Werk-Dekonstruktion entgegen und vertrat eine Position, die in seinen späteren Inszenierungen geradezu exzessive Formen annehmen sollte, – so etwa in der Inszenierung von beiden Teilen von Goethes *Faust*, ungekürzt, anlässlich der Weltausstellung in Hannover im Jahre 2000. Die Versuche jüngerer Regisseure, in ihrer Auseinandersetzung mit den Stücken, insbesondere mit den Werken der Klassiker, Raum für mehr Gegenwärtigkeit zu schaffen, hielt Stein für einen fatalen Irrweg.

Neben Peter Stein hat der Regisseur Michael Grüber das künstlerische Profil der Schaubühne mehr als andere Regisseure geprägt. Grüber inszenierte – als seine erste Arbeit an der Schaubühne – Ödön von Horvaths (1901-1938) *Geschichten aus dem Wiener Wald* (1972) als »absurden Alptraum, für den Karl-Ernst Herrmann eine riesige surreale Spiellandschaft entworfen hatte, in der sich die Figuren wie Gespenster bewegten. Es war kein Soziogramm der miefigen Wiener Kleinbürgerwelt, sondern ein Panoptikum entfremdeter, zerstörter Existenzen, eine autonome, böse Kunstwelt, die Schrecken erzeugte.« (M. Brauneck 2007, 318) Es war dies auch eine Inszenierung, die sich gegen den an vielen bundesdeutschen Bühnen in diesen Jahren herrschenden Trend stellte, die »Volksstücke« von Horvath, Marie-Luise Fleißer und Franz Xaver Kroetz (geb. 1946) als sozialkritische Milieustudien zu inszenieren. Es folgten unter anderem *Die Bakchen* (1974), der erste Teil des Antiken-Projekts der Schaubühne und unstrittig der künstlerische Höhepunkt von Grübers Arbeiten. Mit den beiden Hölderlin-Projekten – *Empedokles. Hölderlin lesen* (1975) und *Winterreise im Olympiastadion* (1977) sprengte er alle Möglichkeiten, die dem Theater zur Verfügung stehen. *Winterreise* war von jener Stimmung der Trauer geprägt, die nach den Morden der RAF in Westdeutschland spürbar war.

Die »Essenz der Stücke« (Peter Stein) auf die Bühne zu bringen, dafür stand die Berliner Schaubühne, so lange Stein (bis 1985) die künstlerische Leitung inne hatte. Als autonome Kunstform feierte das Theater wieder Triumphe, was nicht zuletzt auch auf Grund des exzeptionellen Ensembles der Schaubühne möglich geworden war. Kritiker sahen in Steins Arbeiten allerdings eine Tendenz zum Kunstgewerblichen.

Eine gänzlich andere Theaterauffassung markierte den Neubeginn am Schauspielhaus Bochum, nachdem Peter Zadek 1972 dort die Intendanz übernommen hatte. Was ihm vorschwebte, war ein Theater, das realistisch, ideologiefrei und entspannt, unterhaltsam und offen für Zeitgemäßes und Experimentelles sein sollte: Entertainment auf höchstem Niveau nach angelsächsischem Vorbild, erarbeitet aber mit der Genauigkeit der Text- und Figurenanalyse, für die er sich Zeit nehmen konnte, die ihm ein deutsches Stadttheater einräumte. Gleich mit seiner ersten Bochumer Inszenierung stellte Zadek dieses Konzept vor: Es war die Revue *Kleiner Mann, was nun?* (1972). Aus dem gleichnamigen Roman (1932) von Hans Fallada (1893-1947) hatte Zadek zusammen mit Tankred Dorst (1925-2017) eine Spielvorlage entwickelt, mit viel schmissiger Musik, mit bekannten Schlagern und neukomponierten Chansons im Stil und im Rhythmus der Zwanziger Jahre. Rosel Zech führte als Conférencier (in den Rollen der Claire Waldorff, der Marlene Dietrich und des Hans Albers) durch das Programm. Hannelore Hoger spielte die Emma, Heinrich Giskes den Johannes Pinneberg. Es war die bewegende Geschichte, wie zwei junge Menschen am Ende der Weimarer Republik ihren sozialen Abstieg hinnehmen müssen; Kleinbürger, die anfangs ihre Notlage noch fröhlich und selbstbewusst zu überspielen versuchen, dann aber in immer hoffnungslosere Verhältnisse abrutschen, die es ihnen fast unmöglich machen, noch einen Rest ihrer Würde zu bewahren. 37.400 Menschen sahen diese Inszenierung; es war die erfolgreichste in Zadeks Bochumer Intendanz. Auch Heinrich Manns Roman *Professor Unrat*, der schon durch Josef von Sternbergs Film *Der blaue Engel* (1930) ungemein populär war, brachte Zadek auf die Bühne (1974). Ermöglicht wurden diese Inszenierungen durch einen Kreis eingeschworener Mitarbeiter, die mit Zadek ein Arbeitsteam bildeten. Neben Tankred Dorst und Gottfried Greiffenhagen (1935-2917) als Dramaturgen war dies vor allem der Bühnenbildner Götz Loepelmann (1930-2017). Ein Dreier-Direktorium, in dem Zadek als künstlerischer Leiter des Theaters fungierte, sorgte für den erforderlichen Freiraum, den Projekte dieser Art beanspruchten.

Auch nach seiner Zeit als Intendant in Bochum waren Romanadaptionen für die Bühne noch mehrfach ein Genre, in dem Zadek seine Idee eines »populären Theaters«, das sich auch auf Spielweisen des Volks- und Boulevard-Theaters, auf »das Musical und die Bilderwelten der Trivial- und der Pop-Kultur« einließ (vgl. M. Brauneck 2007, 325), realisieren konnte. Dabei war die Revue ein dramaturgisches Modell, das sich, temporeich und unterhaltsam, für ein Theater anbot, das die beiden für Zadeks Theateridee essentiellen Momente verbinden ließ: Realismus und Entertainment.

Höhepunkte seiner Bochumer Intendanz waren – neben Inszenierungen von Stücken Ćechovs und Ibsens – die Shakespeare-Inszenierungen: *Der Kaufmann von Venedig* (1973, als seine zweite Inszenierung in Bochum mit Hans Mahnke als Shylock und Rosel Zech als Portia), im Jahr darauf *König Lear* (1974, mit Ulrich Wildgruber in der Titelrolle). Ulrich Wildgruber (1937-1999) – der »Zadek-Schauspieler« par excellence – spielte auch die Titelrollen in *Othello* (1976) am Deutschen Schauspielhaus in Hamburg mit Eva Mattes als Desdemona und Heinrich Giskes als Jago und in *Hamlet* (1977) mit Ilse Ritter als Ophelia.

In der kurzen Intendanz am Deutschen Schauspielhaus in Hamburg (1985-1989) waren Shakespeares Komödie *Wie es euch gefällt* (1986), das Musical *Andi* (1987) und vor allem die Inszenierung der Urfassung von Frank Wedekinds »Monstretragödie« *Lulu* (1988) die herausragenden Ereignisse. Für die extrem lautstarke musikalische »Ausstattung« von *Andi* sorgte die Rockband »Einstürzende Neubauten«. Für *Lulu* hatte Johannes Grützke (1937-2017) die Ausstattung übernommen, die Titelrolle spielte Susanne Lothar (1960-2012). Nach dieser Intendanz arbeitete Zadek als freier Regisseur an zahlreichen Theatern – bis auf eine kurze Ko-Intendanz (1992-1994) am Berliner Ensemble. Die bemerkenswerteste Inszenierung in diesen Jahren war wohl Zadeks fünfte Auseinandersetzung mit Shakespeares *Kaufmann von Venedig* (1994) am Wiener Burgtheater. In dieser Inszenierung spielte Gert Voss (1941-2014) den Shylock.

Als Claus Peymann die Intendanz in Bochum übernahm, folgten ihm seine hauptsächlichen Mitarbeiter und nahezu sein gesamtes Ensemble, das er in den Jahren am Württembergischen Staatstheater Stuttgart zusammengeführt hatte. Die Schauspieltruppe nannte sich »Bochumer Ensemble«. Unter Peymann wurde das Bochumer Schauspielhaus zum »wichtigsten deutschen Uraufführungstheater«, insbesondere für Stücke von Thomas Bernhard und Heiner Müller. (Vgl. H. Rischbieter 1999, 208) Auch sein politisches Engagement setzte Peymann in Bochum fort. Eines seiner ersten Projekte war *Unsere Republik* (1980), eine Politrevue, die als Wahlkampfhilfe für die SPD konzipiert war und die bundesrepublikanische Nachkriegsgeschichte bis zur Gegenwart der sechziger Jahre Revue passieren ließ. Das Spektakel wurde ein enormer

Publikumserfolg. In der Art von Dario Fos italienischer Geschichtssatire *Mistero Buffo* wurde auch diese Revue laufend fortgeschrieben.

Peymanns erste große Klassiker-Inszenierung war Goethes *Tasso* (1980), »eine Auseinandersetzung mit dem Verhältnis von Kunst und Macht, auch eine elegische Aufarbeitung der Stuttgarter Erfahrungen«. (M. Brauneck 2007, 345) Der Dichter erscheint auf der Bühne in einer Art Schaukasten, einem Käfig, in dem er arbeitet, wo er von einer »glatten, durch und durch berechenbaren Spaßgesellschaft« (R. Koberg 1999, 252) ebenso amüsiert wie argwöhnisch beobachtet wird. Tassos Autonomieanspruch, den er für seine Kunst einfordert, zerbricht am Zynismus dieser Gesellschaft, die selbst zutiefst in ihre eigenen Machtspiele verstrickt ist. So steht auch Peymanns *Tasso* für die Einsicht in die begrenzte Wirkungsmöglichkeit der Kunst, die Steins Inszenierung dieses Stücks in Bremen noch weitaus radikaler formuliert hatte. Es ist die Ohnmacht der Kunst – innerhalb der Rahmenbedingungen ihrer Produktion, die die wahrhaft Mächtigen vorgeben.

Wie kaum eine andere Inszenierung dieser Jahre reflektierte Peymanns *Tasso* das resignative Klima, das sich Anfang der 1980er Jahre in der Bundesrepublik breit gemacht hatte. Es war das vorläufige Ende aller Versuche, von der Bühne aus politische Botschaften zu verkünden. Weitere legendäre Höhepunkte von Peymanns Bochumer Inszenierungen waren Lessings *Nathan der Weise* (1981) und Kleists als »unspielbar« geltendes Stück *Die Hermannsschlacht* (1982).

Da in Bochum Verhandlungen über eine Strukturreform des Theaters und eine Reform von dessen Finanzierung scheiterten, übernahm Peymann 1986 die Direktion des Burgtheaters in Wien. Die Stars seines Ensembles folgten ihm. Die Leitung dieses Theaters, des österreichischen »Nationalheiligtums«, dauerte dreizehn Jahre. Von 1999 an bis 2017 war Claus Peymann Intendant des Berliner Ensembles und führte dieses prominente Theater im Stil und in der Überzeugung, dass er mit seiner Theaterphilosophie, die er streibar zu vertreten wusste, auf dem richtigen Wege sei. Von den Regisseuren seiner Generation hat er am konsequentesten den aufklärerischen Anspruch des Theaters aus den 1970er Jahren bis heute aufrecht erhalten.

Theater in der DDR nach dem Tode von Bertolt Brecht

Der »Aufbau des Sozialismus« und das Theater, Probleme mit dem »klassischen Erbe«, unangepasste Geschichtsbilder und Heiner Müllers »postdramatisches Theater«

Im Theater der DDR war der überraschende Tod von Bertolt Brecht im August 1956, während der Probenarbeiten an der letzten Fassung des *Galilei*, eines der einschneidendsten Ereignisse. Brecht, der wegen seines weltweiten Renommees politisch quasi unangreifbar war, hatte – zusammen mit der Schauspielerin (und seiner zweiten Frau) Helene Weigel (1900-1971) – mit dem Berliner Ensemble (gegr. 1949, anfangs im Deutschen Theater, seit März 1954 im Theater am Schiffbauerdamm) ein Arbeitskollektiv geschaffen, dessen Aufführungen keineswegs den Vorstellungen der Kulturfunktionäre der SED von einem »volkstümlichen Realismus« entsprachen. Dennoch wurde das Berliner Ensemble (BE), das europaweit Triumphe feierte, zu einem kulturellen »Aushängeschild« der DDR im Ausland.

Ein Konflikt mit der offiziellen Theaterpolitik der DDR-Regierung zeichnete sich bereits anlässlich von Brechts erster Inszenierung in der DDR ab, seiner Modell-Inszenierung von *Mutter Courage und ihre Kinder* im Januar 1949 am Deutschen Theater Berlin. Brechts epische, antinaturalistische Spielweise galt als »formalistisch«. Dies war die einhellige Meinung der offiziellen Kritik. Profiliertester Gegner Brechts war der Dramatiker Friedrich Wolf (1888-1953), ein engagierter Verfechter des sozialistischen Realismus, der Brechts Verfremdungsästhetik strikt ablehnte. Vor allem aber von Fritz Erpenbeck, dem Herausgeber der Zeitschrift *Theater der Zeit* (gegr. 1946), wurde Brecht seit seiner Ankunft in der DDR (1948) scharf angegriffen. Entsprechend dem hohen Stellenwert, den die SED-Regierung dem Theater beim »Aufbau des Sozialismus« einräumte, war die Kontroverse um die Theaterästhetik eine Staatsangelegenheit par excellence. Diese Hochschätzung des Theaters drückte sich auch in dem enormen Ausbau des Theaterwesens in der DDR aus, desgleichen in einem streng hierarchisch aufgebauten Lenkungs- und Kontrollapparat, an dessen Spitze eine Abteilung des Ministeriums für Kultur stand. Auf unterer Ebene aber waren die Theaterräte in den Bezirken, den Landkreisen und den Städten für ihre Theater zuständig, wobei allerdings die SED jeweils die führende Rolle inne hatte. In diesen Theaterräten wurden die Spielpläne besprochen, die Spielweise und alle personellen Fragen, vor allem die Besetzung der Dramaturgen- und der Intendantenposten. Das Deutsche Theater Berlin, das Berliner Ensemble und die Berliner Staatsoper waren Staatstheater und unterstanden unmittelbar der DDR-Regierung. So kam es auch immer wieder vor, dass sich der Staatsratspräsident oder das Zentralkomitee der SED unmittelbar zu einzelnen Inszenierungen äußerten, sich einmischten und gegebenenfalls auch die Absetzung einer Aufführung verfügten. Insgesamt wurde das Theaterwesen als ein Teilbereich der »sozialistischen Produktionssphäre« angesehen. Alle an den Bühnen der DDR Beschäftigten waren den Arbeitern in anderen Produktionsbereichen arbeitsrechtlich gleich gestellt. Mit unbefristeten Arbeitsverträgen waren sie praktisch unkündbar.

Im Jahre 1988 gab der Kulturminister der DDR eine Übersicht über die Theaterlandschaft seines Landes, der auch die Situation in den Jahrzehnten davor entsprach: Derzeit habe »die DDR 68 Theaterbetriebe mit etwa 200 Spielstätten. Jährlich gibt es 700 bis 800 Neuinszenierungen. Aus dem jeweiligen Repertoire werden 1200 bis 1400 Inszenierungen übernommen, also sind etwa 2000 Aufführungen – mit Stücken aus etwa 30 Ländern – im Angebot.« Dabei war das neu gegründete, 1952 eröffnete Maxim Gorki-Theater in Berlin ursprünglich als Bühne konzipiert, an der vornehmlich neue Stücke aus der Sowjetunion aufgeführt werden sollten. Aufführungen von Stücken einiger westlicher Autoren, etwa Stücke des »absurden Theaters«, waren in der DDR verboten. Eine wesentliche Rolle spielten die Amateurbühnen, von denen etwa 900 existierten. Hoch entwickelt war auch das Kinder- und Jugendtheater. Im Verhältnis zur Einwohnerzahl des Landes hatte die DDR weitaus mehr staatlich subventionierte Theater als jedes andere Land der Welt.

Nach Brechts Tod waren Bühnenautoren und Regisseure, die sich als Schüler Brechts verstanden und versuchten, dessen dialektische Methode zu übernehmen und weiter zu entwickeln, zunehmend Restriktionen oder gar Berufsverboten ausgesetzt. Immer wieder wurden einzelne Inszenierung von Regisseuren oder Autoren aus diesem Kreis nach wenigen Aufführungen abgesetzt oder von vornherein zur öffentlichen Aufführung nicht frei gegeben. Die offizielle Theaterpolitik der DDR hielt am Konzept des sozialistischen Realismus fest, wie dies 1934 in der Sowjetunion und für deren gesamten politischen Einflussbereich verfügt worden war. Die Schauspielmethode der Stanislavskij-Schule galt als verbindlich. Stanislavskijs Antipode Mejerchol'd, dessen Spielweise Brechts Verfremdungstheater nahe stand, wurde als »formalistisch« und »abstrakt« diskreditiert. Mejerchol'd wurde in einem der sowjetischen Straflager inhaftiert und vermutlich ermordet. Die Stanislavkij-Konferenz im Jahre 1953 an der Akademie der Künste in Berlin/DDR war praktisch eine »Anti-Brecht-Konferenz«, auch wenn dies in den offiziellen Verlautbarungen nicht so dargestellt wurde. (Vgl. M. Brauneck 2007, 422 f)

Zu Konflikten war es auch hinsichtlich von Brechts Umgang mit dem »klassischen Erbe« gekommen. Dazu gab seine Inszenierung (1950) des Stücks *Der Hofmeister* von Michael Reinhold Lenz unmittelbaren Anlass. Der Protagonist des Stücks verdiene – so schrieb Brecht – sowohl »unser Mitleid«, da er so menschenunwürdig behandelt wird, er verdiene aber auch »unsere Verachtung«, weil er diese Unterdrückung zulässt. In der Vorstellungswelt der Kulturfunktionäre der SED war eine derartige Dialektik nicht vorgesehen. Das Theater sollte Vorgänge schildern, Personen und deren Entscheidungen vorstellen, deren Bewertung eindeutig ist: als Vorbilder oder als Feindbilder im Sinne der kommunistischen Weltsicht. Die Brecht'sche »Methode« – so lautete die Kritik – würde das Publikum dem Stück gegenüber in eine Situation versetzen, bei der es nicht sicher ist, wie es die Vorgänge und die Person (etwa die Figur des Hofmeisters) bewerten solle. Ein solcher Aufführungsstil würde die Zuschauer verunsichern, wohl aber auch motivieren, sich ein eigenständiges Urteil zu bilden. Eben dies aber war Brechts Absicht und das Prinzip seiner »Methode«. Aus der Sicht der Parteifunktionäre galt es jedoch, derartige »Lernprozesse« zu verhindern.

Die Furcht vor der Eigendynamik des selbstständigen Denkens ihrer Bürger ist offenbar ein Merkmal aller Diktaturen – in der NS-Zeit nicht anders als unter kommunistischer Herrschaft oder autokratischen Regimen. Ebenso typisch scheint aber auch der naive Glaube zu sein, durch eine ideologisch gelenkte Kultur- und Theaterpolitik die Menschen »umerziehen« und die Freiheit des künstlerischen Schaffens langfristig unterdrücken zu können. Der Glaube an die Wirkungsmacht des Theaters war in der Führungsspitze der DDR-Regierung jedoch unerschütterlich.

Zu heftigster Kritik kam es 1968 auch an der *Faust*-Inszenierung von Adolf Dresen (1935-2001), die nicht nur mit respektlosen Anspielungen auf die Regierungsprominenz der DDR gespickt war, sondern aus Sicht der Kritiker auch »Goethes Humanismus« verraten habe.

So hatte sich unter Brechts künstlerischer Leitung die Arbeitsweise des Berliner Ensembles, später auch die einiger seiner Schüler im Vergleich zu dem an den meisten Stadttheatern der DDR praktizierten Realismus immer weiter auseinander entwickelt; Ausnahmen waren allenfalls das Volkstheater in Rostock, das Mecklenburgische Staatstheater in Schwerin und das Staatsschauspiel Dresden. »Überintellektualisierung« (F. Erpenbeck) war einer der Kritikpunkte, die gegen das Brecht-Theater immer wieder vorgebracht wurden. Brechts »Methode«, das Sehen der Zuschauer so zu schulen, dass sie die auf der Bühne dargestellten Vorgänge hinterfragten, stand der autoritären Didaktik des sozialistischen Realismus diametral entgegen. So wurde insbesondere in den 1950er Jahren von den staatlichen Institutionen eine Form der offiziellen Brecht-Rezeption betrieben, die die Dramaturgie des Brecht-Theaters ausschließlich auf seine didaktische Intention hin reduzierte, ohne Brechts »epische« Spielweise zu akzeptieren. Keine Rede mehr war auch von Brechts immer wieder betonten Dialektik des »vergnüglichen« Umgangs mit dem Theater, dem »Spaß« am selbständigen Denken.

Da die Entfremdung größerer Kreise der Bevölkerung gegenüber dem realexistierenden Sozialismus in der DDR zu einer von der Staatsführung nur noch schwer zu kontrollierenden Kritik zu werden drohte, entschloss sich das Zentralkomitee der SED im Jahre 1965 zu einer Reihe restriktiver Maßnahmen, die jedwede Opposition unterbinden sollten. Es wurde Front gemacht gegen den in Kreisen der Künstler und Intellektuellen sich vermeintlich breit machenden »Liberalismus und Skeptizismus«, samt einer illoyalen Haltung gegenüber Partei und Staat.

Es waren Regisseure wie Peter Palitzsch, Benno Besson (1922-2006), Manfred Karge (geb. 1938), Jürgen Gosch (1943-2009), B. K. Tragelehn (geb. 1936) oder Alexander Lang (geb. 1941), Brecht-Schüler die meisten, von denen ein Aufbruch im DDR-Theater ausging: die Forderung nach mehr Offenheit in der Auseinandersetzung mit den Stücken, eine Bereitschaft zum Experimentellen, aber auch zur Thematisierung der inneren Spannungen in der DDR-Gesellschaft. Intendiert war von diesen Regisseuren keine grundsätzliche Kritik am Sozialismus, wohl aber Kritik gegenüber der Parteibürokratie und deren autoritärer Gängelung im Kulturbereich. Für viele Künstler veränderte die Ausbürgerung des Liedermachers Wolf Biermann (geb. 1936) im Jahre 1976 deren Verhältnis dem SED-Staat gegenüber grundlegend.

Der junge Regisseur Frank Casdorf (geb. 1951), der mit seinem Regiestil wohl am krassesten die Vorgaben der offiziellen Kulturpolitik konterkarierte, wurde als Oberspielleiter an das Theater in Anklam, nahe der polnischen Grenze, versetzt, weitab von der Theatermetropole Berlin, weg auch aus dem Blickfeld der Aufmerksamkeit der westlichen Medien.

Von den Bühnenautoren waren es vor allem Peter Hacks (1928-2003) und Heiner Müller (1929-1995), der – anfangs die Nähe zu Brecht suchend – in seinen Bühnenarbeiten das Erscheinungsbild der DDR-Gesellschaft, später der deutschen Geschichte thematisierte. Hacks geriet mit seinen Stücken *Die Sorgen und die Macht* (1959) und *Moritz Tassow* (1961) in Konflikt mit der Parteiführung. Beides waren sogenannte »Produktionsstücke«. In *Die Sorgen und die Macht* ging Hacks auf den eklatanten Widerspruch zwischen der sozialistischen Wirklichkeit und den von der DDR-Regierung propagierten Idealen ein. In *Moritz Tassow* gerät der Titelheld, ein lebenskluger, sinnenfreudiger und zum Anarchischen neigender Schweinehirt, in Konflikte mit der »sozialistischen Ordnung«, wie sie sich die Parteifunktionäre vorstellten.

Heiner Müller war sicherlich – nach Brecht – der bedeutendste Bühnenautor der DDR. Wie in kaum einem anderen Werk spiegelt sich in seinen Texten der innere Verfall dieses Staats und seiner Ideologie, dem sich eine Mehrheit der Gesellschaft offenbar entfremdet hatte. In der Genauigkeit der Reflexion dieses Verfalls liegt die künstlerische Qualität dieser Stücke, letztlich aber auch ihre historische Bedingtheit. Nach den 1990er Jahren kamen Aufführungen der Stücke von Heiner Müller auf deutschen Bühnen kaum noch zustande.

Entsprachen seine frühen »Produktionsstücke« – darunter *Der Lohndrücker* (1957) und *Die Korrektur* (1958) – ihrer Tendenz nach noch weitgehend der offiziellen Parteilinie, so geriet Müller mit der Komödie *Die Umsiedlerin* (1961) in massiven Konflikt mit der Staatsführung. Thematisch ging es in dem Stück um die Bodenreform und die Kollektivierung der Landwirtschaft. Beides waren Prestigeprojekte der DDR-Regierung. Aus der Sicht der unmittelbar davon betroffenen Menschen jedoch waren diese Maßnahmen durchaus umstritten. Müllers Darstellung der Vorgänge machte – wenngleich im Rahmen einer Komödie – die Entfremdung der Menschen deutlich, die durch diese Regierungsentscheidungen über ihre Köpfe hinweg verursacht wurden. Das Stück *Der Bau* (1963/64), von dem als Folge der ständigen Einmischung der Bezirksleitung in den Schreibvorgang des Autors nicht weniger als sieben Fassungen zustande kamen und das ebenfalls ein »Produktionsstück« werden sollte, wurde letztlich zur öffentlichen Aufführung nicht frei gegeben. Entgegen der Meinung der Parteiführung hatte Müller den Kommunismus nicht als bereits erreichte Entwicklungsstufe der DDR dargestellt, sondern als eine noch in der Zukunft liegende Vision, die es erst noch zu verwirklichen gelte.

In der Auseinandersetzung mit diesem Stück wurde einmal mehr die enorme Bedeutung erkennbar, die von der SED-Führung dem Theater als Mittel der Bestätigung ihrer aktuellen Politik eingeräumt wurde. Es war bemerkenswert, mit welch repressivem Aufwand das Stück – generell galt das für alle für öffentliche Aufführungen in Frage kommenden Stücke – von der Führung der SED auf seine ideologische Stimmigkeit hinsichtlich des von der Staatsführung propagierten Bildes vom Aufbau des Sozialismus in der DDR-Gesellschaft überprüft wurde und durch permanente Überarbeitungsauflagen diesem Bild angepasst werden sollte. (Vgl. M. Brauneck 2007, 448 f)

In seinen folgenden Arbeiten setzte sich Müller mit Dramen von Shakespeare und mit Stoffen aus der antiken Dichtung und dem antiken Mythos auseinander – darunter *Philoktet* (1968), dessen Aufführung in der DDR verboten war (die Uraufführung fand am Residenztheater in München statt) und *Prometheus. Nach Aischylos*, dessen Uraufführung – ebenfalls wegen eines Aufführungsverbots in der DDR – 1969 am Schauspielhaus Zürich stattfand. Erst mit der Aufführung des Stücks *Zement* (1973) – durch das Berliner Ensemble in der Regie von Ruth Berghaus (1927-1996) – war Müller als Bühnenautor in der DDR wieder präsent.

Der pessimistische, resignative Blick des Autors auf die deutsche Geschichte ist der Grundtenor einer Reihe weiterer Stücke. In *Germania Tod in Berlin* (1971) geht es um das Verständnis der historischen Kontinuität in der DDR-Geschichte, die Müller in einer Folge von 13 nummernartig aufgereihten, gänzlich unterschiedlichen und nur schwer deutbaren Szenen ausbreitet. Angespielt wird auf das Verhältnis des Sozialismus zu Macht und Gewalt. Nach der Offenlegung des stalinistischen Terrors, drei Jahre nach dem Tod Stalins durch eine Geheimrede von Chruschtschow 1956 am 20. Parteitag der KPdSU war dies ein überaus brisantes Thema. Das Stück entwickelt dieses Geschichtsbild in einer assoziativen Szenen- und Bilderfolge: Zwei mehr oder weniger realistische Straßenszenen, eine »Die Straße 1/Berlin 1918«, die andere »Die Straße 2/Berlin 1949« überschrieben, stehen am Anfang und stecken den geschichtlichen Rahmen ab. Auftritte von Stalin und Gandhi folgen in kurzen Szenen. Gespenster von Napoleon und Cäsar treten auf; Hitler, Goebbels und die Figur der Germania erscheinen als Parodie auf die »Heilige Familie«. Ein Betrunkener und der Alte Hilse aus Hauptmanns Stück *Die Weber* rufen zum Kampf gegen den Kapitalismus auf – aber auch zum Kampf gegen den Sozialismus. Zwei Clowns spielen Friedrich II. und den Müller von Potsdam in einer makabren Szene. Es folgen eine von Marionetten gespielte Pantomime, eine Nazigroteske und eine bizarre Folterszene. Eingefügt in den Text sind Zitate aus den *Annalen* des Tacitus, aus einer Ode des Vergil und einem Sonett von Georg Heym. Einige Szenen sind als Gegenstücke konzipiert.

Das in dieser Szenencollage vermittelte Geschichtsbild, soweit es einer Deutung zugänglich ist, widersprach den Vorstellungen der DDR-Führung von der offiziell beanspruchten historischen Kontinuität, die die DDR als eigenständiger deutscher Staat für sich reklamierte. Für Heiner Müller dagegen war der Sozialismus ein Experiment – in einem zerrissenen Land mit einer fatalen Geschichte –, an dessen Gelingen oder Scheitern er sich abarbeitete. Das Stück wurde unverzüglich verboten. Die Uraufführung inszenierte Ernst Wendt (1937-1986) 1978 an den Münchner Kammerspielen.

Längst schrieb Heiner Müller seine Stücke in einer Form, die in keiner Weise mehr einem psychologischen Realismus entsprach, schon gar nicht dem sozialistischen Realismus oder Brechts dialektischem Aufklärungstheater. Was Müller für die Bühne schrieb, war kein »dramatisches Theater« mehr. Es war »postdramatisches Theater«. Dieser in seinem Umriss zwar griffige aber durchaus vage Begriff wurde für derartig disparate Dramaturgien eingeführt (vgl. H. Th. Lehmann 1999), wie sie seit den frühen 1970er Jahren gelegentlich vorkommen. Heiner Müllers spätere Bühnenarbeiten gelten dafür als beispielhaft. Die Deutungsoffenheit dieser Texte ist von grundsätzlich anderer Art als jene Form komplexer Mehrdeutigkeit, die – in einem »traditionellen« Begriffssystem – gemeinhin als ein Wesensmerkmal künstlerischer Gestaltung gilt. Müllers Texte, deren assoziative Strukturen sich mitunter dem Anschein der

Beliebigkeit aussetzen, verweigern sich grundsätzlich einer widerspruchsfreien Aussage. Eine solche wollte und konnte der Autor offenbar nicht bieten. Für das Theaterpublikum mag von den Aufführungen dieser Stücke eine gewisse Faszination ausgehen, gerade hinsichtlich der »Dunkelheit« dieser Texte und ihrer rätselhaften, oftmals skurrilen Bilderwelten, nicht weniger auch hinsichtlich der Phantasie der Regisseure und der Bühnenbildner, deren Aufgabe es ist, in die szenische Präsentation von Müllers Texten ein Ordnungsprinzip zu bringen, Bilder und Räume zu erfinden, aber auch die Medialität des Theaters (als Theater) mit zu reflektieren. Die Lesart dieser Texte durch den Regisseur bestimmt deren Bühnenpräsentation nahezu vollständig. »Regietheater« ist gewissermaßen die adäquate Form der Inszenierung dieser Texte auf der Bühne.

Das »postdramatische Theater« versetzt auch den Darsteller in einen grundlegend anderen Modus als den mimetisch-fiktionalen, den der Schauspieler im »dramatischen Theater« gemeinhin einnimmt. Dem Publikum steht er nicht gegenüber als einer, der aus einer angenommenen Identität heraus eine Rolle verkörpert oder sie im Sinne von Brechts epischer Spielweise »zeigt«, sondern als »Performer« in einer Sprechsituation, der einen Text dem Publikum vorstellt. In eine entsprechende Situation soll auch der Zuschauer des »postmodernen Theaters« versetzt werden, wird er doch durch den »Performer« frontal angesprochen: Es geht nicht um die Einfühlung in eine Figur. Ob sich der Zuschauer aber auf diesen »postdramatischen« Rezeptionsmodus tatsächlich einzulassen bereit und in der Lage ist, wird offen bleiben müssen, ist er doch in seinem Rezeptionsverhalten in hohem Maße durch den in den Medien Film und Fernsehen tagtäglich wahrzunehmenden psychologischen Schauspielrealismus konditioniert. Der Zuschauer wird deswegen wohl auch den »Performer« in erster Linie als Schauspieler in der Ausübung seiner eigentlichen Profession, dem Schau-spielen, wahrnehmen.

Für die von der Kulturadministration der DDR erwartete »Dienstleistung« des Theaters waren diese Stücke letztlich unbrauchbar. Dass ihre Aufführung dennoch verboten wurde, resultierte wohl mehr aus einem sich darin manifestierenden widerständigen Freiheitspotential als der Absicht, die Verbreitung eines »falschen« Geschichtsbildes zu verhindern.

Beispielhaft für Heiner Müllers »postdramatisches Theater« sind unter anderem *Hamletmaschine* (1978, Uraufführung in Brüssel), *Leben Gundlings Friedrich von Preussen Lessings Schlaf Traum Schrei* (1979, Uraufführung in Frankfurt a.M.) oder das Fragment *Verkommenes Ufer Medeamaterial Landschaft mit Argonauten* (1983, Uraufführung in Bochum).

Müllers Stück *Quartett*, dessen Uraufführung 1982 in Bochum in der Regie von B. K. Tragelehn stattfand, wurde ein Welterfolg. Der Autor hatte sich bei diesem Zweipersonen-Stück an dem Briefroman *Gefährliche Liebschaften* (1782) des französischen Autors P. A. F. Choderlos de Laclos (1741-1803) – als einer Art

Vorlage – orientiert. In der DDR wurde Müller – offenbar im Zusammenhang mit der enormen Resonanz seiner Stücke im westlichen Ausland – schließlich mit dem Nationalpreis I. Klasse ausgezeichnet. Seit 1980 arbeitete er auch als Regisseur.

Im Laufe der Jahre war die ursprüngliche Abschottung des Theaters in der DDR von dem in der BRD, wie sie in der Zeit des Kalten Kriegs bestanden hatte, durchlässiger geworden, wenngleich das Theater in der DDR stets noch den staatlichen Kontrollinstanzen unterstand. Stücke von DDR-Autoren fanden sich längst auch in den Spielplänen der westdeutschen Theater. Prominente Regisseure aus der DDR inszenierten an bundesrepublikanischen Bühnen, hatten die DDR verlassen oder die Genehmigung zur zeitweisen Ausreise erhalten. Es war dies vermutlich zum einen eine Folge der politischen Annäherung der beiden deutschen Staaten im Zusammenhang mit der neuen »Ostpolitik« der BRD seit der Kanzlerschaft von Willy Brandt (1913-1992), zum andern aber auch die Folge phasenweiser Ansätze einer Liberalisierung in der DDR, der freilich immer wieder neue »Eiszeiten« folgten. Letztlich aber war es wohl ein schleichender Autoritätsverlust des gesamten staatlichen Systems der DDR und ihrer politisch-ideologischen und ökonomischen Grundlagen, der zum Zusammenbruch des SED-Regimes führte. Es war dies allerdings ein Vorgang, der wesentlich auch im Zusammenhang des sich ankündigenden Auflösungsprozesses der UdSSR und des gesamten Ostblocks zu sehen ist. So kam es im November 1989 in der DDR zu Großdemonstrationen und einem gewaltlosen Volksaufstand, der zur Öffnung der Berliner Mauer führte, 1990 schließlich zur Wiedervereinigung der beiden deutschen Staaten als Bundesrepublik Deutschland. Der Anteil der Theater an dieser Entwicklung ist schwer auszumachen. Zu registrieren ist freilich, dass Belegschaften der Theater geschlossen an den Protestmärschen gegen das SED-Regime teilnahmen.

Theater in Deutschland im letzten Jahrzehnt des 20. und zu Beginn des 21. Jahrhunderts

Am Rande der öffentlichen Wahrnehmung

Seit dem letzten Jahrzehnt des 20. Jahrhunderts ist im deutschen Theater ein weitgehender Rückzug aus der Sphäre des Gesellschaftlichen zu registrieren. Von einer Entfremdung des Theaters gegenüber der Gesellschaft an dieser Jahrtausendwende war gar die Rede. (Vgl. M. Brauneck 2007, 350 f) Das Theater beschäftigte sich vornehmlich mit sich selbst, – mit Subventionsproblemen, die als Folge der Sparpolitik der öffentlichen Haushalte, wohl aber auch auf Grund eines gewissen Bedeutungsverlusts der gesamten kulturellen Sphäre Anlass für Diskussionen bot. Der Verlust an gesellschaftlicher Relevanz trifft offenbar die Institution Theater insgesamt. Das »postdramatische Theater« will ohnehin nichts mehr bedeuten, sondern »reines Ereignis sein« (B. Stegmann 2013, 32) und hat sich vom Drama als literarischer Gattung nahezu ganz verabschiedet; was blieb sind allenfalls »Motive«. Von Frank Castorf, dem ehemaligen Intendanten der Berliner Volksbühne, die lange hin im Ruf stand, »gedankliches Laboratorium für die gesamte Republik« zu sein, stammt die Bemerkung aus dem Jahre 1998: dass wir Theatermacher darunter leiden, »im relevanten gesellschaftlichen oder politischen Dialog nicht mehr vorzukommen«. (Vgl. M. Brauneck 2007, 390)

Das markanteste Ereignis der deutschen Nachkriegsgeschichte, die deutsche Wiedervereinigung, war kein Thema, dessen sich die Theater annahmen – trotz der zahlreichen Probleme, die das Zusammenführen der beiden Teile Deutschlands mit sich brachte, – mit denen sich Romane, Filme und Fernsehreportagen durchaus befassten. Gleiches gilt für die in den letzten Jahrzehnten in den Medien und in den politischen Diskursen stets präsenten Themen der »Globalisierung«, dem »Ende der Wachstumsideologie«, der »Digitalisierung« und einem Verlustgefühl an selbstbestimmter Lebensgestaltung, gar einer vermeintlichen Gefährdung »nationaler« oder »kultureller Identität«. Immer mehr Menschen »können oder wollen das Leben in heterogenen Gemeinschaften nicht mehr ertragen; sie suchen ihresgleichen und möglichst nur ihresgleichen«, schrieb Ralf Dahrendorf schon 1991 in der Zeitschrift *Merkur.* (n. G. Seibt 2017, 9) »Jagdszenen« auf Fremde gibt es seitdem nicht nur »in Niederbayern«. – Sind diese Probleme zu komplex, um sie auf die Bühne zu bringen? Oder ist das deutsche Stadt- und Staatstheatersystem zu immobil, um diese Themen aufzugreifen? Liegt es an den Strukturen dieses Systems? Erst die massenhafte Ankunft von Kriegsflüchtlingen und Migranten in der BRD, überwiegend aus muslimisch geprägten Ländern, rückte das Zeitgeschehen für kurze Zeit wieder mehr ins Interesse der Theater. In dem Spiegel-Report (Nr. 31) zur *Lage der Nation* vom Jahre 2017 heißt es aber wohl zu Recht, dass es zwar »schön« sei in Deutschland: »[...] aber es ist intellektuell und kulturell auch etwas langweilig geworden. Unsere kulturelle Versorgungsbürokratie garantiert ein ausreichendes Mittelmaß, das keine großen Entwürfe ermöglicht, aber Risiken ausschließt.« (114) Dieser Befund, wie immer man dazu stehen mag, schließt letztlich auch das Theater mit ein, das ja eine »Zukunftswerkstatt« der Nation sein soll, wie es 2002 im Zwischenbericht einer Arbeitsgruppe heißt, die der Bundespräsident eingesetzt hatte, um über die *Zukunft von Oper und Theater in Deutschland* nachzudenken. Längst aber ist die Diskussion um das deutsche Theatersystem in den offiziellen Diskursen wieder »vom Tisch«. Allenfalls um die Höhe der staatlichen Subventionen geht es, was die Theater freilich hohem Erfolgsdruck ausgesetzt hat. Obwohl sich die Gesellschaft in den Jahrzehnten um diese Jahrtausendwende rasant verändert hat, nicht zuletzt durch Migration und Globalisierung, ist das »System« der Staats- und Stadttheater, auch dessen Präferenz durch die Kulturpolitik nie ernsthaft in Frage gestellt worden, wenngleich die Rufe nach dessen Reform immer lauter werden und jene bürgerliche Kultur, in deren Selbstverständnis das Theater, in der Form wie es derzeit in Deutschland existiert, begründet ist, sich offenbar in einem Auflösungsprozess befindet. (dazu: F. M. Raddatz 1998, 6) Was an die Stelle dieser ältesten, offensichtlich aber Veränderungen gegenüber resistentesten aller kulturellen Institutionen treten könnte, ist freilich nicht wirklich in Sicht: Also geht es weiterhin um die Verteidigung des scheinbar Bewährten.

Künstlerisch ist das Theater in Deutschland so heterogen wie nie zuvor. »Postdramatisches Theater« und »dramatisches Theater« existieren in den unterschiedlichsten Facetten nebeneinander, sind wohl auch nicht immer zu unterscheiden. In den großen Städten haben die Theater fast durchweg ihre kleineren Experimentierbühnen, auf denen Neues erprobt wird oder Regie-Anfänger dort ihre ersten selbständigen Versuche wagen dürfen. Kaum ein Roman der Weltliteratur entgeht derzeit seiner Adaption für die Bühne. Zeitgenössische Stücke scheinen zu fehlen oder deren Inszenierungen kommen über ihre Uraufführung kaum hinaus, es sei denn, es sind Stücke prominenter Autorinnen oder Autoren. Die Werke von Shakespeare und Schiller aber führen fast regelhaft die Statistik der an deutschen Staats- und Stadttheatern am meisten aufgeführten Stücke an. Dass deutlich mehr Frauen als in den Jahrzehnten zuvor nun auch als Regisseurinnen arbeiten oder als Intendantinnen deutsche Theater leiten, ist eine erfreuliche Entwicklung, die vermutlich einem allgemeinen gesellschaftlichen Trend geschuldet ist. Die »Altmeister« der Regie – von Peter Stein und (bis zu seinem Tode auch) Peter Zadek, der sich von seinen »wilden« Jahren längst distanziert hatte, über Claus Peymann und Jürgen Flimm (geb. 1941) zeigen weiterhin perfektes Regiehandwerk oder wechselten vom Sprechtheater zur Oper, – in ruhigeres Gefilde. Längst auch macht eine junge Generation von Regisseuren von sich reden, von Thomas Ostermeier (geb. 1968) bis Nicolas Stemann (geb. 1968) und Jette Steckel (geb. 1982). Deren Arbeiten überzeugen am ehesten durch das Beherrschen der »alten« Theatermittel, – die wohl auch die »neuen« sein werden. Für »frischen Wind« sorgen sie allemal.

Das Freie Theater gehört seit den 1990er Jahren zur deutschen Theaterkultur und ist in die öffentlichen Förderungsprogramme integriert, wenngleich die Arbeitsverhältnisse in dieser Szene durchaus prekär geblieben sind. Der Bundesverband Freie Theater vertritt derzeit etwa 1.500 Mitglieder. Die genaue Anzahl der in der Bundesrepublik existierenden Gruppen lässt sich nicht genau feststellen. Die einstigen provisorischen Spielstätten wurden in einigen großen Städten zu alternativen Theaterhäusern oder internationalen Kulturzentren ausgebaut und werden beinahe wie ein Stadttheater geführt. Migranten und deren Alltagsprobleme nehmen im Spielbetrieb einiger Freier Gruppen einen festen Platz ein. Mehr als die Staats- und Stadttheater beschäftigt sich die Freie Szene mit gesellschaftlichen Problemen. Ein regelmäßig statt findendes Festival steht unter dem Motto »Politik im freien Theater«.

Ein Generationenwechsel hat allerdings auch im Freien Theater stattgefunden. Junge Leute arbeiten seit den 1990er Jahren in dieser Szene, die zu den politischen Auseinandersetzungen der 1960/70 Jahre keine unmittelbare Beziehung mehr haben. Andere Themen bestimmen heute die öffentlichen Diskurse. Freies Theater ist zu einer eigenen, von der Öffentlichkeit wie von den lokalen Behörden akzeptierten Sphäre der Theaterkultur geworden. (Vgl. M. Brauneck u. das ITI Zentrum Deutschland, 2016) Die Anzahl der Gruppen ist gegenüber den Anfangsjahren deutlich zurückgegangen. Ein Prozess der Professionalisierung hat die Freie Theaterszene verändert, dies betrifft nicht nur den künstlerischen Bereich sondern auch die Strukturen dieser Szene insgesamt und die Arbeitsorganisation innerhalb der Gruppen. Auch ist eine größere Bereitschaft für experimentelles, die Grenzen der Kunstbereiche überschreitendes Arbeiten zu registrieren. Freies Theater ist – im Gegensatz zu dem der 1960/70er Jahre – überwiegend kein Laientheater mehr, zumindest nach dem Selbstverständnis der meisten Gruppen. Festivals fördern den Austausch über die nationalen Grenzen hinweg. Manche Freien Gruppen kooperieren mit Stadttheatern. Einige haben einen eigenen künstlerischen Stil entwickelt, haben eine Angebotsnische im Theaterbetrieb besetzt. Manche Gruppen sind international bestens vernetzt, auch hinsichtlich ihrer Produktionen und gehen weltweit auf Tournee.

Eine »künstlerische« Novität kreierte das Kollektiv Rimini Protokoll (gegründet 2000) und brachte sogenannte »Experten des Alltags« auf die Bühne. Es sind dies keine Schauspieler, sondern Laien, die als Darsteller ihrer selbst – vermeintlich verlässlich – von sich und ihrem Alltag auf der Bühne erzählen. Bald auch waren es Flüchtlinge, die über ihren beschwerlichen und gefährlichen Weg nach Europa und ihre gegenwärtige Situation in Deutschland berichteten. Laien auf die Bühne zu bringen – an manchen Stadttheatern heißt es »Bürgertheater« –, ist eine konsequente Entwicklung im »postdramatischen Theater«, in dem der professionelle Schauspieler – als Menschendarsteller – ohnehin als obsolet gilt. Was von den Anfangsjahren der Freien Theaterbewegung bis heute jedoch weitgehend geblieben ist, ist die Projektarbeit anstelle der Aufführung von Stücken und das Arbeiten im Kollektiv. Allerdings sind die Arbeitsbedingungen in der Freien Szene untereinander kaum noch vergleichbar; letzteres trifft auch für die Förderungsprogramme in den einzelnen Bundesländern und den Städten zu.

Auch die derzeit etwa 2.400 existierenden Amateurtheater-Vereine mit ihren circa 120.000 ehrenamtlichen Mitarbeitern gehören als »dritte Säule« zur Theaterkultur in Deutschland. Diesen Bühnen wird von offizieller Seite aus gar bestätigt, sie seien »näher an der Zivilgesellschaft dran« als das »traditionelle Theater«. Wie in keinem anderen europäischen Land wird jedoch eine so vehemente Abgrenzungsdebatte geführt zwischen den Staats- und Stadttheater einerseits, den Freien Theatern und den Amateurbühnen andererseits, wobei sich die Freien wiederum strikt von den Amateuren abgrenzen. Allenfalls unter dem Aspekt der »kulturellen Vielfalt« wird diese »dritte Säule«, die Amateurbühnen, dem Gesamtphänomen des deutschen Theaters ernsthaft zugerechnet.

Im Theater der einstigen DDR ging es unmittelbar nach 1990 vor allem um die Eingliederung in die Strukturen des gesamtdeutschen Theaterwesens, vor allem auch um die Anpassung an die in der BRD übliche staatliche Förderungspolitik und die arbeitsrechtlichen Verhältnisse bezüglich der ständigen Mitarbeiter an den Theatern. In einer Stadt wie Berlin, die auch Theatermetropole in der DDR war, wurde die Frage diskutiert: Wie viele Theater braucht eine Stadt? Auch ging es immer wieder um Theaterschließungen, um Zusammenlegung kleinerer Stadttheater oder um Reduzierung einzelner Sparten. Eine Bewegung in Richtung »Westen« erfasste auch manche Mitarbeiter an den »ostdeutschen« Theatern. Im Repertoire der Bühnen tauchten gelegentlich nun Stücke auf, deren Aufführung zu Zeiten der DDR verboten war. Hinsichtlich der Leitung der Theater kam es zu Überprüfungen, inwieweit führende Persönlichkeiten in die Machenschaften der Theaterpolitik der SED verstrickt waren, und es kam – wie an den Universitäten, den Theaterakademien, den Gerichten und anderen Behörden auch – zu personellen Neubesetzungen. Dieser Vorgang war jedoch relativ rasch abgeschlossen.

An zwei außergewöhnlich langen Intendanzen, die in ihrem künstlerischen Profil unterschiedlicher nicht sein könnten, lassen sich – gewissermaßen exemplarisch, wenn auch nur im groben Umriss – die wesentlichen Tendenzen darstellen, die für das deutsche Theater in den Jahrzehnten um diese Jahrtausendwende typisch waren: An der Intendanz von Dieter Dorn (geb. 1935), der von 1983 bis 2001 die Münchner Kammerspiele leitete, und anschließend noch für ein paar Jahre ans Münchner Residenztheater ging, und von Frank Castorf (geb. 1951), der von 1992 bis 2017 Intendant der Berliner Volksbühne war. Die Ablösung beider Intendanten – gegen deren Willen – durch die jeweiligen städtischen Kulturbehörden war höchst umstritten. In beiden Fällen intendierten die Behörden eine künstlerische Neuausrichtung dieser Bühnen. Zwischen diesen beiden Theaterzentren, München und Berlin, liegt die breite »Landschaft« des bundesdeutschen Theaters mit einigen weiteren »Leuchttürmen« in größeren Städten und einer Vielzahl von Stadttheatern, und Landesbühnen.

Die Ablösung von Frank Castorf durch den Belgier Chris Dercon (geb. 1958), einen international renommierten Museumsleiter und Ausstellungskurator, wurde als grundsätzliche Frage nach der Zukunft der Berliner Volksbühne als »Ensemble- und Sprechtheater« – gar als Grundsatzfrage deutscher Stadttheaterkultur – diskutiert. Dercon ging in seinen öffentlichen Erklärungen in dieser Frage allerdings noch einen Schritt weiter: In der Tat gehe es um die »Zukunft des Theaters« – so Dercon –, dieses aber müsse als Kunstform quasi »neu erfunden« werden: Eine Trennung der Sparten – etwa Tanz oder Performance in Opposition zum Sprechtheater – werde den Entwicklungen in der Kunst heute nicht mehr gerecht; die Bereiche entwickelten sich längst aufeinander zu. Auch sollte an die Stelle eines nationalen oder gar lokalen Identitätskonzepts eine »Art von Kosmopolitismus« treten, – ein Hinweis, der insbesondere auf die Berliner Situation gemünzt war. Höhepunkt in der mit unverhohlenem Hass geführten Schmähkampagne gegen Dercon war die monatelang vorbereitete – nach einigen Tagen jedoch von der Polizei wieder beendete – Besetzung des Hauses der Berliner Volksbühne durch überwiegend jugendliche »Aktivisten«. Dieser Vorgang brachte die Volksbühne tagelang in die Schlagzeilen der Feuilletons. Bei dieser Berichterstattung wie auch bei der Besetzung das Hauses ging es jedoch nicht um Theater. Angesagt waren bei den Besetzern »Kapitalismuskritik« und Proteste gegen die »Gentrifizierung« einiger Berliner Stadtviertel. Dennoch beteuerten die Besetzer, es gehe um »Kunst«: Die Besetzung des Theaters sei eine »Performance«, eine »transmediale Theaterinszenierung«. Letztlich aber war es wohl, wie die *Süddeutsche Zeitung* schrieb, eine »Belagerungsparty«. Die meisten der dazu befragten deutschen Theaterintendanten reagierten mehr oder weniger ratlos. Castorfs Sympathie gehörte den Besetzern.

Die Ablösung von Dieter Dorn von der Intendanz der Münchner Kammerspiele verlief zwar moderater, was die Begleitaktionen betraf. Die verbalen Proteste waren jedoch ebenfalls heftig.

Dieter Dorn kam 1956 aus der DDR nach Westberlin. Den Übergang von der DDR empfand er zunächst als »Kulturschock«, wie er selbst sagte. Das Berliner Schiller-Theater war seine erste Anlaufstation. 1976 ging er an die Münchner Kammerspiele, zunächst als Oberspielleiter neben Ernst Wendt (1937-1986), der zu dieser Zeit einer der herausragenden Regisseure am westdeutschen Theater war. Seit 1983 war Dorn schließlich Intendant dieser Bühne und blieb es bis 2001. Unmittelbar anschließend ging er ans Bayerische Staatsschauspiel, ans Residenztheater – »auf der anderen Straßenseite«. Dort hatte er bis 2011 die Intendanz inne. Dass ein Intendant 35 Jahre in der selben Stadt arbeitet, ist außergewöhnlich. Dorn erklärte es für sich so: »Theater muss regional sein«, ich will »Theater für die Stadt« machen und eine nachhaltige Identifizierung von »meiner Art des Theaters« und dem Publikum aufbauen. Gewiss spielte wohl auch die Bindung an die kulturelle Atmosphäre dieser Stadt eine Rolle.

Eine vergleichbar starke Bindung empfand Dorn auch gegenüber seinen engsten Mitarbeitern, dem Bühnen- und Kostümbilder Jürgen Rose (geb. 1937), der seit 1976, seit Dorns fulminantem Regie-Einstand an den Kammerspielen, der Inszenierung von Lessings *Minna von Barnhelm* (Cornelia Froboess als Minna und Helmut Griem als Tellheim) fast ausschließlich mit Dorn zusammen arbeitete, nicht weniger aber gegenüber seinem Dramaturgen Hans-Joachim Ruckhäberle (1947-2017), der den besonderen Charakter des Theaters an den Kammerspielen, das »Planen in größeren Zusammenhängen« (D. Dorn), mitgestaltet hat.

Zu den wohl stärksten Prägungen Dorns als Intendant und Regisseur zählt jedoch die kontinuierliche Arbeit mit einem über die Jahrzehnte hin nahezu gleich gebliebenen Ensemble, – das fast geschlossen den Wechsel des Intendanten ans Residenztheater mit vollzog. Diesem hochkarätigem »Dorn-Ensemble« gehörten unter anderem an: Doris Schade (1924-2012), Cornelia Froboess (geb. 1943), Gisela Stein (1935-2009), Jutta Hoffmann (geb. 1941), Sybille Canonica (1957), Sunnyi Melles (geb. 1958), Franziska Walser (geb. 1950), Helmut Griem (1932-2004), Rolf Boysen (1920-2014), Thomas Holzmann (1927-2013), Peter Lühr (1906-1988), Romuald Pekny (1920-2007), Jörg Hube (1943-2009), Manfred Zapatka (geb. 1942), Edgar Selge (geb. 1948) und Axel Milberg (geb. 1956). Dabei wurde es für den Intendanten freilich immer schwerer, dieses Ensemble zusammen zu halten. Zu sehr lockten für einige – so Dorn – die sehr viel höheren Gagen bei Film und Fernsehen, mit denen das Theater nicht mithalten konnte.

Dorn ist ein »Schauspieler-Regisseur« und sieht im Ensemble die Voraussetzung dafür, dass langfristige Arbeitsbeziehungen und gegenseitiges Vertrauen entstehen können. Beides sind offenbar »essentials« in Dieter Dorns Theaterphilosophie. Er spricht in diesem Zusammenhang von »Treue«, und dies gilt auch gegenüber dem »Wort des Dichters«: »Texttreue«, »Werktreue«. Dorns Sache ist das »dramatische Theater«, nicht das »postdramatische«. Dabei geht es diesem Regisseur stets auch darum, Theaterstücke »neu zu lesen«, ihren »verborgenen Sinn aufzuspüren«. Dorn nennt dies mit einem Wort von Peter Brook »The secret play«: »[D]as geheime Stück, das sich hinter der Oberfläche verbirgt« (D. Dorn) ans Licht zu holen. Deswegen sah er wohl auch in den Werken der Klassiker, die eine lange Rezeptions- und Interpretationsgeschichte hinter sich haben, immer wieder die besonderen Herausforderungen. Shakespeares Komödie *Was ihr wollt* (1980, mit Peter Lühr als Narr), *Troilus und Cressida* (1986) und *König Lear* (1992, mit Rolf Boysen in der Titelrolle und Thomas Holtzmann als Graf von Gloucester) waren ebenso künstlerische Höhepunkte seiner Kammerspiel-Intendanz wie Goethes *Faust. Der Tragödie erster Teil* (1987, mit Helmut Griem als Faust, Sunny Melles als Margarethe und Romuald Pekny als Mephisto). Zahlreiche andere Inszenierungen wären hier zu nennen. Immer wieder auch gelang es Dorn, prominente Regisseure wie Peter Zadek oder Alexander Lang an sein Haus zu verpflichten. (Vgl. M. Brauneck 2007, 369 f) Aufwendigste und bilderreichste Inszenierung Dorns war *Merlin oder Das wüste Land* (1982), das monumentale Theater-Epos von Tankred Dorst, dessen Bühnenfassung zwei Abende beanspruchte.

Außergewöhnliche Ereignisse unter seiner Intendanz waren stets auch die Inszenierungen von George Tabori (1914-2007), der 1978 – nach der Schließung des 1975 eingerichteten Bremer Theaterlabors – mit seiner Truppe an die Münchner Kammerspiele ging. Herausragend war Taboris Auseinandersetzung mit dem Werk von Samuel Beckett (1906-1989). Die Inszenierung von *Warten auf Godot* (1984, mit Peter Lühr als Estragon und Thomas Holzmann als Vladimir) war Taboris größter Regieerfolg in München.

Mit einer Inszenierung von Shakespeares *Sommernachtstraum* (2011) am Münchner Residenztheater beendete Dorn seine »Ära« in München. Christine Dössel schrieb in der *Süddeutschen Zeitung* im September 2011, dass dieses »Dorn-Theater« mit »seiner Sprachtiefe und Sprachgenauigkeit, seinem Hang zu Größe, Texttreue und sinnlichem Theater-Theater – für die einstige kurfürstliche Residenzstadt München wie bestimmt war«.

Es zählt zum Wesen des Theaters, wie Dieter Dorn es versteht, dass Schauspieler auf der Bühne Menschen in allen ihren Widersprüchen verkörpern und dort eine »neue Wirklichkeit« schaffen, in die sich die Zuschauer einfühlen und – was sie in ihrem Alltag zumeist nicht mehr können – »in sich selbst [...] hineinschauen. Dieser Vorgang ist durch nichts zu ersetzen.« (D. Dorn) Mit ähnlichen Worten hatte Schiller seine Theatervision beschrieben.

Auch Frank Castorf war in der DDR aufgewachsen, hatte dort ein Studium der Theaterwissenschaft absolviert und zunächst als Dramaturg gearbeitet, sehr bald aber auch als Regisseur. Von 1981 bis 1985 war Castorf Oberspielleiter am Theater Anklam. Anlässlich einer Inszenierung von Brechts frühem Stück *Trommeln in der Nacht* (1984) kam es zu einem Disziplinarverfahren. Die Aufführung des Stücks wurde abgesetzt und der Regisseur fristlos entlassen. Bereits vor der »Wende« inszenierte Castorf an Theatern in der BRD, so in München und in Köln; in München war es Lessings bürgerliches Trauerspiel *Miß Sara Sampson*, in Köln Shakespeares *Hamlet* (1989). 1992 übernahm Frank Castorf die Intendanz der Berliner Volksbühne am Rosa-Luxemburg-Platz, – vormals in der DDR gelegen. 2017 endete diese Intendanz mit einem Skandal, der auch in die politische Sphäre der Stadt hineinreichte.

Castorf gilt gemeinhin als typischer Vertreter des »postdramatischen Theaters«. In der »Kunstarbeit« sieht er vor allem das »Privileg, die eigenen Neurosen zu bekämpfen«, die »Sublimierung« privater Konflikte, – wie er in einem Interview (SZ Nr. 224, S. 112) erklärte: »Leben« sei ihm stets sehr viel wichtiger, als »alles, was Abbildung, sprich Kunst ist«. Nahezu von Beginn der Castorf'schen Intendanz an erlangte die Volksbühne »Kultstatus«, vor allem bei einem jüngeren Publikum. Von einem »Party-Ersatz« war die Rede. Dass die Zeitschrift *Theater heute* die Berliner Volksbühne 1993 zum »Theater des Jahres« erklärte, machte deutlich, dass Castorf offenbar die Tendenzen der Zeit erkannt hatte und diese perfekt bediente.

Von denen freilich, die dem »dramatischen Theater« anhängen, wurde Castorf als »Stücke-Zertrümmerer« und »Abräumer« geschmäht. Er selbst sah die Möglichkeiten des Theaters, auf die Zeitverhältnisse einzuwirken, als nicht mehr gegeben an. Theater beruhe ausschließlich darauf, den Konflikt, der nun einmal »die Geburtsstunde der Theatralik« sei, zu inszenieren, und dabei aber Haltung zu bewahren, »natürliche Feindschaft« auszuhalten: »Man kann aber auch sehr würdevoll sein beim Angespuckt-Werden.« (2017, 11) Damit schottete Castorf seine Theaterarbeit gegenüber jedweder Zustimmung durch die Gesellschaft ab, wie auch gegenüber jeder Art von »Auftrag«, wie ihn auch, nach eigenem Bekunden, die »Untergrundkunst«, die es in der DDR auch gab, nie interessiert hatte. Autonomie ist für Castorfs Kunstverständnis essentiell. Theater ist für ihn ein Ort des Auslebens privater Obsessionen; – was Kunst aber wohl immer schon auch war.

Soweit es Stücke oder Romane sind, deren Inszenierung Castorf ankündigt, bekamen sie die Zuschauer keineswegs so zu sehn, wie sie die Autoren geschrieben hatten, allenfalls Versatzstücke davon, Zitate oder Kommentare dazu. Das Stück oder der Roman wurde zum Material, zu einem Fundus an Motiven, die für die Inszenierung eine gewisse Inspiration darstellen. Der Begriff Dekonstruktion ist einigermaßen geeignet, um diese Arbeitsweise zu beschreiben. Dabei geht der Regisseur von der Annahme aus, dass das mimetische Erzählen einer Geschichte der »natürlichen Widersprüchlichkeit von Wirklichkeit« nicht gerecht werden kann, so wenig wie die Imagination eines individuellen Charakters, wie er in einer dramatischen Rolle verkörpert ist, – was die Rolle freilich auch behauptet. Beides wird deswegen, wenn sie im Drama oder dem Roman vorgegeben sind, in Fragmente zerlegt, deren mehr oder weniger beliebige Zusammenfügung eine neue, artifizielle Bühnenrealität ergibt, mit der der Zuschauer konfrontiert wird. Dabei ist die inszenatorische Arbeit offen für die Implantation vielfältigsten Assoziationsmaterials: Pop-Songs, Projektionen, Zitate, kabarettistische oder slapstickartige Einlagen, schierer Klamauk oder mehr oder weniger improvisiertes Chaos, bei dem sich die Schauspieler austoben können. Deren Arbeit rückt Castorf wohl zu Recht in die Nähe von »Leistungssport«. Die Schauspieler agieren als »Performer«. Auch fremde Texte, können ins Spielgefüge eingefügt werden. Der Einsatz von Videokameras, wodurch einzelne Szenen als übergroße Bilder auf eine Leinwand projiziert werden, manipuliert die Wahrnehmungsperspektive der Zuschauer, verdoppelt und fragmentiert die Spielsituation und die Akteure als Darsteller und Dargestellte zugleich. Längst aber sind derartige Stilmittel auch von anderen Bühnen übernommen geworden.

Castorfs Darsteller bekommen auf den Proben bei der Entwicklung ihrer Figuren und deren Bewegungsabläufen weitgehend freie Hand. Sie spielen sich in ein Lebensgefühl hinein, für das sie der Raum, das Bild- und das Textmaterial, das die Inszenierung anbietet, inspiriert. Auf dieser Ebene sollte auch der Zuschauer das Geschehen auf der Bühne wahrnehmen, darauf reagieren: Einfühlen kann er sich ohnehin nicht. Auch von jedweder Sinnsuche ist er entlastet. Der Unterhaltungswert der durchweg sehr langen Castorf'schen Inszenierungen ist bei seiner Anhängerschaft zumeist gesichert.

Diese Arbeitsweise erfordert unstrittig ein besonders enges Verhältnis des Regisseurs zu seinem Ensemble. So hat auch Castorf – in dieser Hinsicht mag ein Vergleich zu Dieter Dorn angebracht sein – einen »auf das Theater, wie ich es mache« (F. Castorf) eingeschworenen Mitarbeiterkreis. Carl Hegemann (geb. 1949) war über viele Jahre hin Dramaturg an der Volksbühne und hat den theoretischen »Überbau« dieser Spielweise wesentlich mitentwickelt. Bernd Neumann (1960-2015) war lange Zeit der leitende Bühnenbildner, Sir Henry (John Henry Nijenhuis), der 1964 in Kanada geborene Musiker, Komponist und Schauspieler, war für die musikalische »Ausstattung« zuständig. Zu Castorfs Ensemble an der Berliner Volksbühne gehörten unter anderem Kathrin Angerer (geb. 1970), Corinna Harfouch (geb. 1954), Sophie Rois (geb. 1961), Birgit Minichmayr (geb. 1977), Silvia Rieger (geb. 1957), Henry Hübschen (geb. 1947), Alexander Scheer (geb. 1976), Klaus Mertens (1929-2003), Joachim Tomaschewsky (geb. 1919) und Martin Wuttke (geb. 1962). Herbert Fritsch (geb. 1951), Christoph Marthaler (geb. 1951), Christoph Schlingensief (1960-2010) und René Pollesch (geb. 1962) waren Regisseure und Stückeschreiber, die Castorf an »seine« Volksbühne geholt hatte und die für die Vielstimmigkeit dieses Theaters als einer Art experimenteller Versuchsanstalt standen.

Inszenierungen von Frank Castorf, die den legendären Ruf der Volksbühne mit begründeten, waren *König Lear* (1992); *Clockwork Orange* (1993, nach dem gleichnamigen Film von Stanley Kubrick); *Raststätte oder Sie machens alle* (1994, nach dem Stück von Elfriede Jelinek); *Pension Schöller/Die Schlacht* (1994, eine Collage von Szenen zweier Stücke: des Schwanks *Pension Schöller* von Carl Lauf und Wilhelm Jacoby und der Szenenfolge *Die Schlacht* von Heiner Müller, – mit Henry Hübschen in der Rolle eines deutschen Kleinbürgers und dem spektakulären »Auftritt« von zwei Riesenschlangen); Motive aus Carl Zuckmayers Stück *Des Teufels General* (1996, mit Corinna Harfouch als General Harras); *Dämonen* (1999, nach Motiven aus einem Roman von Dostojewski); *Meister und Margarita* (2002, nach Motiven aus dem gleichnamigen Roman von Michael Bulgakow); *Die Brüder Karamasow* (2015, nach Dostojewskis gleichnamigem Roman); schließlich Castorfs monumentales »Abschieds-Projekt« als Intendant der Berliner Volksbühne: die siebenstündige Inszenierung von Motiven aus beiden Teilen von Goethes *Faust* (2017, mit Martin Wuttke als Faust und Sophie Rois als Hexe und in weiteren Figurationen).

Unmittelbar nach seinem Weggang von der Berliner Volksbühne inszenierte Castorf am Schauspielhaus in Zürich zu Beginn der Spielzeit 2017/18 zwei miteinander verschränkte Erzählungen Dostojewskis: die Groteske *Die fremde Frau und der Mann unter dem Bett* und *Der Traum eines lächerlichen Menschen*. Seit langem schon war es dieser russische Erzähler, dessen Romane Frank Castorf immer wieder für die Bühne adaptierte.

In der Gegenwart angekommen! Für die Spielzeit 2015/16 verzeichnet die Statistik des Deutschen Bühnenvereins 143 öffentlich subventionierte Bühnen: Staats- und Stadttheater einschließlich der Opernhäuser, dazu die Landesbühnen. 1991/92, unmittelbar nach der Wiedervereinigung, existierten noch 154 öffentliche Theater. Das Einspielsoll der subventionierten Bühnen betrug über die Jahre hin gleichbleibend etwa 18,4 Prozent, variierte jedoch von Bühne zu Bühne. Die Theater brachten insgesamt 5.381 Inszenierungen an 814 Spielstätten heraus. Über 21 Millionen Zuschauer sahen diese Aufführungen, davon mehr als fünf Millionen Aufführungen des Sprechtheaters, etwa vier Millionen Aufführungen der Oper und der Operette. Daneben gibt es in Deutschland 221 Privattheater, die im wesentlichen als privatwirtschaftliche Unternehmen geführt werden. Für diese Bühnen sind circa 52 000 Veranstaltungen registriert mit insgesamt elf Millionen Zuschauern. Hinzu kommen 77 Festspiele, die entweder privatwirtschaftlich oder teil-subventioniert geführt werden und ein nicht unbeträchtlicher Zweig des Touristikbetriebs sind.

Ein Rückgang des Publikums ist tendenziell nicht zu verzeichnen. In der Spielzeit 2015/16 besuchten mehr als 39 Millionen Menschen deutsche Theater, die Oper und Konzerte der Orchester. Um ein junges Publikum in die

Theater zu locken, bemühen sich nahezu alle Bühnen seit Jahren. Zugenommen hat auch die Anzahl »theaternaher« Veranstaltungen (Diskussionen, Einführungen in Stücke etc.) von 13.229 auf 14.519, mit denen die Theater den Kontakt mit der Öffentlichkeit suchen und für ihre Angebote werben.

Die staatlichen Subventionen für Stadt- und Staatstheater sowie für die Landesbühnen haben sich von rund 2,43 Milliarden Euro um etwa drei Prozent auf gut 2,5 Milliarden erhöht. Auch der Anteil der Eigeneinnahmen der Bühnen stieg ebenfalls um etwa drei Prozent von 535 Millionen Euro auf rund 551 Millionen Euro. Die Zahl der Vorstellungen ging jedoch gegenüber der vorigen Spielzeit um 180 auf 67.257 leicht zurück. Etwa 39.500 fest angestellte Mitarbeiter – befristet oder unbefristet – arbeiten an öffentlichen Theatern, davon gehören rund 45 Prozent dem künstlerischen Personal an. 55 Prozent der Mitarbeiter sind in der Verwaltung, im Servicebereich, in den technischen Abteilungen und den Werkstätten beschäftigt. Diese Mitarbeitergruppe wird nach Tarifen der Bediensteten im Öffentlichen Dienst bezahlt. Die Personalausgaben beliefen sich im Rechnungsjahr 2014 auf 2,23 Milliarden Euro, davon wurden circa 40 Prozent für das künstlerische Personal ausgegeben. Am häufigsten aufgeführt wurden die Werke von Shakespeare. An zweiter Stelle in der Werkstatistik der Spielzeit 2015/16 steht das Jugendstück *Tschick* von Wolfgang Herrndorf (1965-2013) nach dessen Roman mit dem gleichen Titel.

Die Theater gehören zum Markt der »Kultur- und Kreativwirtschaft«. Eine eigene Statistik für diesen Bereich führt 17.500 privatwirtschaftliche Unternehmen an, zu denen selbstständige Schauspielerinnen und Schauspieler gehören, ebenso Tänzer und Artisten, Theaterbetreiber, Kleinkunstbühnen, bühnentechnische Betriebe und die Kartenverkaufsstellen. Diese hohe Zahl der in der Theatersphäre Beschäftigten wird gelegentlich auch als einer der Gründe für die Erhaltung der Theater – als Arbeitsplatz – angeführt.

Bis heute ist der Hinweis auf die vielen deutschen Staats- und Stadttheater eines der am meisten vorgetragenen Argumente dafür, dass Deutschland eine Kulturnation ist. Ein Theaterland ist Deutschland zweifelsfrei, die Zahlen bestätigen dies, wenngleich Heiner Müller mit einem gewissen Zynismus sagte, dass die Theater nun eben einmal da seien, »wie ein leeres Loch, das gefüllt werden muss. Man hat Angst, dass das Loch sichtbar wird. Nur aus diesem Horror vacui laufen die Spielpläne weiter, läuft der ganze Betrieb weiter.« (n. F. M. Raddatz, 1998, 26)

Eine »moralische Anstalt« ist das Theater nicht und wollte dies auch nie sein. Dass es eine »moralische Anstalt« sein könnte, war Schillers Vision in einer Zeit, in der der Absolutismus den Menschen ihre Freiheitsrechte vorenthielt. Dass das Theater heute ein Ort der »Selbstuntersuchung« der Gesellschaft ist, eine »Zukunftswerkstatt« oder ein Ort, der die Menschen über den »Sinn ihres Lebens« aufklärt, ist wohl vor allem Legitimationsrhetorik der Funktionäre und der Statthalter der Theater.

Angetreten ist das Theater bürgerlicher Provenienz als öffentliche Institution, die sich dem Projekt der Aufklärung verschrieben hatte. Dafür stand Lessing mit seiner Forderung nach einem Nationaltheater. Seiner Vorstellung entsprach eine strikte Trennung des Theaters von der politischen Sphäre. Durch die Weimarer Klassiker erhielt diese Idee ihre bildungspolitische Durchschlagskraft und ihre zähe Beharrlichkeit als Argument in kulturpolitischen Diskursen bis heute, entfernte aber das Theater tendenziell vom Zeitgeschehen, von der Gesellschaft. Der Ruf nach mehr »Lebensnähe«, nach mehr »Zeitgenossenschaft« zieht sich durch die gesamte neuere Geschichte des deutschen Theaters.

Dass das Theater aber stets auch ein Unterhaltungsgewerbe ist, ist eine Gegebenheit, die nie wirklich in die Vorstellungen vom sozialen Zweck des Theaters eingegangen ist. Zu sehr verstellte ein vermeintlicher Gegensatz von Kunst und Unterhaltung diesen Sachverhalt. Sehr wohl aber bestimmte dies die Realität des Theaters seit jeher, sowohl auf Seiten derer, die für den Theaterbetrieb zuständig sind, als auch auf Seiten des Publikums, das – wie Brecht das eben nannte – eine »Abendunterhaltung« sucht und dafür Geld auszugeben bereit ist. Die Menschen gehen ins Theater in Ihrer Freizeit. Auch hat sich der Theaterbesuch bis heute einen Rest von Festlichkeit – zumal in den Premieren, wenngleich dies generationenspezifisch sein mag – bewahrt.

Mehr als je zu vor in der Geschichte des Theaters bestimmen heute die Regisseure und deren engsten Mitarbeiter das ästhetische Erscheinungsbild einer Inszenierung und deren Sinngefüge. Was dieser Personenkreis zu sagen weiß, zur Interpretation eines Dramas, zu einem aktuellen gesellschaftlichen Problem oder zu einer Lebensfrage – damit wird das Publikum konfrontiert. Die darin angelegte Subjektivität stellt das Theater zwar tendenziell von Verbindlichkeit und gesellschaftlicher Relevanz frei, verbürgt aber auch seine Autonomie als Spiel, – wenn es gelingt: als Kunstwerk. Auf diese Gradwanderung müssen sich die Regisseure wie auch das Publikum einlassen.

Eine persönliche Anmerkung zum Schluss: Bei dem Festival »Theater der Welt 2017« in Hamburg traf ich eine junge Regisseurin, die einmal meine Studentin war. Ich fragte sie, ob sie denn noch immer mit ihrem Theater die Welt verändern wolle. Ohne zu zögern, antwortete sie: »Selbstverständlich.«

Literatur

Adler, G.: Die Sozialreform und das Theater. Berlin 1881

Appia, A.: Die Musik und die Inszenierung. München 1899

Bablet, D.: Edward Gordon Craig. Köln u. Berlin 1965

Balács, B.: Essays, Kritik 1922 – 1932. Berlin/DDR 1973

Barton, B.: Das Dokumentartheater. Stuttgart 1987. https://doi.org/10.1007/978-3-476-03935-4

Becker, H.-J.: Umbruch in Mitteleuropa. In: 1803. Wende in Europas Mitte. Vom feudalen zum bürgerlichen Zeitalter (Begleitband zur Ausstellung »1803« d. Histor. Mus. Regensburg. Hg.: P. Schmid, K. Unger). Regensburg 2003, 17 – 34

Behrens, P.: Feste des Lebens und der Kunst. Eine Betrachtung. Leipzig 1900

Beuys, J.: Jeder Mensch ein Künstler. Gespräche auf der documenta 5, 1972. Frankfurt a.M., Berlin u. Wien 1975

Billetet, E.: The Living Theatre. Paradise Now. Ein Bericht. München 1968

Brachvogel, A. E.: Geschichte des Königlichen Theaters zu Berlin. 2 Bde. Berlin 1877

Braulich, H.: Die Volksbühne. Theater und Politik der deutschen Volksbühnenbewegung. Berlin/DDR 1979

Brauneck, A.: Die Stellung des deutschen Theaters im Öffentlichen Recht 1871 – 1945. Frankfurt a.M. 1998

Brauneck, M. (Hg.): Die rote Fahne. Kritik – Theorie – Feuilleton 1918 – 1933. München 1973

ders.: Literatur und Öffentlichkeit im ausgehenden 19. Jahrhundert. Studien zur Rezeption des naturalistischen Theaters in Deutschland. Stuttgart 1974

ders.: Das Theaterfest als soziale Utopie. Richard Wagners Entwurf eines »Kunstwerks der Zukunft«. In: Neue Rundschau 4 (1983), 60 – 78

ders., P. Sterz (Hg.): Erwin Piscator. Zeittheater. Das politische Theater und weitere Schriften von 1915 bis 1966. Reinbek 1986

ders. u.a.: Theaterstadt Hamburg. Reinbek 1989

ders.: Die Welt als Bühne. Geschichte des europäischen Theaters. Bd. 3. Stuttgart u. Weimar 1999, Bd. 4: 2003, Bd. 5: 2007

ders.: Theater im 20. Jahrhundert. Reinbek (bearb. Neuauflage) 2009
ders.: Kleine Weltgeschichte des Theaters. München 2014. https://doi.org/10.17104/9783406668524
ders., ITI Zentrum Deutschland (Hg.): Das Freie Theater im Europa der Gegenwart. Strukturen – Ästhetik – Kulturpolitik. Bielefeld 2016. https://doi.org/10.14361/9783839432426
Canaris, V.: Peter Zadek. Der Theatermann und Filmemacher. München 1979
Castorf, F. (Interview mit N. Konstantinou): Erotik des Verrats. In: Süddeutsche Zeitung. 2017. Nr. 224, 11
Conze, W.: Vom »Pöbel« zum »Proletariat«. Sozialgeschichtliche Voraussetzungen für den Sozialismus in Deutschland. In: H.-U. Wehler 1970, 111 – 136
Craig, E. G.: On the art of theatre. London (Neuauflage) 1962
Daunicht, R.: Die Entstehung des bürgerlichen Trauerspiels in Deutschland. Berlin 1965
Felsing, O.: Zum Kapitel Schauspielerelend. In: Die Gegenwart 37 (1890), 46 – 47
Fetting, H. (Hg.): Max Reinhardt. Berlin 1974
Fischer-Lichte, E. : Kurze Geschichte des deutschen Theaters. Stuttgart 1993
Fleck, R.: Max Liebermann. Wegbereiter der Moderne (Ausstellungskatalog). Hamburg 2011
Friedenthal, J. (Hg.): Das Wedekindbuch. München u. Leipzig 1914
Fuchs, G.: Die Revolution des Theaters. München u. Leipzig 1909
Gall, L. (Hg.): Fragen an die deutsche Geschichte. Ideen, Kräfte, Entscheidungen von 1880 bis zur Gegenwart (Ausstellungskatalog). Berlin u. Frankfurt a.M. 1971
Germanisches Nationalmuseum, G. U. Großmann (Hg.): Was ist deutsch? Fragen zum Selbstverständnis einer grübelnden Nation (Ausstellungskatalog). Nürnberg 2006
Gründgens, G.: Wirklichkeit des Theaters. Frankfurt a.M. 1953
Habermas, J.: Strukturwandel der Öffentlichkeit. Neuwied 1962
Hansen, E. T.: Wofür halten Sie sich? In: German. Nationalmus. 2006, 42 – 56
Hartmann, M. u.a.: Was ist deutsch? Zur Notwendigkeit einer Frage. In: German. Nationalmus. 2006, 12 – 41
Hauser, A.: Sozialgeschichte der Kunst und Literatur. Bd. 2. München 1958
Heeg, G.: Fremdheitserfahrung ohne Exotierung. Hildesheimer Thesen XI. Hildesheim 2013
ders.: Das transkulturelle Theater. Berlin 2017
Hermand, J. (Hg.): Von deutscher Republik 1775 – 1795. 2 Bde. Frankfurt a.M. 1968
Herterich, F.: Theater und Volkswirtschaft. München u. Leipzig 1937
Hirschberger, J.: Geschichte der Philosophie Bd. 2. Freiburg 1955

Holborn, H.: Der deutsche Idealismus in sozialgeschichtlicher Beleuchtung. In: H.-U. Wehler 1970, 85 – 108
Huesmann, H.: Welttheater Reinhardt. Bauten, Spielstätten, Inszenierungen. Mit einem Beitrag »Max Reinhardts amerikanische Spielpläne« von Leonhard M. Fiedler. München 1983
Iden, P.: Peter Palitzsch. Theater muss die Welt verändern. Berlin 2005
Jhering, H.: Berliner Dramaturgie. Berlin/DDR 1947
K. K. : Das Proletariat der Bühne. In: Die Neue Zeit. (1891) 9, 1, 392 – 393
Kaiser, J.: Ist Werktreue wirklich Faulheit? In: Süddeutsche Zeitung 2009. Nr. 184, 9
Kayser, W. (Hg.): Goethes Werke. Dramatische Dichtungen Bd. 2, Hamburg 1958
Knops, T. R.: Melodrama und Montagekino bei S. Kracauer. Zur Komplementarität ihrer Einschätzung in der deutschen Filmkultur. In: M. Kessler, Th. Y. Levin (Hg.): Siegfried Kracauer. Tübingen 1989, 129 – 145
Koberg, R.: Claus Peymann. Aller Tage Abenteuer. Berlin 1999
Köberle, G.: Ursachen des Bühnenniedergangs. In: Der Kunstwart Bd. 2. (1888/89), 241 – 243
Kortner, F.: Aller Tage Abend. München 1959
Kreuzer, H.: Die Boheme. Analyse und Dokumentation der intellektuellen Subkultur vom 19. Jahrhundert bis zur Gegenwart. Stuttgart 1968. https://doi.org/10.1007/978-3-476-99903-0
Kurtz, R.: Expressionismus und Film. Berlin 1926
Lehmann, H.-Th. : Postdramatisches Theater. Frankfurt a.M. 1999
Litzmann, B.: Friedrich Ludwig Schröder. Hamburg u. Leipzig 1894
Maurer, B., B. Krauss (Hg.): Spielräume – Arbeitsergebnisse. Theater in Bremen 1962 – 1973. Bremen o.J.
Meyer, R. u.a.: DADA in Zürich und Berlin 1916 – 1920. Literatur zwischen Revolution und Reaktion. Kronberg i. Ts. 1973
Mittelmeier, M.: DADA. Eine Jahrhundertgeschichte. München 2016
Mittenzwei W. u.a. (Hg.): Theater der Zeitenwende. 2 Bde. Berlin/DDR 1972
Müller-Harang, U.: Das Weimarer Theater zur Zeit Goethes. Weimar 1991
Nagel, I.: Kortner, Zadek, Stein. München 1989
Ortolani, O.: Theater im Gespräch. Echternach 1998
Otten, K. (Hg.): Schrei und Bekenntnis. Expressionistisches Theater. München 1962
Petzet, W.: Theater – Die Münchner Kammerspiele 1911 – 1972. München 1973
Piens, G.: Der Mannheimer Nationaltheaterausschuss zu Fragen der Schauspieltheorie 1782 – 1784. Dresden 1955
Piscator, E.: Das politische Theater. Berlin 1929. (Neuauflage: Reinbek 1963)
ders.: Schriften. 2 Bde. Berlin/DDR 1968

Raddatz, F. M.: Kultur im Leerlauf. In: Theater Kultur Vision. Arbeitsbuch. Berlin 1998, 26 – 28
Richards, K., P. Thomson (Hg.): Essays on the Eighteenth-Century English Stage. London 1972
Richter, H.: DADA – Kunst und Antikunst. Der Beitrag Dadas zur Kunst des 20. Jahrhunderts (1964). Köln 1970
Rieger, D.: Figaros Wandlungen. In: Romanistische Zeitschift für Literaturgeschichte 1 (1977), 77 – 107
Riha, K.: Da Dada da war ist dada da. München 1980
Rilla, P.: Vom bürgerlichen zum sozialistischen Realismus. Leipzig 1967
Rischbieter, H., J. Berg (Hg.): Welttheater. Braunschweig 1985
Rischbieter, H. (Hg.): Durch den eisernen Vorhang. Theater im geteilten Deutschland 1945 – 1990. Berlin 1999
ders. (Hg.): Theater im »Dritten Reich«. Theaterpolitik, Spielplanstruktur, NS-Dramatik. Seelze-Velber 2000
Roberg, D.: Theater muss wie Fußball sein. Freie Theatergruppen – eine Reise über Land. Berlin 1981
Robichez, J.: Le symbolisme au théâtre. Paris 1957
Ruckhaberle, D. u.a. (Red.): Die Weimarer Republik. Berlin 1977
Rühle, G.: Zeit und Theater. 3 Bde. Berlin 1974
ders. : Anarchie im Theater. Theater in unserer Zeit II, Frankfurt a.M. 1982
ders.: Theater. Die Wiederherstellung des Theater. In: H. Hoffmann, H. Klotz (Hg.): Die Kultur unseres Jahrhunderts. Düsseldorf 1991, 73 – 8
ders.: Theater in Deutschland 1945 – 1966. Seine Ereignisse – seine Menschen. Frankfurt a.M. 2014
Rupnik, J.: Illiberale Demokratie. Das europäische Dilemma und das Ende des liberalen Zyklus. In: Lettre international 114, Herbst 2016, 11 – 15
Sauer, W.: Das Problem des Nationalstaats. In: H.-U. Wehler 1970, 407 – 436
Schiller, A.: Die Theaterentwicklung in der Sowjetischen Besatzungszone 1945 – 1948. Frankfurt a.M. u. Berlin 1998
Schivelbusch, W.: Lichtblicke. Zur Geschichte der künstlichen Helligkeit im 19. Jahrhundert. Frankfurt a.M. 1986
Schmidt, Ch.: Der Urknall der Moderne. In: Süddeutsche Zeitung. 2017. Nr. 30, 15
Schmitt, P.: Schauspieler und Theaterbetrieb. Studien zur Sozialgeschichte des Schauspielerstandes im deutschsprachigen Raum 1700 – 1900. Tübingen 1990. https://doi.org/10.1515/9783111635422
Schöndienst, E.: Geschichte des Deutschen Bühnenvereins I. Ein Beitrag zur Geschichte des deutschen Theaters 1846 – 1933. Berlin 1979
Seehaus, G.: Wedekind. Reinbek 1981
Seibt, G.: Goethe und Napoleon. München 2008
ders.: Stämme unter sich: In: Süddeutsche Zeitung 2017. Nr. 232, 9

Sengle, F.: Biedermeierzeit. Deutsche Literatur im Spannungsfeld zwischen Restauration und Revolution 1815 – 1848. 3 Bde. Stuttgart 1971 – 1980
ders.: Das Genie und sein Fürst. Die Geschichte der Lebensgemeinschaft Goethes mit dem Herzog Carl August von Sachsen-Weimar-Eisenach. Stuttgart 1963
Simhandl, P.: Bildertheater. Bildende Künstler des 20. Jahrhunderts als Theaterreformer. Berlin 1993
Stegemann, B.: Lektionen I. Dramaturgie. Berlin 2009
ders.: Kritik des Theaters. Berlin 2013
Stern, F.: Kulturpessimismus in Deutschland. Eine Analyse nationaler Ideologie in Deutschland. Bern u. Stuttgart 1963
Stubenrauch, H. u.a.: 175 Jahre Nationaltheater Mannheim. Mannheim 1954
Tigges, St. (Hg.): Dramatische Transformationen. Zu gegenwärtigen Schreib- und Aufführungsstrategien im deutschsprachigen Theater. Bielefeld 2008. https://doi.org/10.14361/9783839405123
Trunz, E. (Hg.): Goethes Werke. Romane und Novellen. Hamburg 1957
Vietta, E. (Hg.): Darmstädter Gespräch 1955. Theater. Darmstadt 1955
Völker, K.: Fritz Kortner. Berlin 1987
Wehler, H.-U. (Hg.): Moderne Sozialgeschichte. Köln u. Berlin 1970
ders.: Das Deutsche Kaiserreich 1871 – 1918. Göttingen 1973
Weißenfels, R. (Hg.): Schillers sämtliche Werke Bd. IV. Stuttgart u. Berlin 1904
Zadek, P.: My Way. Eine Autobiographie 1926 – 1969. Köln 1998
ders.: Die Wanderjahre 1980 – 2009. Köln 2010
Zeller, B.: Schiller. Eine Bildbiographie. München 1958
Zielske, H.: Deutsche Theaterbauten bis zum Zweiten Weltkrieg. Typologisch-historische Dokumentation einer Baugattung. Berlin 1971